中国式现代化的
传统文化根基

Traditional
Cultural
Foundation of
Chinese Path to
Modernization

沈湘平 著

江苏人民出版社

图书在版编目(CIP)数据

中国式现代化的传统文化根基/ 沈湘平著. -- 南京：
江苏人民出版社, 2025.4. -- ISBN 978-7-214-29506-4

Ⅰ.D61；K203

中国国家版本馆 CIP 数据核字第 2024J6A694 号

书　　　名	中国式现代化的传统文化根基
著　　　者	沈湘平
策　　　划	康海源
责 任 编 辑	康海源
装 帧 设 计	观止堂_未氓
责 任 监 印	王　娟
出 版 发 行	江苏人民出版社
地　　　址	南京市湖南路 1 号 A 楼,邮编:210009
照　　　排	江苏凤凰制版有限公司
印　　　刷	江苏凤凰新华印务集团有限公司
开　　　本	652 毫米×960 毫米　1/16
印　　　张	15.25　插页 4
字　　　数	200 千字
版　　　次	2025 年 4 月第 1 版
印　　　次	2025 年 4 月第 1 次印刷
标 准 书 号	ISBN 978-7-214-29506-4
定　　　价	68.00 元

(江苏人民出版社图书凡印装错误可向承印厂调换)

目 录

导　语｜中国式现代化有其传统文化根基　1
　　一、现代化与传统文化的辩证关系　3
　　二、中国式现代化何以是"中国式"　6
　　三、"韦伯命题"的中国解答　11

第一章｜传统文化与现代化的百年"恩怨"　17
　　一、"五四"的矫枉过正　19
　　二、中国共产党形成辩证态度　24
　　三、新儒家的"旧邦新命"　31
　　四、经历曲折而拨乱反正　37

第二章｜新时代中国共产党人论现代化与传统文化　43
　　一、中国式现代化深深植根于中华优秀传统文化　45
　　二、中华优秀传统文化是中国共产党创新理论的根脉　54
　　三、传统文化的历史定位、内容精华和当代价值　62
　　四、守好中国式现代化的传统文化之根　72

第三章｜现代化之传统文化根基的探讨回顾　81
　　一、"觉醒年代"的"觉醒"　83
　　二、海外新儒家的"心性"之学　91
　　三、改革开放以来大陆学者的讨论　97
　　四、国外学者的"旁观"结论　114

第四章 | 中国式现代化"中国特色"的传统文化底蕴　*135*

一、"生生"而"人口规模巨大"　*137*

二、"天下同利"而"共同富裕"　*146*

三、"文明以止"而"文明相协调"　*152*

四、"天人合一"而"人与自然和谐共生"　*160*

五、"协和万邦"而"走和平发展道路"　*167*

第五章 | 中国传统文化"中和位育,安所遂生"的理念与实践　*173*

一、"中和位育,安所遂生"的核心要义　*175*

二、"中和位育,安所遂生"的历史实践　*188*

三、"中和位育,安所遂生"的人类普遍性　*195*

第六章 | 中国式现代化继承发展"中和位育,安所遂生"理念　*205*

一、"生":生命至上和美好生活　*208*

二、"位":秩序优先和防范化解重大风险　*213*

三、"所":各得其所和各尽所能　*217*

四、"育":以存在看待发展和以发展成就生命　*220*

五、作为生存理性的实践理性　*224*

结　语 | 建设中华民族现代文明　助益人类美好未来　*229*

后　记　*237*

导 语
中国式现代化有其传统文化根基

中华民族历史悠久、生生不息,其所创造的文明是世界各大文明中唯一没有中断的文明。在人类历史的大多数时间里,中国的发展都处于世界领先水平。然而,1840年,率先进入现代化的西方洞开中国大门,古老的中国以"国家蒙辱、人民蒙难、文明蒙尘"的屈辱姿态被动地被拉入西方按照自己的面貌塑造的世界舞台。从此,一代代先进的中国人为救亡图存、民族复兴前赴后继地进行奋斗,其中贯穿着中国社会从传统到现代的转型,即对现代化的探索。

1921年中国共产党的成立,才真正使中国人从精神上由被动转向主动。中国共产党以其历史主动精神,带领人民进行了艰苦卓绝的革命战争,终于取得了民族独立和人民解放,为中国真正开启现代化之路奠定了坚实基础。在新中国成立特别是改革开放以来长期探索和实践的基础上,经过新时代十多年来在理论和实践上的创新突破,中国成功推进和开拓了中国式现代化。中国共产党第二十次全国代表大会明确提出了"以中国式现代化全面推进中华民族伟大复兴"的中心任务,并对中国式现代化的中国特色、本质要求、战略安排和重大原则进行了系统论述。在突出中国式现代化的"中国特色"和作为其指导思想的党的创新理论强调把马克思主义基本原理同中华优秀传统文化相结合的背景下,中国式现代化与中国传统文化的关系成为一个重要的关注热点。

当人们讨论中国式现代化与传统文化的关系时,不得不面对这样一个悖论性的事实:现代化从一开始就是对包括传统文化在内的前现代性的超越;彻底批判传统文化正是中国现代化得以真正开端的重要背景;中国传统文化即使有优秀的部分,似乎也需要等现代化发展到一定阶段后去挖掘、转化、创新才能为现代化所用。其实,从深层来看,中国式现代化也是从对5000多年中华文明及其积淀的中华优秀传统文化的传承发展而来的,中国式现代化有其深厚的传统文化根基——正如习近平指出的,"中国式现代化,深深植根于中华优秀传统文化"[①]。当我们回顾走过的现代化之路,之所以能探索拓展出"中国式"、比较成功地避开西方式现代化的陷阱,除开有马克思主义的科学指导,一个重要原因恰恰在于它有着自己独特的传统文化根基。同时,作为指导思想的马克思主义,也只有同中华优秀传统文化相结合,才能在中国牢牢扎根,才能根深叶茂,始终保持蓬勃生机和旺盛活力。

---

① 习近平:《正确理解和大力推进中国式现代化》,《人民日报》2023年2月8日。

一、现代化与传统文化的辩证关系

现代化(modernization)起于西方,而西方对现代化的理解又与发端于启蒙时代的现代性(modernity)本质关联。一方面,现代化在很大程度上就可以理解为现代性的历史展开与不断实现;另一方面,现代性又表现为现代化形成的本质特征与状态。现代性可以从哲学、社会学、政治学等多重维度进行理解,但现代性至今仍在两个最基本的意义上使用:编年史的和价值意义的。前者意味着现代时期,与古代时期相对;后者则是人主动谋求的一种与过去的决裂,对"现代"有着颂扬、向往之意,人们从现在、未来而不是从过去的传统和历史典范中寻找自己时代的合理性——现代性被理解为一种与古代对比之下的总体的生存样式、品质和文化"情境"①。无疑,在两种最基本的意义上现代性都意味着将古代、传统作为自我规定的"他者"。与此相应,西方现代化理论的"基本结构建立在'传统与现代性'这对对立的概念上"②。在"要么……要么……"的逻辑下,"'古'与'今'之间多种多样形式下的斗争,是当代最突出的矛盾之一"③。当中国从近代落后挨打的历史教训中走向现代化时,长期内蕴着对落后的恐惧和追赶西方的焦虑,甚至直接提出过多少年实现"赶""超"的目标任务。这种恐惧和焦虑反过来产生了一种强大的内省式归因

---

① 参见沈湘平:《全球化与现代性》,湖南人民出版社2003年,第13—14页。
② 罗荣渠:《现代化新论——中国的现代化之路》,华东师范大学出版社2013年,第31页。
③ [美]吉尔伯特·罗兹曼:《中国的现代化》,"比较现代化"课题组译,上海人民出版社1989年,第672页。

逻辑与决绝的行动取向，那就是彻底甚或是矫枉过正式地批判自己的传统及其文化，认为惟其如此，才能赶上时代，尽快实现现代化。但是，检视诞生自西方的现代化的历史及其理论，现代性与前现代性的断裂被大大夸大了，历史的真实是现代性的动力深深扎根于前现代之中。

西方现代性最初只是文艺创作中体现出来的与众不同的新奇性，但并不是谋求一种对传统的彻底决裂。而且，源远流长的人类历史也足够教导我们，返本开新是人类思想智识发展的基本路径和方法。例如，欧洲文艺复兴运动的初衷就在于回复到古希腊、古罗马的写作方式，而正是这样的文艺复兴运动孕育和开创了最初的所谓现代性。因此，"要探明现代社会和思想的问题起源，需要关注古代性（Antike）与现代性的实质关联。古代文化仍是现代世界的实质性基因之一，它通过晚期中世纪文化和文艺复兴而成为近代世界的形成因素。"①的确，当我们考察现代性时，固然要重视现代性的与众不同，否则难以明了它的自我规定。但也必须注意到，现代性不是天外飞仙和空穴来风，现代性之根恰恰深深根植于传统之中，隐藏于历史阶段标志林立的异质性背后的是历史连续性的真实。伽达默尔的哲学解释学也告诉我们，我们总是在试图创新，但却无往而不在传统之中，我们只是在传统中创造着新的传统。马克思在更为广泛的意义上深刻指出："人们自己创造自己的历史，但是他们并不是随心所欲地创造，并不是在他们自己选定的条件下创造，而是在直接碰到的、既定的、从过去承继下来的条件下创造。一切已死的先辈们的传统，像梦魇一样纠缠着活人的头脑。"②

传统是现代性生长的资源，在西方是这样，在中国也是这样，而且应该是这样。贺麟先生如下说法代表着很多人文学者的观点："在思想与文化的范围里，现代不可与古代脱节。任何一个现代的新思想，如果与过去

---

① 刘小枫：《现代性社会理论绪论——现代性与现代中国》，上海三联书店 1998 年，第 68 页。
② 《马克思恩格斯文集》第 2 卷，人民出版社 2009 年，第 470—471 页。

的文化完全没有关系，便有如无源之水、无本之木，绝不能源远流长、根深蒂固。文化或历史虽然不免经外族的入侵和内部的分崩瓦解，但也总必有或应有其连续性。"①尽管由于历史原因中国已经失去了一个完全从传统中自生自发诞生出现代性的机会，被倒逼的现代化一开始可以说完全是外源性的，在相当长的时间内就直接体现为不同层面、不同程度的西方化。但是，好在传统根基虽经磨难而尚在，我们事实上是在不知不觉中以几千年"经验变先验"（李泽厚语）而来的本能，传承着那些基因性的东西——"人民群众日用而不觉的共同价值观念"（习近平语）与思维方式——今天我们需要做的就是如何更加主动、自觉地传承，使人民群众日用而不觉的共同价值观念被聚焦、被照亮，变成自觉遵循，从而使"百姓日用而不知"（《周易》）的"君子之道"能协和现代化而大道其昌。

人类社会发展是一个否定之否定的过程，现代化也不例外。罗荣渠在20世纪90年代指出，"作为思想遗产的传统文化绝不能在现代化进程中加以抛弃"，他预言"未来的'超现代'有可能在某些方面与'前现代'相通"，"在一个国家已经高度现代化或面临现代化危机之时，儒家理性和价值观的意义就必须重新估价了"，并断言"儒教文化中的人文价值与道德规范的丰富内涵，在现代化阶段丧失时效，却完全可能在超越现代化的阶段中推陈出新，恢复活力，为全球性多元化的社会新整合作出重大贡献"②。在当代中国，这样的状态已经非常清晰。

---

① 贺麟：《文化与人生》，商务印书馆2015年，第4页。
② 罗荣渠：《现代化新论——中国的现代化之路》，华东师范大学出版社2013年，第417—418、184、417页。

二、中国式现代化何以是"中国式"

中国式现代化在什么意义上是"中国式"的？其在众多现代化模式的"他者""既有"中有什么独特规定？其自身又是如何可能的？习近平指出，中国式现代化是"前无古人的创举，破解了人类社会发展的诸多难题，摒弃了西方以资本为中心的现代化、两极分化的现代化、物质主义膨胀的现代化、对外扩张掠夺的现代化老路"①。党的二十大报告对中国式现代化的"中国特色"作出了专门论述：人口规模巨大的现代化、实现共同富裕的现代化、物质文明与精神文明相协调的现代化、人与自然和谐共生的现代化、走和平发展道路的现代化。其实，中国式现代化何以是"中国式"归结起来就是一句话：它是中国特色社会主义现代化。中国式现代化道路说到底就是中国特色社会主义道路。但是，正如习近平所说的，"我们开辟了中国特色社会主义道路不是偶然的，是我国历史传承和文化传统决定的"②；中国特色社会主义"是对中华文明5000多年的传承发展中得来的"③。中华优秀传统文化"植根在中国人内心"，"积淀着中华民族

---

① 习近平：《以史为鉴、开创未来 埋头苦干、勇毅前行》，《求是》2022年第1期。李约瑟1970年曾经论道："革命前的本世纪二十年代有个重大问题：中国不经过包括'黑暗的地狱工厂'和'工厂法'的资本主义所有阶段，能否实现现代化和工业化。二次大战后中国人民给出的明确回答是，他们相信不经过资本主义能实现现代化，而他们将一往无前地达到此目标。"(《李约瑟集》，段之洪等译，潘吉星主编，天津人民出版社1998年，第69页)
② 《习近平在中共中央政治局第十八次集体学习时强调 牢记历史经验历史教训历史警示 为国家治理能力现代化提供有益借鉴》，《人民日报》2014年10月14日。
③ 习近平：《坚持和发展中国特色社会主义要一以贯之》，《求是》2022年第18期。

最深沉的精神追求",是"中华民族的基因""民族文化血脉""中华民族的精神命脉""中华民族的根和魂",是中国人"有别于其他民族的独特标识",是"中华民族生生不息、发展壮大的丰厚滋养"。中华优秀传统文化是如此博厚、高明、坚韧和强大,以致其作为近现代历史一种先在、先验的力量,不是人们去选择它,而是它在筛选所有的思想主张和政治力量——谁能继承、发扬这种强大的基因并能实现其现代性的转换,谁就能站得住脚、生根发芽、蓬勃发展。历史表明,中国共产党开创的中国特色社会主义道路做到了!中国共产党最终自觉传承和弘扬中华优秀传统文化,将中华优秀传统文化视为"我们最深厚的文化软实力,也是中国特色社会主义植根的文化沃土"①。习近平还以反问的方式确认指出:"如果没有中华五千年文明,哪里有什么中国特色?如果不是中国特色,哪有我们今天这么成功的中国特色社会主义道路?"②

对于本质上是中国特色社会主义现代化的中国式现代化,我们不仅要追问中国特色社会主义为什么好,还要追问共产党为什么能,而答案归根到底是因为马克思主义行,是中国化时代化的马克思主义行。中国化时代化的马克思主义之所以行,不仅因为其基本原理是科学的,还因为其拥有与时俱进的理论创新品质,或者说与时俱进是其科学性的重要体现。中国共产党人在百年奋斗中认识到只有把马克思主义基本原理同中国具体实际相结合、同中华优秀传统文化相结合,才能始终保持马克思主义的蓬勃生机和旺盛活力。党的二十大报告中,对马克思主义基本原理同中华优秀传统文化相结合的必要性、可能性和基本内涵、工作要求作出了经典论述:"只有植根本国、本民族历史文化沃土,马克思主义真理之树才能根深叶茂。中华优秀传统文化源远流长、博大精深,是中

---

① 《习近平在中共中央政治局第十八次集体学习时强调 牢记历史经验历史教训历史警示 为国家治理能力现代化提供有益借鉴》,《人民日报》2014年10月14日。
② 《习近平谈治国理政》第四卷,外文出版社2022年,第315页。

华文明的智慧结晶，其中蕴含的天下为公、民为邦本、为政以德、革故鼎新、任人唯贤、天人合一、自强不息、厚德载物、讲信修睦、亲仁善邻等，是中国人民在长期生产生活中积累的宇宙观、天下观、社会观、道德观的重要体现，同科学社会主义价值观主张具有高度契合性。我们必须坚定历史自信、文化自信，坚持古为今用、推陈出新，把马克思主义思想精髓同中华优秀传统文化精华贯通起来、同人民群众日用而不觉的共同价值观念融通起来，不断赋予科学理论鲜明的中国特色，不断夯实马克思主义中国化时代化的历史基础和群众基础，让马克思主义在中国牢牢扎根。"①这成为人们理解中国式现代化和传统文化关系的经典纲领和根本遵循。

马克思主义基本原理同中华优秀传统文化相结合，既是中国共产党全面建设社会主义现代化国家这一新征程中的重要指导思想，也是中国追求现代化的基本历史经验。中国共产党百年历史也是马克思主义基本原理与中华优秀传统文化相结合由不太自觉到高度自觉、由表浅结合到深度融合的历史。如今，马克思主义和中华优秀传统文化已经成为中国化时代化马克思主义的"魂脉"和"根脉"。习近平指出，"在五千多年中华文明深厚基础上开辟和发展中国特色社会主义，把马克思主义基本原理同中国具体实际、同中华优秀传统文化相结合是必由之路。这是我们在探索中国特色社会主义道路中得出的规律性的认识……是我们取得成功的最大法宝。……'第二个结合'，是我们党对马克思主义中国化时代化历史经验的深刻总结，是对中华文明发展规律的深刻把握，表明我们党对中国道路、理论、制度的认识达到了新高度，表明我们党的历史自信、文化自信达到了新高度，表明我们党在传承中华优秀传统文化中推进文化创新的自觉性达到了新高度"②。观乎今日中国式现代化进程，对这一结合的高度

---

① 《习近平著作选读》第一卷，人民出版社 2023 年，第 15 页。
② 习近平：《在文化传承发展座谈会上的讲话》，《求是》2023 年第 17 期。

自觉，既有"更好"的应然范导，也是对已然、实然状态的客观认识。相对于过往，这种自觉无疑是更加凸显了传统文化在中国式现代化中的地位与作用。的确，在今天看来，"中国现代化除有'普遍性'的性格外，必然还有'特殊性'的性格。这个特殊性的性格是由中国的文化传统所影响、型塑的"①。

如前已及，"中国式"有一个重要的"他者"即西方现代化。西方是现代化的发源地，至今拥有着包括话语权在内的极大势能。中国式现代化事实上与之在逻辑上不是"同时代"的，而是性质迥异的扬弃、超越关系。这种扬弃与超越至少包含着三重逻辑：一是中国具体实际的逻辑，这是从近代西方现代化引入中国之初就自觉不自觉地存在着的，更多地是从形式上解决本土化的问题。二是科学社会主义的逻辑，不仅是以所有制为核心的生产关系的根本变革，也是经济、政治、社会、文化的全方位扬弃。从思想文化的角度看，主要是自觉解决了精神主动性②和指导思想先进性的问题。三是中华优秀传统文化的逻辑，对现代化起到濡化、矫正、加魅的作用，解决的是文化滋养与精神家园的问题——习近平强调中华优秀传统文化是中华民族的根和魂。作为西方现代化理论鼻祖的马克斯·韦伯就认为现代化就是合理化，本质上是工具理性化，世界因之"祛魅"（Disenchantment）。当然，相对于西方而言，"在现代化阶段缺少工具理性价值的文化资源，被西方价值观视为无价值的东西，也可能具有超越的价值"③。这种"可能"在今天中国已经变成生动的现实。

中华优秀传统文化在时间上产生于前现代时期，但其从未中断，始终

---

① 金耀基：《中国文化传统与发展》，《传统文化与现代化》1993年第3期。
② 毛泽东、习近平都曾强调，自从有了中国共产党，中国人的精神就从被动转为主动。毛泽东指出："自从中国人学会了马克思列宁主义以后，中国人在精神上就由被动转入主动。"（《毛泽东选集》第4卷，人民出版社1991年，第1516页）习近平指出："一九二一年中国共产党应运而生。从此，中国人民谋求民族独立、人民解放和国家富强、人民幸福的斗争就有了主心骨，中国人民就从精神上由被动转为主动。"（《习近平谈治国理政》第三卷，外文出版社2020年，第10—11页）
③ 罗荣渠：《现代化新论——中国的现代化之路》，华东师范大学出版社2013年，第417页。

作为基因而延续,始终无声、无形地发挥着作用,尽管其发挥作用的机制迄今人们还研究甚少。毋庸讳言,当今人类处于一种总体性的困境之中,人与自然、人与社会、人与自身关系都面临着诸多难题、挑战和危机。从根本上说,这种困境主要是西方文明及其现代化发展所孕育和带来的。着眼于人类未来,在反思西方现代化的同时,激活非西方的文化智慧以破解人类困境是当务之急。中华文化在几千年的发展中,孕育和积淀了与源自古希腊、古罗马的西方文化迥异的智慧,其中许多都与科学社会主义主张高度契合、与当今时代具有共鸣点,具有永恒而普遍的意义。正如习近平指出的,"包括儒家思想在内的中国优秀传统文化中蕴藏着解决当代人类面临的难题的重要启示"[①];"中华优秀传统文化是中华民族的文化根脉,其蕴含的思想观念、人文精神、道德规范,不仅是我们中国人思想和精神的内核,对解决人类问题也有重要价值"[②]。在此意义上,作为对西方现代化扬弃与超越的重要逻辑之一,产生于前现代、曾经仅仅被视作地方性知识的中华优秀传统文化在今天本身就具有了世界性、人类性的维度。

[①] 《习近平著作选读》第一卷,人民出版社 2023 年,第 277—278 页。
[②] 《习近平:举旗帜聚民心育新人兴文化展形象 更好完成新形势下宣传思想工作使命任务》,《人民日报》2018 年 8 月 23 日。

三、"韦伯命题"的中国解答

1840年后,先进的中国人在比照西方现代化中不断反思中国落后的原因,由器物到制度再到思想文化的最终归因在一百多年前的新文化运动中集中爆发出来,实际上也就是认识到,没有先进的思想文化武装,没有现代精神力量推动,中国就不能救亡图存和真正实现向现代社会的转型。在今天看来,毋庸讳言,新文化运动确实存有"全盘西化"的历史偏颇。但我们至少要从两方面对这一事实进行同情的理解:一是当时西方现代化作为现代化唯一模式没多少争议,在绝大多数人看来,只有要不要现代化的问题,而不存在要不要西方现代化的问题。二是在当时的中国本土社会、传统文化中一时确实找不着那种可以有力推进现代化的精神动力——直到马克思主义传入中国。

1915年,就在作为新文化运动开端标志的《新青年》(当时叫《青年杂志》)创办的同一年①,现代化理论的主要奠基人马克斯·韦伯写就了《儒教与道教》一书。在该书和之前发表的《新教伦理与资本主义精神》中,他研究了为什么西方最早走上理性化道路而中国不能的问题:"何以在这些国度(中国、印度——引者注),无论科学、艺术、政治以及经济的发展皆未能走上西方独具的理性化的轨道?"韦伯将理性化理解为现代化的本质,其实他的追问就是为什么西方最早走上现代化而中国却不能。他开宗明义地

---

① 同在1915年,中国科学社正式成立,留美学生创办《科学》杂志,介绍西方先进的自然科学,强调科学救国。

指出,"问题的核心毕竟是在于西方文化所固有的、特殊形态的'理性主义'"。而新教伦理与资本主义有着高度的内在亲和性,造就了促使现代化诞生和推动其发展的所谓资本主义精神——韦伯事实上是在亚当·斯密、康德、黑格尔的基础上为西方现代社会寻找伦理道德基础。在韦伯看来,所谓精神"是一种带有伦理色彩的生活样式准则的性格"①,他也称之为一种"心态",即"对世界的实际态度"②。所谓资本主义精神则指涉"将工作奉为天职有系统且理性地追求合法利得的心态",这种心态在西方"近代资本主义企业里找到了最适合的形式,另一方面,资本主义企业则在此心态上找到最适合的精神推动力";"资本主义文化最特色独具的构成要素,亦即'天职'思想与为职业劳动献身"③。相反,韦伯通过研究认为,中国人缺少这样的精神、心态,所以尽管早就有许多资本主义因素存在,但

▶《儒教与道教》中译本封面

---

① [德]马克斯·韦伯:《新教伦理与资本主义精神》,康乐、简惠美译,上海三联书店2019年,前言第12—13页、正文第27页。列文森也提出过类似的问题,即十七八世纪的中国唯物主义已经占统治地位了,但是为什么并没有使中国像西方催化工业主义一样"凭借自身的力量也将迈进一个具有科学取向的社会"? 原因就在于"儒家文明所推崇的是非职业化的人文理想,而现代的时代特征则是专业化"。参见[美]列文森:《儒教中国及其现代命运》,郑大华、任菁译,中国社会科学出版社2000年,第3、367页。王国斌的解释则是,明清时期的中国,正致力于"通过道德的及物质的控制策略,来寻求国内的秩序及统一。这些实践,比欧洲国家从事相似任务的努力,时间上要来得早"。参见[美]王国斌:《转变的中国:历史变迁与欧洲经验的局限》,李伯重、连玲玲译,江苏人民出版社1998年,第264页。
② [德]马克斯·韦伯:《儒教与道教》,王容芬译,商务印书馆1995年,第301页。
③ [德]马克斯·韦伯:《新教伦理与资本主义精神》,康乐、简惠美译,上海三联书店2019年,第39、50页。

最终没有促成反而是阻碍了中国走向资本主义，即当时所理解的现代化①。这些被称为"韦伯命题"的思想事实上还包含着这样一个维度，即韦伯为什么要去研究这个问题？ 其实他是有感于当时西方社会这种伦理精神的丧失，而试图为之找回这样的精神动力。

所谓"韦伯命题"的实质其实就是从正反两方面说明现代化需要特定的以伦理为核心的精神动力。 没有特定的精神动力，现代化不可能真正发生，也不可能真正持续。 立足中国，"韦伯命题"至少引发如下四个相关的问题：(1) 对所谓唯物史观"经济决定论"形成挑战乃至否定的问题。 长期以来，中西学界都有此观点。 的确，韦伯明确说过，唯心论历史文化解释和唯物论的文化历史观都是"同样片面的"，我们"必须从这样的观点脱身而来，亦即认为可以从经济的变革中推衍出宗教改革的这个'历史必然的'结果"；将新教伦理都"说成是'物质'状态之'反映'在'精神的上层建筑'上，就真的是无谓至极"②。 他在《社会科学方法论》中更是直接宣称："所谓'唯物主义历史观'，作为一种世界观或作为对历史实在性所作的一种因果解释，是应该加以断然拒斥的。"③其实，韦伯所理解的马克思主义是一种简单化、庸俗化的马克思主义，马克思主义对精神动力的问题高度重视而且有过很多经典论述。 (2) 现代化道路是唯一的吗？ 即只有走西方资本主义道路才能实现现代化吗？ 与此相关的问题是(3) 中国现代化何以可能。 因为在韦伯看来，中国文化和中国人的精神、心态阻碍了其迈向现代化——这与五四时期中国精英阶层的主流反思既在时间上

---

① 早在18世纪德国了解中国之初就有学者指出了这一问题，例如赫尔德，他称赞中国人在瓷器、丝绸、火药、指南针、活字印刷、桥梁建筑、造船工艺、铅的发明制造，以及其他许多精巧手工艺方面，都领先于欧洲人，"只是他们在精神上缺乏一种对几乎所有这些发明艺术做进一步完善的动力"。 赫尔德《中国》，见 [德] 夏瑞春编：《德国思想家论中国》，陈爱政等译，江苏人民出版社1995年，第92页。
② [德] 马克斯·韦伯：《新教伦理与资本主义精神》，康乐、简惠美译，上海三联书店2019年，第181、67、48页。
③ [德] 马克斯·韦伯：《社会科学方法论》，杨富斌译，华夏出版社1999年，第165页。

是同步的，也在观点上几乎是一致的。（2）和（3）还直接涉及我们今天中国式现代化的合法性问题。其实，正如前文已及，韦伯之所以探讨这些问题，为资本主义找回丧失掉的精神动力是其重要初衷。在韦伯看来，随着西方资本主义的发展，"这世间的物资财货，如今史无前例地赢得了君临人类之巨大且终究无以从其中逃脱的力量……获胜的资本主义，既已盘根在机械文明的基础上，便不再需要这样的支柱（禁欲和资本主义精神——引者注）"，人们见到的是"无灵魂的专家，无心的享乐人，这空无者竟自负已登上人类前所未达的境界"①。面对西方现代化中形式理性与实质理性、工具理性与价值理性的矛盾，韦伯一筹莫展，认为在资本主义社会无法解决。这事实上隐含着一个重要的问题，即（4）究竟什么样的现代化才是好的现代化。这是在"要不要现代化、能不能现代化"基础之上的规范性探讨，具有政治哲学的性质。韦伯已经明白地告诉我们，物质膨胀而精神缺失的现代化不是好的现代化。

韦伯的相关探讨对我们今天理解和推进中国式现代化有着很好的借鉴、启示意义。但我们必须认识到：

（1）马克思主义有着自己关于精神动力的科学理论。马克思主义唯物史观的确强调改变世界的终极力量一定是物质力量，但绝不是简单的经济决定论——经济的决定作用是"归根到底"意义上的——而是十分重视发挥人民群众的主观能动性，重视精神的伟大力量。马克思认为，虽然"批判的武器当然不能代替武器的批判，物质力量只能用物质力量来摧毁"，但在一定的条件下精神力量却可以转化为强大的物质力量。这个"一定条件"最根本的就是"思想的闪电一旦彻底击中这块素朴的人民园地"，也就是精神力量成为人民的精神力量——"理论一经掌握群众，也会变成物质

---

① ［德］马克斯·韦伯：《新教伦理与资本主义精神》，康乐、简惠美译，上海三联书店 2019 年，第 179、180 页。

力量。"①在一个阶级推翻另一个阶级的革命斗争中是如此,在一个阶级取得统治地位后也是如此:"统治阶级的思想在每一时代都是占统治地位的思想。这就是说,一个阶级是社会上占统治地位的物质力量,同时也是社会上占统治地位的精神力量。"②统治阶级总是通过系统的努力,使人民最大程度地接受自己的思想,增强其所希望的精神力量,从而增进其统治的合法性,团结人民去完成特定的历史任务。

(2) 在不断中国化时代化的马克思主义指导下,中国共产党领导中国人民通过百年奋斗特别是通过新中国成立后的中国式现代化理论与实践探索,已经成熟地锻造出具有中国特色、社会主义本质的现代化精神动力。革命年代形成的中国革命道德传统,为新中国走向中国式现代化的探索准备了精神基础。新中国成立后逐步探索和初步建立起有独特民族风格和历史特点的社会主义道德体系,奠定了社会主义现代化思想道德的底色。改革开放时期,在改革开放和市场经济建设的实践中,人们逐渐形成致富光荣、敢闯敢试、讲究效率、苦干实干的国民性格和以改革创新为核心的时代精神,这些为中国经济高速发展和社会转型提供了持续精神保障和基本道德规范,为市场经济条件下社会主义现代化建设提供了与之匹配的伦理动力。进入新时代以来,习近平无比重视精神力量作用,特别重视激发精神动力。"中国人民的前进动力更加强大、奋斗精神更加昂扬、必胜信念更加坚定,焕发出更为强烈的历史自觉和主动精神。"③党的二十大报告全面阐述了中国式现代化的内涵、特征及其何以可能,其实也立足中国、放眼世界,阐明了"我们究竟需要什么样的现代化?怎样才能实现现代化?"的"现代化之问"④,始终贯穿着现代化精神动力的气韵与理论,即

---

① 《马克思恩格斯文集》第1卷,人民出版社2009年,第11、17—18、11页。
② 《马克思恩格斯文集》第1卷,人民出版社2009年,第550页。
③ 《习近平著作选读》第一卷,人民出版社2023年,第13页。
④ 习近平:《携手同行现代化之路——在中国共产党与世界政党高层对话会上的主旨讲话》,《人民日报》2023年3月16日。

回答了为什么要增强精神力量、着重要增强哪些方面的精神力量以及如何增强精神力量等问题。在此意义上,党的二十大报告也是关于现代化精神动力的纲领性宣言。

（3）无论是中国式现代化所体现的中国特色与本质要求,还是在革命、建设和改革开放以及新时代以来的实践中形成的精神动力系统,都有着中华优秀传统文化的底蕴作用,传承了中华优秀传统文化尤其是作为其精髓的中华传统美德。什么样的现代化是好的现代化? 中国式现代化已经证明且还将不断证明,自觉将中华优秀传统文化作为自己的底蕴和根基的中国式现代化才是好的现代化——中华优秀传统文化"让中国特色社会主义道路有了更加宏阔深远的历史纵深,拓展了中国特色社会主义道路的文化根基……中华文明赋予中国式现代化以深厚底蕴"[1]。在全面推进中国式现代化的进程中,正如党的二十大报告所指出的,我们必须"传承中华优秀传统文化""传承中华文明",这既是中国式现代化独有的内容要求,也是为中国式现代化提供强大精神动力的要求。进而言之,面对由西方现代化带来的全球性问题和人类困境,中华优秀传统文化事实上不仅仅是一种地方性知识,而是蕴含着对解答这些问题的提示,而经由中国式现代化建设的中华民族现代文明和创造的人类文明新形态使之现实、生动地展现出来——中华优秀传统文化及其孕育的中华民族精神充分发挥了"实现中华民族伟大复兴的精神力量"[2]的作用,也"为中国发展和人类文明进步提供了强大精神动力"[3]。也就是说,经过创造性转化、创新性发展而被激活的中华优秀传统文化具有跨越时空的魅力和价值,人类的历史终将证明,对于中国乃至整个人类而言,以中华优秀传统文化为底蕴和根基的现代化才是好的现代化。

---

[1] 习近平:《在文化传承发展座谈会上的讲话》,《求是》2023年第17期。
[2] 习近平:《建设中国特色中国风格中国气派的考古学 更好认识源远流长博大精深的中华文明》,《求是》2020年第23期。
[3] 习近平:《在第十三届全国人民代表大会第一次会议上的讲话》,《求是》2020年第10期。

第一章
传统文化与现代化的百年"恩怨"

"文化是一个国家、一个民族的灵魂",而"文运与国运相牵,文脉与国脉相连"(习近平语)。近代以来,随着民族、国家命运的起伏,中国文化的命运特别是传统文化的命运也潮起潮落。在过去百年历史中,在西方现代化的冲击和中国追求现代化的探索过程中,现代化与传统文化在中国演绎出了诸多"恩怨情仇"。值得庆幸的是,这些曲折经历似乎都如黑格尔所说的"理性的狡计",国人对传统文化的态度最终走过了一个从否定到否定之否定的过程,中国式现代化终于自觉地将传统文化视为自己的根基和巨大优势,使得中国式现代化更加具有厚重的文化底蕴、鲜明的中国特色和饶益众生的世界意义。

一、"五四"的矫枉过正

1840年后,开眼看世界的先进的中国人都很注意向西方学习。但是,无论是洋务派、改良派还是革命派,总体上并不完全否认中国传统文化——例如革命派的孙中山先生——直到1915年开启的新文化运动。新文化运动是一次文学革命、思想文化革新,主题就是"反传统、反孔教、反文言"。直接是反文言,核心是反孔教,目标是反传统。其所以标之以"新",就是要批判于"旧"——《青年杂志》第一期就宣称:"所谓新者无他,即外来之西洋文化也;所谓旧者无他,即中国固有之文化也。……二者根本相违,绝无调和折衷之余地。"① 作为新文化运动"总司令"的陈独秀在《敬告青年》这篇著名文章中说:"固有之伦理、法律、学术、礼俗,无一非封建制度之遗,持较皙种之所为,以并世之人,而思想差迟,几及千载;尊重廿四朝之历史性,而不作改进之图;则驱吾民于二十世纪之世界以外,纳之奴隶牛马黑暗沟中而已,复何说哉! 于此而言保守,诚不知为何项制度文物,可以适用于生存于今世。吾宁忍过去国粹之消亡,而不忍现在及将来之民族,不适世界之生存而归削灭也。"② 1918年鲁迅在《新青年》发表《狂人日记》,有一段脍炙人口的话:"我翻开历史一查,这历史没有年代,歪歪斜斜的每页上都写着'仁义道德'四个字。我横竖睡不

---

① 汪叔潜:《新旧问题》,《青年杂志》第1卷第1号,上海群益书社1915年。
② 《陈独秀文存》,四川文艺出版社2009年,第17页。

▶ 陈独秀《敬告青年》

着，仔细看了半夜，才从字缝里看出字来，满本都写着两个字是'吃人'！"①后来，胡适、陈序经还直接提出"全盘西化"的主张。陈序经"相信百分之一百的全盘西化，不但有可能性，而且是一个较为完善较少危险的文化的出路"②。

"五四"闯将们事实上是将以儒家文化为核心的中国传统文化视为中国落后的罪魁祸首而欲去之后快，而其所托的合法性、合理性标准以及所凭借的武器恰恰是西方文化，是以全盘西化的方式来全盘否定传统——胡

---

① 《鲁迅全集》第一卷，人民文学出版社 2005 年，第 447 页。
② 《中国现代思想史资料简编》第三卷，姜义华编，浙江人民出版社 1983 年，第 643 页。

适为人作序所说的"打孔家店"被讹传为著名的"打倒孔家店",恰恰说明当时具有这样的舆论氛围与思想基础。从王权、礼教到文言文,甚至作为母语符号的汉字也在否定之列。例如钱玄同就认为,从过往说,汉语千分之九百九十九记载孔门学说及道教妖言记号;从今日学问之应用来说,新理新事物之名词一无所用。鲁迅也多次论及"汉字不毁,国家必亡"。五四时期将近代以来中西古今之争推向高潮,体现的是现代化与传统的矛盾,最终表现为传统与科学的冲突,形成了"反传统＝全盘西化＝唯科学主义"的观念①。五四运动是救亡图存的启蒙运动,其对中国传统文化的批判足以振聋发聩、启迪人心,其对传统文化的很多批判也是直接击中要害,基本上解构了两千多年的传统封建文化,开启了中国真正意义上的现代时期。但是,毫无疑问,这一承上启下的运动是以矫枉过正的姿态写进历史的。

值得注意的是,五四时期不是没有比较科学、辩证的态度的,比方说李大钊先生的观点。李大钊在1918年发表的《东西文明根本之异点》中谈道:"平情论之,东西文明,互有长短,不宜妄为轩轾于其间";"东洋文明与西洋文明,实为世界进步之二大机轴,正如车之两轮、鸟之两翼,缺一不可。而此二大精神之自身,又必须时时调和、时时融会,以创造新生命,而演进于无疆"②。只是这样的声音在当时并没有占住主流。李泽厚对近代以来矫枉过正的传统批判有过"救亡压倒启蒙"的著名论断,也许"压倒"有些言过,毕竟其启蒙作用是有历史公论的。合理的理解也许

---

① 郭颖颐将源于五四新文化运动中国人对科学的崇拜称为"唯科学主义"(scientism),这种主义认为宇宙万物的所有方面都可以通过科学方法来认识,"人们就把科学作为一种不可能的教条终极性应用于任何最基本的人类情境"。"科学精神取代了儒学精神,科学被认为是提供了一种新的生活哲学。"而且,"对方法的崇拜导致了方法论的形而上学,与此相异的精神活动却被讥讽为'非科学的'。许多现代化中国的思想领袖都未能把批判的态度和方法论权威、科学客观性与绝对理性、科学规律与不变的教条区别开来"。[美]郭颖颐:《中国现代思想中的唯科学主义(1900—1950)》,雷颐译,江苏人民出版社1990年,第3、9、145页。
② 《李大钊全集》第二卷,人民出版社2013年,第311页。

是，救亡和启蒙相互依存、牵制，最终"编织"出来的就是我们看到的近现代历史，而在谋求民族独立与解放过程中，救亡"压着"而非"压倒"启蒙，使得有利于救亡的启蒙部分被率先当然也就会有些片面地彰显出来。

百年后的今天回首"五四"对传统文化的批判，有几点值得注意：一是矫枉过正有针对传统惰性、惯性的策略意味，文化闯将们认识到了中国传统的超稳定特点，认为任何隔靴搔痒式的批判都是徒劳的——袁世凯尊孔复古就是新文化运动的重要背景，一如章太炎曾经说过的那样需要一种"天雄大黄之猛剂"，而救亡形势的紧迫性也就决定了批判方法的不精致，很多问题都被简单化、绝对化地处理。革命需要对象和被动的力量，传统文化成为"革命"的对象，但在很大程度上也是想象的"他者"。二是文化闯将们在思想文化上自觉地批判传统文化，但这并不意味着他们真正隔断了传统文化的影响，相反他们自身都有着极高的传统文化素养。无论是陈独秀、李大钊、鲁迅、胡适，还是后来的毛泽东（毛泽东青少年时代深受传统文化影响，1917年写有《心之力》一文），无论在自觉的层面如何激烈地与传统文化进行决裂，但其受到传统文化的影响极其深刻，因为那是"日用而不觉"的基因，甚至他们的革命精神本身就有着传统士大夫精神的深厚底色。三是在批判中被"围剿"的传统文化并非一蹶不振、无所作为，而是自身受到极大刺激后，在自我辩护的同时开启了自我反思与重述，使传统文化自身开始了现代性转向。一方面，一些传统文化的维护者顺乎时代，提出"新旧调和"论、中西文化"化合"说，例如章士钊、梁启超等；另一方面，坚持维护传统儒家文化的如梁漱溟，虽说是东方文化派，但也结合西方文化对传统文化进行了重新阐释，新儒家——也被称为"从传统中找真理"的"新传统主义"①——应之而起。"五四"对传统文

---

① ［美］费正清编：《剑桥中华民国史》(1912—1949)上卷，杨品泉等译，中国社会科学出版社1994年，第426页。

化的冲击在客观上使得人们能够跳出固有的传统文化，保持一定的知识学距离，从而更为冷静、理性、全面地认识传统文化，也为未来的传统文化复兴埋下了伏笔。

二、 中国共产党形成辩证态度

正是在中西文化论争中,来自国外的马克思主义登上了历史舞台,以马克思主义武装的中国共产党的成立使中国人的精神从被动走向主动。不过,作为五四精神的当然继承者,中国共产党成立初期基本延续了"五四"对传统文化的态度。1923、1924年,共产党人参与到当时的科玄(丁文江、张君劢)论战之中,陈独秀、邓中夏、瞿秋白等乘势宣传马克思主义唯物史观,但对传统文化总体上还是持批判态度。例如,瞿秋白作为主编,在已成为党的机关报的《新青年》进行改版时发表《〈新青年〉新宣言》(1923年)说:"中国的旧社会旧文化是什么?是宗法社会的文化,装满着一大堆的礼教纲常,固守着无量数的文章词赋;礼教纲常其实是束缚人性的利器,文章词赋也其实是贵族淫昏的粉饰。"[①]同年,瞿秋白还在《现代文明的问题与社会主义》一文中,进一步批判东方文化派,断定:"礼教之邦的中国遇着西方的物质文明便澈底的动摇,万里长城早已失去威权。"[②]在大革命时期(1924—1927),共产党领导的农民运动对农村宗法思想和制度发起猛烈冲击,禁止迷信活动,没收祠堂庙宇,推翻族长的族权和城隍土地菩萨的神权,冲击束缚妇女的夫权。总体影响无疑是十分积极的,但一些"过火"的做法在今天看来值得反思。

大革命的失败使中国共产党人开始反思教条主义的危害,而伴随着对

---

① 《瞿秋白文集·政治理论编》第二卷,人民出版社2013年,第7页。
② 《瞿秋白文集·政治理论编》第二卷,人民出版社2013年,第265页。

教条主义的批判则逐步认识到国情、传统文化的重要性。与大多"喝过洋墨水"的早期共产党高级知识分子不同，自小受传统文化熏陶和经世济用之湖湘文化影响的毛泽东特别重视中国实际的调查研究和分析，并以此作为决策依据。在秋收起义、井冈山时期，毛泽东更多运用的是传统军事思想，甚至批判吸收了传统的绿林文化。1931年在中央苏区时，瞿秋白也开始反思，认为文化遗产中有剥削阶级的腐朽没落文化，也有反映民意的民主性文化，要进行批判性分析。1938年10月，毛泽东在中共六届六中全会讲话提出了"学习我们的历史遗产"的任务："我们这个民族有数千年的历史，有它的特点，有它的许多珍贵品质。对于这些，我们还是小学生"；"今天的中国是历史的中国的一个发展；我们是马克思主义的历史主义者，我们不应当割断历史。从孔夫子到孙中山，我们应当给以总结，承继这一份珍贵的遗产。这对于指导当前的伟大的运动，是有重要帮助的"[①]。从马克思主义历史观、继承历史文化遗产特别是有利于革命运动的高度强调了学习、继承传统文化的极端重要性。

抗日战争使得民族矛盾上升为主要矛盾，客观上也使得传统文化的民族共同体想象、凝聚作用凸显出来。1937年清明节，国共两党同到黄帝陵致祭，毛泽东还亲自写下了雄奇古雅的祭文。1940年1月，毛泽东在《新民主主义论》中第一次全面阐述了新民主主义文化观也可以说是中国共产党的文化观，包括其传统文化观。在新民主主义文化论中，"民族的"被列为新文化的首要特征。在具体论述中，首先强调为什么要学传统文化。"形式主义地吸收外国的东西，在中国过去是吃过大亏的。中国共产主义者对于马克思主义在中国的应用也是这样，必须将马克思主义的普遍真理和中国革命的具体实践完全地恰当地统一起来，就是说，和民族的特点相结合，经过一定的民族形式，才有用处，决不能主观地公式地应用

---

① 《毛泽东选集》第二卷，人民出版社1991年，第533—534页。

它。"①其次,指出如何学习、发展传统文化。"中国的长期封建社会中,创造了灿烂的古代文化。清理古代文化的发展过程,剔除其封建性的糟粕,吸收其民主性的精华,是发展民族新文化提高民族自信心的必要条件;但是决不能无批判地兼收并蓄。"②新民主主义文化观的提出,标志着中国共产党对传统文化的正确态度已经形成,其基本精神贯穿至今。

在 1941 年开始的整风(学风、党风、文风)运动中,毛泽东特别强调反对"言必称希腊"的现象。他说这些言必称希腊者"对于自己的历史一点不懂,或懂得甚少,不以为耻,反以为荣"③。1943 年长期指导中国革命的共产国际宣布解散,一时给革命队伍造成极大思想冲击。这年 5 月,中共中央作出《关于共产国际执委主席团提议解散共产国际的决定》,明确指出:"中国共产党人是我们民族一切文化、思想、道德的最优秀传统的继承者,把这一切优秀传统看成和自己血肉相连的东西,而且将继续加以发扬光大……要使得马克思列宁主义这一革命科学更进一步地和中国革命实践、中国历史、中国文化深相结合起来。"④第一次鲜明地将共产党人放到整个民族文化的谱系之中,明确党是优秀传统文化继承者,也第一次提出了马克思主义和中国历史、文化深相结合的要求。事实上,中国共产党由小到大、由弱到强的发展过程,不仅是其受马克思主义指导的结果,也是其充分借助、运用中华优秀传统文化的结果。

正是基于这样一种理解与原则指导,中华优秀传统文化不仅在延安时期、在各解放区都得到了较好的继承,而且在解放初期促进了民族形式文

---

① 《毛泽东选集》第二卷,人民出版社 1991 年,第 707 页。
② 《毛泽东选集》第二卷,人民出版社 1991 年,第 707—708 页。
③ 《毛泽东选集》第三卷,人民出版社 1991 年,第 798 页。
④ 《建党以来重要文献选编(一九二一——一九四九)》第二十册,中央文献出版社 1993 年,第 318—319 页。30 年后,日本学者池田大作在与汤因比对话时认为,中国革命之所以成功在于毛泽东"把马克思列宁主义融合在中国的历史、精神的土壤之中,提出了创建新的民族国家的原理"。[英]汤因比、[日]池田大作:《展望二十一世纪:汤因比与池田大作对话录》,荀春生、朱继征、陈国梁译,国际文化出版公司 1985 年,第 212 页。

艺、文化的繁荣。其中，最具代表性的就是传统戏曲、曲艺的新生。其实，老一辈的中共领导人对传统戏曲、曲艺有着很深的情结、情缘，对旧社会视为"雕虫小技"的戏曲高度重视，对旧社会遭受侮辱、歧视的从业人员十分尊重。资料显示，毛泽东本人凭兴趣购买收集的戏剧、曲艺、歌舞等唱片有 1600 多张、磁带 400 余盘[①]，对于京剧、豫剧、越剧、粤剧、湘剧以及相声等曲艺格外喜欢，对于戏剧、曲艺演员格外尊重。新中国成立后不久，就召开了全国戏曲工作会议，周恩来总理亲自出席，正式废除"旧艺人"称谓。同年，文化部先后成立了戏曲领导机构"戏曲改进局"和"戏曲改进委员会"。1951 年，周恩来签发《关于戏曲改革工作的指示》，确定"改戏、改人、改制"的基本方针，拉开新中国戏曲改革大幕。至 1957 年春，全国挖掘出传统戏曲剧目 51 867 个，记录下 14 632 个，整理改编 4723 余个，上演剧目达 1052 个，戏曲演出出现了前所未有的繁荣状况[②]。事实上成为由广大艺人参加的全国范围的、有计划、有步骤的群众运动。传统戏曲在获得新生、改良的同时，新创了一批历史剧和现代戏，更加贴近人民，从业人员地位迅速提高，戏曲舞台面貌和艺人精神风貌发生了显著变化，中国戏曲事业迎来崭新局面。社会主义改造任务基本完成后，戏曲现代化的问题被摆上议事日程，京剧则成为这一时期的典型。在统一组织下，精心挑选一批已经出现在舞台上的现代戏剧目，集中大量人力、物力、财力，精益求精加工制作了一批"光辉的文艺革命样板"。尽管后来各有毁誉，但不能不说是传统文化创新性发展的一种有效尝试。在新中国成立之后，文化艺术领域呈现出难得的百花齐放、推陈出新的景象。

政党政治是现代政治的本质，在中国从前现代走向现代过程中，中国共产党和国民党是最重要的两个政党。国民党对传统文化的态度及其历史

---

① 刘伟：《毛泽东的戏曲情缘》，《湘潮》2012 年第 4 期。
② 肖冬连：《1956 年"百花运动"中的文艺界》，《党史博览》2005 年第 12 期。

效应对我们今天也很具有启发性。孙中山先生虽然游学于域外,但对中国传统文化颇为重视。早期他甚至认为,中国是世界东方首出之邦,西方很多现代理念如民权思想其实起源于中国。他还以儒家之大同为理想国,在其《建国方略》中认为,人类进化之目的就是要达到"大道之行也,天下为公";同时强调恢复中国固有的旧道德,实际上将忠君、仁爱思想扩展为忠党、忠国和博爱的思想。蒋介石领导下的国民党总体延续了孙中山对待传统文化的态度,认为三民主义完全拿《大学》做基础,强调要恢复中国固有的忠孝仁爱信义和平的民族道德。但是,蒋本人注重修身和他的封建军阀作风也反映了国民党对待传统文化的复杂性,尤其是他最终皈依基督教并认为"中国复兴之道,除复兴孔子仁义之哲学外,非提倡基督救世……其他实无他道也"①,于个人是信仰与思想之自由,于中国之领袖则偏离之甚也!九一八事变后,民族主义情绪高涨,国民党内部也出现强调文化民族性的主张。1934年,国民党发起"尊孔读经"和"新生活运动"。与之呼应,陈立夫这年发表《中国文化建设之前夜》,成立"中国文化建设协会";1935年,陶希圣等10位国民党教授发布《中国本位的文化建设宣言》,有感于在现代化世界中中国文化的"消失",挑起来"中国本位文化"的旗帜,强调"用文化的手段产生有光有热的中国,使中国在文化的领域中能恢复过去的光荣,重新占着重要的位置"②。实质上还是近代"中体西用"观的延续,胡适更是辛辣地指出,"他们的宣言也正是今日一般反动空气的一种最时髦的表现。时髦的人当然不肯老老实实的主张复古,所以他们的保守心理都托庇于折衷调和的烟幕弹之下"③。

虽然表面看来,中国共产党和国民党都重视传统文化,但意趣很不相同。非常有意思的是,当时国共两党的领袖的儿子都曾在苏联留学,父亲

---

① 《蒋介石日记》(手稿本),1934年6月13日,美国斯坦福大学胡佛研究所档案馆藏,第463页。
② 《中国现代思想史资料简编》第三卷,姜义华编,浙江人民出版社1983年,第767页。
③ 《中国现代思想史资料简编》第三卷,姜义华编,浙江人民出版社1983年,第195页。

都给儿子开过书单,通过书单正可窥见意趣之殊。1939、1941年毛泽东给远在苏联的儿子毛岸英、毛岸青寄过两批书。1939年的书寄丢了,书单不可考,而1941年所寄书单在毛泽东给儿子的信中清晰留了下来:"《精忠岳传》2、《官场现形》4、《子不语正续》3、《三国志》4、《高中外国史》3、《高中本国史》2、《中国经济地理》1、《大众哲学》1、《中国历史教程》1、《兰花梦奇传》1、《峨嵋剑侠传》4、《小五义》6、《续小五义》6、《聊斋志异》4、《水浒》4、《薛刚反唐》1、《儒林外史》2、《何典》1、《清史演义》2、《洪秀全》2、《侠义江湖》6。"①1937年,蒋经国自苏联回国后,蒋介石给他开出的学习书单包括:《论语》、《王文成公全书》(即王阳明全集)、《曾文正公家书》、《近思录》、《孙文学说》。两者相较,大众与精英、广博与专深、运用与沉浸、革命与守成之别非常明显,似乎也冥冥中预示了国共两党的历史命运。当然,两党对于传统文化的创造性运用、创新性发展的水平,也从1945年重庆"斗词"中分出了高下。正所谓"情深而文明,气盛而化神"(《礼记·乐记》),毛泽东的《沁园春·雪》以人格方式完成了在传统文化继承上的"数风流人物,还看今朝"。有意思的是,曾经参加过国民党军队,后来成为新儒家重要代表的徐复观在国民党败退台湾后检讨认为,"国民党现代化的后面没有灵魂,因而在人的基本上和共产党比失败了",他还断言:"中共假定能够觉悟,其所凭借以站起来,一定是儒家精神,而不是西方文化。"②

在战火纷飞中,除开国共对传统文化的主张,一些民主党派的传统文化观,例如曾加入中国共产党后退党成为民主人士的张申府对传统文化的

---

① 参见唐雁洲、李杨编:《中共元勋家书品读》,中国人民大学出版社2013年,第135—136页。
② 徐复观:《儒家思想与现代社会》,九州出版社2014年,第44、46页。莱芒·道逊也曾指出,中国革命"使用的是外国的政治语言,而其精神实质和力量的源泉却是中国的。革命的力量和意志汲自对19世纪所受屈辱而产生的耻辱感,汲自对20世纪早期的光阴白白浪费而产生的痛惜感,也汲自对民国初年'假洋鬼子'和轻视本国文化、盲目崇洋风气所产生的厌恶感。这场革命得到这样一位领袖的鼓舞,他(毛泽东——引者注)深深地扎根于中国的传统。"[英]莱芒·道逊:《中华帝国的文明》,金星男译,上海古籍出版社1994年,第341页。

态度,也是一方面代表。张申府反思五四时期的启蒙,认为当时过于孩子气,于是提出了新启蒙之说,1941年喊出"打倒孔家店,救出孔夫子"的口号,甚至认为,孔子、罗素、列宁完全可以合而为一,一起创造"新中国哲学"和"新世界学统"。

三、 新儒家的"旧邦新命"

五四运动对中国传统文化的冲击无疑是历史性的,一时间传统文化犹如过街老鼠。但历史的吊诡之处在于,一方面,作为把新文化运动批判传统文化推向高潮的五四运动的直接导火索起于巴黎和会中国利益仍然受到宰割;另一方面,正是以和会代表团非正式顾问身份参加巴黎和会的一批当时中国知识、思想界的名流,在亲眼看到西方世界的问题之后,转而重新看待传统文化,甚至与辜鸿铭等传统文化的顽固派的立场日益趋近。例如梁启超,他撰写的《欧游心影录》等,影响到了梁漱溟以及随团开会的张君劢,从而"打开了现代新儒学复兴的机运"①,在现代化的总格局中,重新发现传统文化的价值并对之进行新的阐发。

梁漱溟被公认为现代新儒家的开山者。他将西方生命哲学用于文化研究,把文化理解为人类生活的样法,认为文明是"我们在生活中的成绩品",进而提出"世界文化三期重现说",指认西方、中国、印度三大文化分别侧重解决人与物、人与人、人与自身的矛盾问题,又分别代表着意欲向前要求、意欲自为调和持中、意欲反身向后要求等三种根本精神或态度。强调我们不能简单、静止地比较优劣,而是要"问题问到哪里,就持哪种态度",西方文化的胜利"只在其适应人类目前的问题,而中国印度文化在今日的失败,也非其本身有什么好坏可言,不过就在于不合时宜罢了"。他断言,一方面,中国基于当时的国情对西方文明需要"全盘承

---

① 刘述先:《儒家哲学的三个大时代》,中华书局2017年,第180页。

受",另一方面相信"世界未来文化就是中国文化的复兴"①,西方文化最终也必然要走儒家的道路。马一浮则认为,中国儒学绝非封建糟粕,而是人类思想之精华,六艺统摄包括西学在内的一切学术。熊十力深感民国以来"唾弃固有学术思想,壹意妄自菲薄,甚非自立之道",以"昌明东方学术"为志,由佛而儒,强调固然要"舍旧图新",但要区分"守故"与"用故","中国五千年文化,不可不自爱惜"而"存其种子"②。梁漱溟、马一浮、熊十力后来被并称为新儒家三圣。

跟随梁启超一起参加巴黎和会的张君劢明确反对打倒孔家店,痛批陈独秀、胡适等知识分子"喜欢新奇的思想,却没有责任感";断言"儒家思想不会从中国连根拔去,也不可能连根拔去",认为"就作为哲学和道德标准而言,儒家是可以现代化的。儒家思想中并没有与现代社会所谓人性尊严或权利不合的地方"。后来,张君劢更是在《中国现代化与儒家思想复兴》(1965年)一文中明确指出:"儒家思想的复兴有助于或者是中国现代化的先驱。人们甚至可以说,在中国人心目中根深蒂固的儒家思想足可为导致中国现代化的基本方法。"③冯友兰在中西文化之争中觉知到所谓中西问题其本质是古今问题即现代化问题。就中国而言,他认为:"为了生存于当今世界,其地位无愧于她的过去,中国必须工业化。一旦有了工业化,就没有传统家族制度和传统社会结构的地位了。但这不意味着我们不要对它们,及其观念基础,试作同情的理解。"④他自觉以"阐旧邦以辅新命"为己任,致力于沟通传统与现代,以传统儒家思想为现代化服务。抗战胜利后,他为西南联大撰写纪念碑文,其中说道:"盖并世列强,虽新而不古;希腊、罗马,有古无今。惟我国家,亘古亘今,亦新亦

---

① 《中国现代学术经典·梁漱溟卷》,河北教育出版社1996年,第209页。
② 《中国现代学术经典·熊十力卷》,河北教育出版社1996年,第533、539—540、543页。
③ 《中国现代学术经典·张君劢卷》,河北教育出版社1996年,第583—584、585、580、688页。
④ 《中国现代学术经典·冯友兰卷》(下),河北教育出版社1996年,第1072页。

旧，斯所谓'周虽旧邦，其命维新'者也！"①

在大陆进入马克思主义指导时期之后，传统文化研究的中心一度转向港台。1958年由唐君毅起草，牟宗三、徐复观、张君劢和唐君毅发表《为中国文化敬告世界人士宣言》（即《中国文化与世界——我们对中国学术研究及中国文化与世界文化前途之共同认识》），"在四顾苍茫，一无凭籍的心境情调之下"，疾呼传统文化并未死亡，只是生病了，需要以同情、敬意来对待中国传统文化，强调以融通中西的哲学文化立场，突出"活的精神生命""心性之学"为理解中国文化传统的基础，提出由心性之学开出科学民主新外王的思想纲领②，这标志着海外新儒学的真正崛起。唐君毅聚焦"中华人文如何存在于当代之世界，更有其发展，并求所有贡献于世界文化之解决的问题"，认为中国文化确实要吸收西方文化的科学与民主，但对于面向未来的现代性与现代化，他明确主张"人要追求未来之价值，必须先肯定过去已存在的价值，现在已有之理想，而守之保之"；西方文化也应该吸收中国文化的智慧与情怀；中华文化虽花果飘零于世界，但都当"自植灵根"，把这种飘零分散看作是一种必要的磨砺，"使其有朝一日风云际会时，其负再造中华，使中国之人文世界，花繁叶茂于当今世界之大任者也"。他号召，"此各地区之中华儿女之共同发心与努力，终可形成一社会文化上的包围圈，建立一海外的中国文化长城，在形成一社会文化上之回流反哺的运动"，使21世纪的中国成为"人的文化之中国"；21世纪的世界成为"真正的人的世纪"③。

方东美受斯宾格勒、尼采影响，区分"共命慧"和"自证慧"，洞彻到现代西方文化的虚无主义本质，"对当代西方主流思想持强烈批判之态

---

① 冯友兰：《三松堂全集》第十四卷，河南人民出版社2001年，第154页。
② 《唐君毅集》，群言出版社1993年，第475—525页。
③ 唐君毅：《中华人文与当今世界》，广西师范大学出版社2005年，序言第1页，正文第21、51、52、55页。

度"，而把人类的共命慧答案寄托于东方。其弟子刘述先说，方东美自谓"在教养上，他是儒家；在气质上，他是道家；在宗教向往上，他是佛家；在训练上，他是西方人，可谓得其神髓。但他以先秦儒学为最健康之生命情调"①。钱穆强调"贵能由传统中求现代化"，认为救国保种与复兴文化是同一件事，当今中国虽然礼乐衰微，但"在家庭，在社会，依然仍有其文化大传统可寻"，主要责任则在现代中国的知识分子要"能知、能信、能守、能行"。而且，传统文化与科学民主并不矛盾，孔家店不必打，只要"政治一安定，科学就在中国社会生根了"。并预见"将来人类真望能达于天下之理想，则必待近代科学与中国传统文化相结合，此实中国传统文化对将来人类莫大贡献之所在"②。徐复观承认从整个人类文化角度看，儒家是有历史局限性的，但面对西方文化的危机，特别是他所诊断出来的"个体与全体的冲突"，"则儒家精神，正在为渡过灾难而反省、而奋斗的人们心灵之深处跃动，仿佛呼之欲出。真正说起来，这将是儒家精神新生的时代"。作为国民党曾经的军官，徐复观在反思国民党与共产党斗争失败时感慨："吾见蹈马克思之道而死者，未见蹈孔子之道而死者也。"因此，致力于以儒家精神使国民党获得新生，以孔子的思想"照临"当代中国③。牟宗三对现代以来中国学术"向西看齐"提出猛烈批判，指出西方文化及其哲学是以知识为中心的，而中国文化及其哲学是以生命为中心的，"但是我们只知道注意西方的科学。科学中是并无生命的途径的"，而真正重视生命学问的中国这个传统也已断绝，"更为近时知识分子的科学尺度所窒死"④。在西方众多哲学中，唯康德之学科与中国汇通；中国传统文化与现代科学、民主并不矛盾，通过他所谓的"良知坎陷"就可以开出现代民主制度来。

---

① 刘述先：《儒家哲学的三个大时代》，中华书局2017年，第204—205页。
② 钱穆：《民族与文化》，贵州人民出版社2019年，第180、155、102、177页。
③ 徐复观：《儒家思想与现代社会》，九州出版社2014年，第38、237页。
④ 牟宗三：《生命的学问》，天地出版社2022年，第43、44页。

改革开放初期特别是 20 世纪 80 年代,海外新儒家借着亚洲四小龙腾飞的实际,以"事实胜于雄辩"的经验"逻辑",在大陆逐渐获得了一定地位,余英时、成中英、杜维明、刘述先等儒学复兴论者的思想获得不少拥趸。余英时从文化与生活的角度切入传统文化与现代化的问题,认为中国文化与现代生活并不是排斥对立的,尤其不能将现代化等于西方化,"现代生活"就是中国文化在现阶段的具体转变。"中国文化的基本价值并没有完全离我们而去,不过是存在于一种模糊笼统的状态之中","始终处于'日用而不知'的情况之中",其实"中国人一般对人、对事、处世、接物的方式,暗中依然有中国价值系统在操作主持",而且"整体地看,中国的价值系统是经得起现代化以至'现代以后'(post-modern)的挑战而不致失去它的存在根据的",我们要做的工作是反思和澄清,使之自觉与现代化相适应①。成中英将伽达默尔哲学解释学运用于传统文化研究,提出自己的本体诠释学,据此以求解决西方造成的世界性问题。杜维明明确认为,"传统和现代是你侬我侬,而不是截然分割的两极";现代、后现代化都不会使儒家过时,而是给予儒家新的发展机遇,在西方多元文化中,儒家具有优越的地位。他致力于推行其"文化中国"的理想,认为随着现代化的发展,需要在"文化中国"中加大、加厚儒家思想资源。传统文化只有传承才能变成文化传统,但"儒家传统如果要成为对西方文明的批判,则儒家传统的本身需要通过自我反思、转化和创新"②。刘述先参与孔汉思 1993 年发起的全球伦理构建,"致力于由'理一分殊'的再阐释在绝对主义与相对主义、一元论与多元论之外找到第三条路"。刘述先还在多个场合对现代新儒家的谱系进行了权威的勾勒,并且他深信:"新儒学由民族文化的危机开始,提升到学术和哲学反省与建构的高度,最后仍必落实到政

---

① [美]余英时:《中国思想传统的现代诠释》,江苏人民出版社 2006 年,第 45—47 页。
② 杜维明:《文化中国——扎根本土的全球思维》,北京大学出版社 2016 年,第 238、76 页。

治、经济、文化、社会、教育的实际层面。"①20 世纪 90 年代，80 年代末开始传入的后现代思潮在中国时兴，与文化保守主义颇为契合，以新儒家为代表的传统文化复兴思想逐渐迈向思想文化的中心舞台。

---

① 刘述先：《儒家哲学的三个大时代》，中华书局 2017 年，第 233、236 页。

四、经历曲折而拨乱反正

中国共产党从延安时期到新中国成立初期形成的对传统文化的正确态度,后来经历了波折。"文化大革命"结束后,一些人最初对"文化大革命"的反思更多是视之为传统文化及其思想观念造成的,例如盲目的个人崇拜、民众愚忠等,于是借用西方思想文化资源对中国传统文化及国民性进行更为猛烈的批判,"走向未来"丛书和"文化:中国与世界"丛书领一时风骚,来自台湾地区的《丑陋的中国人》畅销,电视政论片《河殇》最为极端。与此同时,也有人认为"文化大革命"之弊恰恰在于斩断了民族文化之根,出现了以"寻根文学"为代表的寻根文化,事实上是一种倾向于传统文化的思潮。在学术界,1984年由梁漱溟、冯友兰、周一良、张岱年、汤一介等发起的中国文化书院成立,后来全国相继成立不少传统文化研究机构;同年,中央书记处决定成立中国孔子基金会,一时传统文化研究也掀起热潮。各种思潮一起形成了20世纪80年代的文化讨论热。

1989年,江泽民在新中国成立四十周年讲话中特别强调:"我们要深刻吸取近几年来物质文明建设和精神文明建设一手硬一手软的教训……要特别注意反对那种全盘否定中国传统文化的民族虚无主义和崇洋媚外思想。"[1]1992年,北京大学成立传统文化研究中心(2000年改为国学研究院),后编辑出版《国学研究》学刊和"国学研究丛刊"(著作集)。1994年,由中国、韩国、日本、美国、德国、新加坡、越南等国家的儒学研究学

---

[1]《十三大以来重要文选选编(中)》,中央文献出版社1991年,第74—75页。

者共同发起,成立国际儒学联合会。江泽民在世纪之交强调"三个代表"重要思想中的"先进文化"的同时,结合当时的时势,特别强调培育和弘扬民族精神,在2002年党的十六大报告中更是将之作为重要的战略安排。他指出,"中华文明博大精深、源远流长,为人类文明进步作出了巨大贡献";"面对世界范围各种思想文化的相互激荡,必须把弘扬和培育民族精神作为文化建设极为重要的任务"[①]。这是在党的全国代表大会报告中首次明确要弘扬中国传统文化所蕴含的精神,从此中华传统文化逐步迎来了新的复兴时期。

2004年,全球首家孔子学院在韩国首尔正式设立;2005年,中国人民大学继北大之后设立国学院;2006年,中央电视台2001年开办的《百家讲坛》栏目大火,易中天、于丹、王立群等人的讲座特别是于丹的国学讲座成为现象级事件,民间也陆续出现各种"读经班"。更具有标志性的事件是,2004年9月,以许嘉璐、季羡林、杨振宁、任继愈、王蒙的名义发起,由中华民族文化促进会主办,72位文化名流参加,公开发表了《甲申文化宣言》。宣言指出,"文明多样性是人类文化存有的基本形态。不同国家和民族的起源、地域环境和历史过程各不相同,而色彩斑斓的人文图景,正是不同文明之间相互解读、辨识、竞争、对话和交融的动力。我们期待,经历过全球化的洗礼,原生状态的、相对独立的多样文明将获得更为广泛的参照,更为坚定的认同"。而"华夏56个民族共同创造的中华文化,至今仍是全体中国人和海外华人的精神家园、情感纽带和身份认同。应当认识,中华文化五千年生生不息、绵延不断的重要原因,在于她是发生于上古时代多个区域、多个民族、多种形态的文化综合体。她不但有自强的力量,而且有兼容的气度、灵变的智慧。当是时也,我们应当与时俱进,反思自己的传统文化,学习和吸收世界各国文化的优长,以发展中国

---

① 《十六大以来重要文献选编(上)》,中央文献出版社2005年,第30页。

的文化。我们接受自由、民主、公正、人权、法治、种族平等、国家主权等价值观。我们确信，中华文化注重人格、注重伦理、注重利他、注重和谐的东方品格和释放着和平信息的人文精神，对于思考和消解当今世界个人至上、物欲至上、恶性竞争、掠夺性开发以及种种令人忧虑的现象，对于追求人类的安宁与幸福，必将提供重要的思想启示"①。这份宣言与1958年海外新儒家的《为中国文化敬告世界人士宣言》相对照，表明中华传统文化的复兴重回中国大陆。

2007年，胡锦涛在党的十七大报告中首提"弘扬中华文化，建设中华民族共有精神家园"。强调"中华文化是中华民族生生不息、团结奋进的不竭动力。要全面认识祖国传统文化，取其精华，去其糟粕，使之与当代社会相适应、与现代文明相协调，保持民族性，体现时代性。加强中华优秀文化传统教育，运用现代科技手段开发利用民族文化丰厚资源。加强对各民族文化的挖掘和保护，重视文物和非物质文化遗产保护，做好文化典籍整理工作。加强对外文化交流，吸收各国优秀文明成果，增强中华文化国际影响力"②。会后，北京大学即启动字数达十多亿的儒藏编纂工程；传统文化进校园也开始在一些中小学试点，例如2008年在10省区市20所中小学试点开设京剧课。2012年，在党的十八大上，胡锦涛再次强调对外要提高中华文化国际影响力，对内要"建设优秀传统文化传承体系，弘扬中华优秀传统文化"③。

进入新时代以来，习近平开宗明义强调，中国共产党是"中华优秀传统文化的忠实传承者和弘扬者"，从治国理政和民族复兴的高度更为自觉、

---

① 许嘉璐等：《甲申文化宣言》，《文学报》2004年9月9日。在此之前的2001年，张岱年、季羡林等还在一份《中华文化复兴宣言》上签字，该宣言强调21世纪是中华文化复兴的时代，21世纪是"以东方文化为主流"的世纪，必将"创造出人类新文化，为人类开启新的文明"。参见李伯淳：《中华文化与21世纪——当代学者论人类未来百个方面的趋势》，中国言实出版社2003年，序言第5页。
② 《胡锦涛文选》第二卷，人民出版社2016年，第640—641页。
③ 《胡锦涛文选》第三卷，人民出版社2016年，第639页。

系统地对中华优秀传统文化进行了定位、阐释。习近平也率先垂范，在言行中总是体现着深厚的传统文化素养和底蕴。2013年他还亲自考察了曲阜孔子研究院并发表讲话，这在新中国历史上是第一次，许嘉璐先生更是将之与1992年邓小平南方谈话相提并论。这年距1966年孔庙被破坏47年，距赛珍珠预言正好40年。2014年，习近平又以国家主席身份出席孔子诞辰2565周年国际学术研讨会暨国际儒联第五届会员大会并发表重要讲话，强调"中国共产党人是马克思主义者，坚持马克思主义的科学学说，坚持和发展中国特色社会主义，但中国共产党人不是历史虚无主义者，也不是文化虚无主义者。我们从来认为，马克思主义基本原理必须同中国具体实际紧密结合起来，应该科学对待民族传统文化，科学对待世界各国文化，用人类创造的一切优秀思想文化成果武装自己。在带领中国人民进行革命、建设、改革的长期历史实践中，中国共产党人始终是中国优秀传统文化的忠实继承者和弘扬者，从孔夫子到孙中山，我们都注意汲取其中积极的养分"①。接续了党中央和毛泽东在延安时期有关传统文化的正确路线。

2017年1月，中共中央办公厅、国务院办公厅印发《关于实施中华优秀传统文化传承发展工程的意见》，明确到2025年建成中华优秀传统文化传承体系。在党的十九大报告中，习近平一方面强调"坚守中华文化立场"，另一方面强调"坚持创造性转化、创新性发展，不断铸就中华文化新辉煌"，"深入挖掘中华优秀传统文化蕴含的思想观念、人文精神、道德规范，结合时代要求继承创新，让中华文化展现出永久魅力和时代风采"②。在庆祝中国共产党成立100周年大会上的重要讲话中，习近平首次从党的

---

① 《习近平著作选读》第一卷，人民出版社2023年，第282—283页。2021年建党一百周年之际，习近平考察了福建朱熹园，并将之与2013年考察孔府孔庙并论："我到山东考察时专门去看了孔庙，到武夷山也专门来看看朱熹园。"参见《习近平谈治国理政》第四卷，外文出版社2022年，第315页。
② 《习近平谈治国理政》第三卷，外文出版社2020年，第32、33页。

指导思想的高度强调将马克思主义同中华优秀传统文化相结合。2022年党的二十大,以党的全国代表大会报告的经典文献方式系统阐述了这一结合的必要性、可能性和方式方法,并明确要求在推进中国式现代化进程中,必须"传承中华文明""传承中华优秀传统文化"。2023年6月2日,中央专门召开文化传承发展座谈会,强调要坚定文化自信、秉持开放包容、坚持守正创新,巩固中华民族的文化主体性,建设中华民族现代文明。

新时代中国共产党人不仅将传统文化蕴含的智慧运用于治国理政,而且为世界贡献了一系列以传统文化为底蕴的中国智慧和中国方案,在人类面临何去何从的抉择中提供不少正确的精神指引。例如,以亚洲地缘文化为契机,开创亚洲文明对话大会;直接从古代"丝绸之路"的历史文化中获得灵感,提出影响世界的"一带一路"倡议;从协和万邦、天下大同等传统思想中生发出构建人类命运共同体的设想,揭示出全人类共同价值思想,等等。总之,进入新时代,中华优秀传统文化不仅在中华大地勃发生机,也对世界产生广泛而深刻的影响。

"20世纪的第一次革命浪潮真正打倒了孔子,珍贵的历史延续性、历史认同感似乎也随之而被割断和湮灭,许多学派试图重新将孔子与历史的延续、认同统一起来,共产主义者在寻找逝去的时光中发挥了作用,并有自己明智的策略和方法:恢复历史的本来面目,还孔子的真相,置孔子于历史,从儒学的道到再现孔子的历史之间经历了一个漫长的旅程。"①美国著名的"中国研究"专家列文森(Joseph R. Levenson)20世纪60年代评价孔子在中国的现代命运的这段话,一定程度上也可以用以概括百年来中华传统文化的命运。不过,中国共产党不仅让传统文化获得了一种历史的本来地位,而且正将其"道"发扬光大。经过百年从否定到否定之否定的

---

① [美]列文森:《儒教中国及其现代命运》,郑大华、任菁译,中国社会科学出版社2000年,第343页。

历史进程，五千多年中华文明得到理性对待，中华优秀传统文化得以创造性转化和创新性发展，学习研究优秀传统文化、赓续中华文脉、建设中华民族现代文明成为时代的潮流。中华文化独特的理念、智慧、气度、神韵正浸润日常，中华优秀传统文化的核心思想、人文精神、传统美德正从各方面得以体现，跨越时空、富有永恒魅力、具有当代价值的中华优秀传统文化不仅活起来，而且正传向世界、惠及全人类。

第二章

新时代中国共产党人论现代化与传统文化

进入新时代的中国,一方面,面临世界百年未有之变局,世界之变、时代之变、历史之变以前所未有的方式展开,文化、文明的冲突加剧,民族文化认同问题高度凸显;另一方面,全面建成小康社会,成功实现"富起来",迎来"强起来"阶段,开启了以中国式现代化全面推进中华民族伟大复兴的新征程。正是在这样的大背景下,习近平开宗明义指出,"怎样对待本国历史?怎样对待本国传统文化?这是任何国家在实现现代化过程中都必须解决好的问题"[①]。《中国的现代化》的作者罗兹曼曾基于传统与现代化的对立断言:"对于领导者来说,放弃他们历史悠久的遗产中的那些已经被证明是有道理的东西,而在未曾试验过的基础上开辟新的道路一向是困难的。"[②]以习近平为代表的中国共产党人却辩证地直面这些困难和问题,提出了一系列有关中国传统文化的重要论述,全面、系统阐明了新时代中国共产党人关于现代化与传统文化关系的思想,成为习近平新时代中国特色社会主义思想、习近平文化思想的重要组成部分,成为以中国式现代化全面推进民族伟大复兴的重要遵循。

---

① 《习近平在中共中央政治局第十八次集体学习时强调 牢记历史经验历史教训历史警示 为国家治理能力现代化提供有益借鉴》,《人民日报》2014年10月14日。
② [美]吉尔伯特·罗兹曼:《中国的现代化》,"比较现代化"课题组译,上海人民出版社1989年,第672页。

一、 中国式现代化深深植根于中华优秀传统文化

"中国式现代化"这一概念,本身就蕴含着古今中西、国家与世界、民族与人类的思维坐标。习近平深刻指出,中国式现代化是"前无古人的创举,破解了人类社会发展的诸多难题,摒弃了西方以资本为中心的现代化、两极分化的现代化、物质主义膨胀的现代化、对外扩张掠夺的现代化老路"[1];"展现了不同于西方现代化模式的新图景,是一种全新的人类文明形态。中国式现代化,打破了'现代化=西方化'的迷思,展现了现代化的另一幅图景,拓展了发展中国家走向现代化的路径选择,为人类对更好社会制度的探索提供了中国方案。中国式现代化蕴含的独特世界观、价值观、历史观、文明观、民主观、生态观等及其伟大实践,是对世界现代化理论和实践的重大创新。中国式现代化为广大发展中国家独立自主迈向现代化树立了典范,为其提供了全新选择"。而之所以能够如此,不仅在于它"体现科学社会主义的先进本质,借鉴吸收一切人类优秀文明成果,代表人类文明进步的发展方向",而且首先在于它"深深植根于中华优秀传统文化"[2]——"中国式现代化是中华民族的旧邦新命"[3]。

---

[1] 习近平:《以史为鉴、开创未来 埋头苦干、勇毅前行》,《求是》2022年第1期。
[2] 《习近平在学习贯彻党的二十大精神研讨班开班式上发表重要讲话强调 正确理解和大力推进中国式现代化》,《人民日报》2023年2月8日。
[3] 习近平:《在文化传承发展座谈会上的讲话》,《求是》2023年第17期。

1. 传统文化是中华民族伟大复兴的丰富家底和坚强基石

中国式现代化与传统文化的关系，只有放到中华民族历史长河中特别是近代以来的历史发展中去理解，才能理解得更透彻。在人类历史的大多数时间里，中华民族都居于世界比较领先的位置。但是，1840年鸦片战争以后，中国逐步成为半殖民地半封建社会，国家蒙辱、人民蒙难、文明蒙尘，中华民族遭受了前所未有的劫难。"从那时起，实现中华民族伟大复兴，就成为中国人民和中华民族最伟大的梦想。"一百多年来，"中国共产党团结带领中国人民进行的一切奋斗、一切牺牲、一切创造，归结起来就是一个主题：实现中华民族伟大复兴"。① 回望历史，中国共产党团结带领人民取得了中华民族伟大复兴的四个阶段性的胜利，创造了四方面的伟大成就：新民主主义革命为实现中华民族伟大复兴创造了根本社会条件，社会主义革命和建设为实现中华民族伟大复兴奠定了根本政治前提和制度基础，改革开放和社会主义现代化建设为实现中华民族伟大复兴提供了充满新的活力的体制保证和快速发展的物质条件，新时代中国特色社会主义为实现中华民族伟大复兴提供了更为完善的制度保证、更为坚实的物质基础、更为主动的精神力量。特别是在新时代，完成脱贫攻坚、全面建成小康社会的历史任务，实现了第一个百年奋斗目标，"实现中华民族伟大复兴进入了不可逆转的历史进程"②。这个进程就是全面建设社会主义现代化国家新征程，这个进程被"自觉"为新时代新征程中国共产党的使命任务："团结带领全国各族人民全面建成社会主义现代化强国、实现第二个百年奋斗目标，以中国式现代化全面推进中华民族伟大复兴。"③实践证明，中国式现代化走得通、行得稳，是强国建设、民族复兴的唯一正确道路。

---

① 《习近平谈治国理政》第四卷，外文出版社2022年，第4页。
② 《习近平著作选读》第一卷，人民出版社2023年版，第13页。
③ 《习近平著作选读》第一卷，人民出版社2023年版，第18页。

相对于中华民族伟大复兴而言，中国式现代化具有手段善的意义，以中国式现代化推进中华民族伟大复兴；相对于其他具体的战略、举措而言，中国式现代化、中华民族伟大复兴都是目的善，具有同等的目的意义。在此意义上，推进中国式现代化与实现中华民族伟大复兴是一个进程的两个方面，具有不二的关系。

文化繁荣兴盛是中华民族伟大复兴的重要标志，而文化强国本身就是中国式现代化的重要目标。党的二十大报告不仅明确将"增强实现中华民族伟大复兴的精神力量"即增强以中国式现代化全面推进中华民族伟大复兴的精神力量作为文化强国的重要战略任务，而且明确要求在 2035 年基本建成现代化国家之时率先建成文化强国。这事实上蕴含着这样的道理：文化强国是现代化强国的前提和支撑，只有先建成文化强国才有可能真正建成现代化强国，因为文化建设直接肩负着为现代化提供系统性精神力量的使命。罗荣渠曾从生态、人口、社会、经济、技术、政治、文化、国际等八组因素动态地考察现代化的动力，认为这八组因素在现代化进程的不同阶段的重要性和占先性是不同的。他指出："在现代化启动阶段，非经济因素特别是政治因素具有占先性；在转变阶段则是经济与技术因素具有占先行；而在现代化后期特别是社会整合阶段，则是文化因素、生态因素等上升到重要地位。"[1]经过 40 多年改革开放特别是新时代十多年的发展，中国式现代化已经进入他所说的第二个阶段后期和第三个阶段早期，文化、科技、生态的重要性更加凸显。而且，从更为广义的角度说，"鼓天下之动者存乎辞"（《周易·系辞上》），无论是推动经济高质量发展，还是实施科教兴国战略、推动绿色发展等，都需要文化发展提供精神支持。毫无疑问，在新时代新征程中国式现代化前进的道路上，精神动力显得比以往任何时候都更为重要。用习近平的话说就是："统筹推进'五位一体'总体

---

[1] 罗荣渠：《现代化新论——中国的现代化之路》，华东师范大学出版社 2013 年，第 408 页。

布局、协调推进'四个全面'战略布局,文化是重要内容;推动高质量发展,文化是重要支点;满足人民日益增长的美好生活需要,文化是重要因素;战胜前进道路上各种风险挑战,文化是重要力量源泉。"①

文化是一个国家、一个民族的灵魂。文化兴国运兴,文化强民族强。当今时代的中国文化包括在 5000 多年文明发展中孕育的中华优秀传统文化,在党和人民伟大斗争中孕育的革命文化和社会主义先进文化。不过,革命文化和社会主义先进文化归根结底都渊源于优秀传统文化。传承弘扬革命文化,发展社会主义先进文化,都要"从中华优秀传统文化中寻找源头活水"。文化自信首先就体现为对中华优秀传统文化的自信,文化的繁荣兴盛必须体现为中华优秀传统文化再度辉煌。"博大精深的中华优秀传统文化是我们在世界文化激荡中站稳脚跟的根基……为中华民族生生不息、发展壮大提供了丰厚滋养。"②在历史长河中形成的伟大民族精神和优秀传统文化,"这是中华民族生生不息、长盛不衰的文化基因,也是实现中华民族伟大复兴的精神力量"。③因此,"实现'两个一百年'奋斗目标、实现中华民族伟大复兴的中国梦,需要充分发挥全党全国各族人民今天所具有的伟大智慧,也需要充分运用中华民族 5000 多年来积累的伟大智慧"④。一言以蔽之,丰富的优秀传统文化家底,是中国崛起、发展和走向复兴的坚强基石。

2. 传统文化是中国特色社会主义植根的沃土

中国式现代化最本质的规定在于它是中国共产党领导的社会主义现代

---

① 《习近平谈治国理政》第四卷,外文出版社 2022 年,第 309—310 页。
② 《习近平谈治国理政》,外文出版社 2014 年,第 164 页。
③ 《建设中国特色中国风格中国气派的考古学 更好认识源远流长博大精深的中华文明》,《求是》2020 年第 23 期。
④ 《习近平在中共中央政治局第十八次集体学习时强调 牢记历史经验历史教训历史警示 为国家治理能力现代化提供有益借鉴》,《人民日报》2014 年 10 月 14 日。

化，中国式现代化道路本质上就是中国特色社会主义道路。"参天之木，必有其根；怀山之水，必有其源。"（清·张澍《姓氏寻源·序》）一方面，中国特色社会主义是科学社会主义理论逻辑和中国社会发展历史逻辑的辩证统一，是根植于中国大地、反映中国人民意愿、适应中国和时代发展进步要求的科学社会主义，科学社会主义是中国特色社会主义的本源。马克思主义传入中国后，"科学社会主义的主张受到中国人民热烈欢迎，并最终扎根中国大地、开花结果，决不是偶然的，而是同我国传承了几千年的优秀历史文化和广大人民日用而不觉的价值观念融通的"①。党的二十大报告进一步指出："中华优秀传统文化源远流长、博大精深，是中华文明的智慧结晶，其中蕴含的天下为公、民为邦本、为政以德、革故鼎新、任人唯贤、天人合一、自强不息、厚德载物、讲信修睦、亲仁善邻等，是中国人民在长期生产生活中积累的宇宙观、天下观、社会观、道德观的重要体现，同科学社会主义价值观主张具有高度契合性。"②这种价值观念的融通和价值观主张的高度契合性正是科学社会主义可能在中国生根发芽并成长为中国特色社会主义的前提，中国文化中朴素的社会主义元素也提供了中国接受马克思主义及其社会主义主张的文化基础。另一方面，不仅"只有把科学社会主义基本原则同本国具体实际、历史文化传统、时代要求紧密结合起来，在实践中不断探索总结，才能把蓝图变为美好现实"③，而且中国特色社会主义本身就自觉地植根于中华优秀传统文化的沃土。

从文化角度看，无论是革命文化，还是社会主义先进文化，"中国特色社会主义文化，源自于中华民族五千多年文明历史所孕育的中华优秀传统文化"④。核心价值观是文化最深层的内核，它决定着文化的性质和方向，社会主义核心价值观是社会主义文化最深层的内核，而中华优秀传统

---

① 《习近平谈治国理政》第三卷，外文出版社2020年，第120页。
② 《习近平著作选读》第一卷，人民出版社2023年，第15页。
③ 《习近平谈治国理政》第三卷，外文出版社2020年，第76页。
④ 《习近平谈治国理政》第三卷，外文出版社2020年，第32页。

文化及其中华传统价值观是社会主义核心价值观的源泉:"中华优秀传统文化是中华民族的精神命脉,是涵养社会主义核心价值观的重要源泉,也是我们在世界文化激荡中站稳脚跟的坚实根基。"①"中华文明绵延数千年,有其独特的价值体系……今天,我们提倡和弘扬社会主义核心价值观,必须从中汲取丰富营养,否则就不会有生命力和影响力。"②

从整个中国特色社会主义看,中华优秀传统文化"是中国特色社会主义植根的文化沃土。每个国家和民族的历史传统、文化积淀、基本国情不同,其发展道路必然有着自己的特色……解决中国的问题只能在中国大地上探寻适合自己的道路和办法。数千年来,中华民族走着一条不同于其他国家和民族的文明发展道路。我们开辟了中国特色社会主义道路不是偶然的,是我国历史传承和文化传统决定的"③。习近平认为:"如果没有中华五千年文明,哪里有什么中国特色?如果不是中国特色,哪有我们今天这么成功的中国特色社会主义道路?"④这就清楚地告诉我们,"中国特色社会主义道路是在马克思主义指导下走出来的,也是从五千多年中华文明史中走出来的"⑤。没有中华优秀传统文化就没有中国特色社会主义;不理解中华优秀传统文化,就不能全面、深刻地理解中国特色社会主义。今天,中华优秀传统文化仍然是社会主义中国最深厚的文化软实力,是中国特色社会主义社会有别于其他社会的重要规定所在。

3. 传统文化为国家治理体系和治理能力现代化提供滋养和启示

民族国家(nation-state)是全球化时代的脊梁,也是现代化的能动单

---

① 《习近平主持召开文艺工作座谈会强调 坚持以人民为中心的创作导向 创作更多无愧于时代的优秀作品》,《人民日报》2014年10月16日。
② 《习近平谈治国理政》,外文出版社2014年,第170页。
③ 《习近平在中共中央政治局第十八次集体学习时强调 牢记历史经验历史教训历史警示 为国家治理能力现代化提供有益借鉴》,《人民日报》2014年10月14日。
④ 《习近平谈治国理政》第四卷,外文出版社2022年,第315页。
⑤ 习近平:《在文化传承发展座谈会上的讲话》,《求是》2023年第17期。

元主体。一个国家的现代化水平直接地体现在这个国家的治理体系和治理能力上。国家治理体系和治理能力是一个国家的制度和制度执行能力的集中体现,是新时代全面深化改革的总目标,也是中国式现代化的重要内容、民族复兴的根本保障。推进国家治理体系和治理能力现代化,当然要学习和借鉴人类文明的一切优秀成果,但决不是照搬其他国家的政治理念和制度模式。习近平指出,"一个国家的治理体系和治理能力是与这个国家的历史传承和文化传统密切相关的"[1],我们国家的治理体系是在我国历史传承、文化传统、经济社会发展的基础上长期发展、渐进改进、内生性演化的结果。"中国特色社会主义制度和国家治理体系具有深厚的历史底蕴。在几千年的历史演进中,中华民族创造了灿烂的古代文明,形成了关于国家制度和国家治理的丰富思想,包括大道之行、天下为公的大同理想,六合同风、四海一家的大一统传统,德主刑辅、以德化人的德治主张,民贵君轻、政在养民的民本思想,等贵贱均贫富、损有余补不足的平等观念,法不阿贵、绳不挠曲的正义追求,孝悌忠信、礼义廉耻的道德操守,任人唯贤、选贤与能的用人标准,周虽旧邦、其命维新的改革精神,亲仁善邻、协和万邦的外交之道,以和为贵、好战必亡的和平理念,等等。这些思想中的精华是中华优秀传统文化的重要组成部分,也是中华民族精神的重要内容。……中国在人类发展史上曾经长期处于领先地位,自古以来逐步形成了一整套包括朝廷制度、郡县制度、土地制度、税赋制度、科举制度、监察制度、军事制度等各方面制度在内的国家制度和国家治理体系,为周边国家和民族所学习和模仿。"[2]我们国家的治理现代化要从我国的现实条件——其中就包括五千多年文明及其孕育的中华优秀传统文化这一现实条件——出发来创造性前进。

---

[1] 《习近平在中共中央政治局第十八次集体学习时强调 牢记历史经验历史教训历史警示 为国家治理能力现代化提供有益借鉴》,《人民日报》2014年10月14日。
[2] 《习近平谈治国理政》第三卷,外文出版社2020年,第119—120页。

同时，历史是最好的老师，中华优秀传统文化为现代治国理政提供了丰富借鉴。"治理国家和社会，今天遇到的很多事情都可以在历史上找到影子，历史上发生过的很多事情也都可以作为今天的镜鉴。中国的今天是从中国的昨天和前天发展而来的。要治理好今天的中国，需要对我国历史和传统文化有深入了解，也需要对我国古代治国理政的探索和智慧进行积极总结。"习近平进一步分析指出，"对绵延五千多年的中华文明，我们应该多一份尊重，多一份思考。对古代的成功经验，我们要本着择其善者而从之、其不善者而去之的科学态度，牢记历史经验、牢记历史教训、牢记历史警示，为推进国家治理体系和治理能力现代化提供有益借鉴。"他特别提到："在漫长的历史进程中，中华民族创造了独树一帜的灿烂文化，积累了丰富的治国理政经验，其中既包括升平之世社会发展进步的成功经验，也有衰乱之世社会动荡的深刻教训。我国古代主张民惟邦本、政得其民，礼法合治、德主刑辅，为政之要莫先于得人、治国先治吏，为政以德、正己修身，居安思危、改易更化，等等，这些都能给人们以重要启示。"①

国内外长期存在一种占主导地位的观点，认为中国古代的国家治理完全是伦理型的，不如西方的法治传统更适合现代化。的确，相较于现代西方，中国古代更重视伦理教化；今天的治理体系和治理能力现代化也确实必须在法治轨道上推进。但是，正如习近平指出的，我们不仅要重视法治与德治的统一，而且必须认识到，"自古以来，我国形成了世界法制史上独树一帜的中华法系，积淀了深厚的法律文化。中华法系形成于秦朝，到隋唐时期逐步成熟，《唐律疏议》是代表性的法典，清末以后中华法系影响日渐衰微。与大陆法系、英美法系、伊斯兰法系等不同，中华法系是在我国特定历史条件下形成的，显示了中华民族的伟大创造力和中华法制文明的深厚底蕴。中华法系凝聚了中华民族的精神和智慧，有很多优秀的思想和

---

① 《习近平在中共中央政治局第十八次集体学习时强调 牢记历史经验历史教训历史警示 为国家治理能力现代化提供有益借鉴》，《人民日报》2014年10月14日。

理念值得我们传承。出礼入刑、隆礼重法的治国策略，民惟邦本、本固邦宁的民本理念，天下无讼、以和为贵的价值追求，德主刑辅、明德慎罚的慎刑思想，援法断罪、罚当其罪的平等观念，保护鳏寡孤独、老幼妇残的恤刑原则，等等，都彰显了中华优秀传统法律文化的智慧。近代以后，不少人试图在中国照搬西方法治模式，但最终都归于失败。历史和现实告诉我们，只有传承中华优秀传统法律文化，从我国革命、建设、改革的实践中探索适合自己的法治道路，同时借鉴国外法治有益成果，才能为全面建设社会主义现代化国家、实现中华民族伟大复兴夯实法治基础。"①

---

① 《习近平谈治国理政》第四卷，外文出版社 2022 年，第 289—290 页。

二、中华优秀传统文化是中国共产党创新理论的根脉

每当党的全国代表大会结束后,党的领袖都会赴某个具有特殊意义的地方进行考察,其主旨往往与党的全国代表大会主题一致,具有宣誓的意味。2022年党的二十大闭幕之后,习近平先后赴陕西延安和河南安阳考察,分别具有思想和文化上的寻根意味。如果说前者更多突出的是马克思主义同中国具体实际相结合,后者则是更加突出了马克思主义同中华优秀传统文化相结合。正是在安阳考察时,习近平明确指出,"中华优秀传统文化是我们党创新理论的'根'"①。2023年"七一"前夕,习近平再次指出,马克思主义中国化时代化"决不能抛弃中华优秀传统文化这个根脉",抛弃了就会犯颠覆性错误②。

"六合同风,九州共贯"是出自《汉书·王吉传》的典故,习近平多次引用这个典故,强调要治理好大国,必须坚持党的集中统一领导。中国式现代化是中国共产党领导人民探索和开拓出来的,坚持中国共产党的领导是中国式现代化的本质要求,也是必须牢牢把握的首要原则。因为,"党的领导直接关系中国式现代化的根本方向、前途命运、最终成败。党的领导决定中国式现代化的根本性质,只有毫不动摇坚持党的领导,中国式现代化才能前景光明、繁荣兴盛;否则就会偏离航向、丧失灵魂,甚至犯颠

---

① 《习近平在陕西延安和河南安阳考察时强调 全面推进乡村振兴 为实现农业农村现代化而不懈奋斗》,《人民日报》2022年10月29日。
② 《开辟马克思主义中国化时代化新境界》,《求是》2023年第20期。

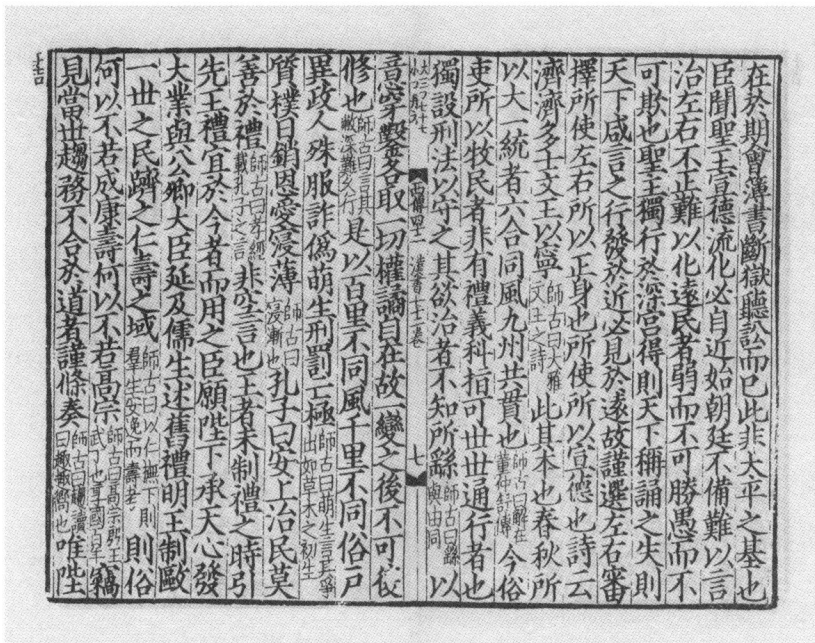

▶ "六合同风,九州共贯。"出自《汉书·王吉传》

覆性错误。党的领导确保中国式现代化锚定奋斗目标行稳致远,我们党的奋斗目标一以贯之,一代一代地接力推进,取得了举世瞩目、彪炳史册的辉煌业绩。党的领导激发建设中国式现代化的强劲动力,我们党勇于改革创新,不断破除各方面体制机制弊端,为中国式现代化注入不竭动力。党的领导凝聚建设中国式现代化的磅礴力量,我们党坚持党的群众路线,坚持以人民为中心的发展思想,发展全过程人民民主,充分激发全体人民的主人翁精神"①。马克思主义是中国共产党的思想旗帜、鲜明标识,是立党立国、兴党兴国的根本指导思想。拥有马克思主义科学理论指导是中国共产党把握历史主动的根本所在。实践已经证明,中国共产党为什么能,

---

① 《习近平在学习贯彻党的二十大精神研讨班开班式上发表重要讲话强调 正确理解和大力推进中国式现代化》,《人民日报》2023 年 2 月 8 日。

中国特色社会主义为什么好，归根结底是马克思主义行，是中国化时代化的马克思主义行。正是在不断中国化时代化的过程中，党不断取得创新理论成果。新时代党的创新理论就是习近平新时代中国特色社会主义思想，将"把马克思主义基本原理同中国具体实际相结合"的原则发展到"把马克思主义基本原理同中国具体实际相结合、同中华优秀传统文化相结合"的原则，是习近平新时代中国特色社会主义思想的原创性贡献，而坚持马克思主义基本原理同中华优秀传统文化相结合则成为习近平新时代中国特色社会主义思想的重要内容和重要特征。

习近平2014年以国家主席身份出席孔子诞辰2565周年国际学术研讨会暨国际儒联会员大会时发表重要讲话指出："我们从来认为，马克思主义基本原理必须同中国具体实际紧密结合起来，应该科学对待民族传统文化，科学对待世界各国文化，用人类创造的一切优秀思想文化成果武装自己。"[1]2021年在建党百年之际考察位于福建武夷山的朱熹园时指出，"要推动中华优秀传统文化创造性转化、创新性发展，以时代精神激活中华优秀传统文化的生命力。要把坚持马克思主义同弘扬中华优秀传统文化有机结合起来，坚定不移走中国特色社会主义道路"[2]；"我们要特别重视挖掘中华五千年文明中的精华，把弘扬优秀传统文化同马克思主义立场观点方法结合起来，坚定不移走中国特色社会主义道路。"[3]在2021年庆祝中国共产党成立100周年大会上，党的文献中首次明确从原则高度提出"两个相结合"："把马克思主义基本原理同中国具体实际相结合、同中华优秀传统文化相结合"，这一原则写进了《中共中央关于党的百年奋斗重大成就和历史经验的决议》。党的二十大对"两个相结合"从开辟马克思主义中国化时代化新境界的高度进行了进一步论述，关于"第二个结合"即把马克

---

[1] 《习近平著作选读》第一卷，人民出版社2023年，第282页。
[2] 《习近平在福建考察时强调 在服务和融入新发展格局上展现更大作为 奋力谱写全面建设社会主义现代化国家福建篇章》，《人民日报》2021年3月26日。
[3] 《习近平谈治国理政》第四卷，外文出版社2022年，第315页。

思主义基本原理同中华优秀传统文化相结合的重要论述，是坚持和发展马克思主义、推进马克思主义中国化时代化的重要原则。

2023年6月2日，习近平在文化传承发展座谈会上的重要讲话中明确指出，"在五千多年中华文明深厚基础上开辟和发展中国特色社会主义，把马克思主义基本原理同中国具体实际、同中华优秀传统文化相结合是必由之路。这是我们在探索中国特色社会主义道路中得出的规律性的认识……是我们取得成功的最大法宝"，特别是就"第二个结合"进行了全面深入系统的论述。他指出，第一，"结合"的前提是彼此契合。马克思主义和中华优秀传统文化来源不同，但彼此存在高度的契合性。相互契合才能有机结合。第二，"结合"的结果是互相成就，造就了一个有机统一的新的文化生命体，让马克思主义成为中国的，中华优秀传统文化成为现代的，让经由"结合"而形成的新文化成为中国式现代化的文化形态。第三，"结合"筑牢了道路根基，让中国特色社会主义道路有了更加宏阔深远的历史纵深，拓展了中国特色社会主义道路的文化根基。中国式现代化赋予中华文明以现代力量，中华文明赋予中国式现代化以深厚底蕴。第四，"结合"打开了创新空间，让我们掌握了思想和文化主动，并有力地作用于道路、理论和制度。更重要的是，"第二个结合"是又一次的思想解放，让我们能够在更广阔的文化空间中，充分运用中华优秀传统文化的宝贵资源，探索面向未来的理论和制度创新。第五，"结合"巩固了文化主体性，创立习近平新时代中国特色社会主义思想就是这一文化主体性的最有力体现。"第二个结合"，是我们党对马克思主义中国化时代化历史经验的深刻总结，是对中华文明发展规律的深刻把握，表明我们党对中国道路、理论、制度的认识达到了新高度，表明我们党的历史自信、文化自信达到了新高度，表明我们党在传承中华优秀传统文化中推进文化创新的自觉性达到了新高度①。

中华优秀传统文化源远流长、博大精深,存在形态也丰富多彩。"第二个结合"主要涉及三种存在形态,即作为历史文化、文化心理结构和思想文化的中华优秀传统文化。三者一体,但又相对区分。其中,历史文化更多是客观实际层面,文化心理结构和思想文化更多是主观精神层面,但文化心理结构侧重自在、本能的形式,思想文化侧重自觉、理性的形式,可以说分别代表着传统文化的(肉)身、心(理)、(大)脑。马克思主义是我们党的灵魂和旗帜。在一定意义上,"把马克思主义基本原理同中华优秀传统文化相结合"就是要把马克思主义之"魂"与传统文化的"身""心""脑"更好地结合,从而不断推进马克思主义的中国化时代化。

第一,马克思主义只有植根于中国历史文化沃土,才能获得肉身,不断夯实其中国化时代化的历史基础。马克思主义"游荡"的"幽灵"("魂")只有进入中国社会历史的肉身才能在中国作为一种现实可能性得以真实展开。当今中国是历史中国的延续和发展,源远流长、博大精深的中华优秀传统文化始终是当今中国具体实际缄默而厚重的前提与支撑。把握当今中国具体实际就必须深入了解其何以如此的历史文化根源,准确把握滋养今日中国社会和中国人的历史文化土壤。或者说,5000多年的中华文明及其孕育的中华优秀传统文化本身就是最基本的中国实际。这样的历史文化实际相对于马克思主义而言是先在和先验的,某种意义上是它以"适者生存"的历史机制筛选着各种后来的各种思想、主义。马克思主义能在中国站稳脚跟,就是因为在这场生存竞争中历史性地胜出了——而马克思主义行归根到底是中国化时代化的马克思主义行!如今,我们需要更加自觉地将马克思主义植根于中国历史文化沃土,使其拥有更为扎实、深厚的历史基础,使马克思主义的"魂"与中国历史文化的"身"合一,从而

---

① 参见习近平:《在文化传承发展座谈会上的讲话》,《求是》2023年第17期。

在最基本、最前提的层面确保不断中国化时代化的持续可能。

第二，马克思主义只有融通中国人的文化心理结构，才能深入人心，不断夯实其中国化时代化的群众基础。马克思主义的"思想的闪电"只有"彻底击中这块素朴的人民园地"，彻底"掌握群众"，才能实现"精神变物质"，不断创造人间奇迹。中华优秀传统文化是中华民族在漫长历史长河中逐渐积淀、传承的，其最核心的内容已经成为中华民族最基本的文化基因，已经深深植根在每个中国人内心，潜移默化地影响着中国人的价值取向、思想方法和行为方式。习近平指出："我们生而为中国人，最根本的是我们有中国人的独特精神世界，有百姓日用而不觉的价值观。"①在此意义上，传统文化已经从经验变为先验，从一种自觉的构建与遵循积淀为一种本能的文化心理结构。近代以来，传统文化受到西方文化的极大冲击，在有形、可见的层面一度受到否定，但作为基因的中华优秀传统文化始终在人们的现实生活中以缄默的方式存在着，始终发挥着恒常的作用。这种形态的传统文化和其他形态相比，具有更直接的、鲜活的生命实践特征，是传统文化的人格化存在。马克思主义只有积极、主动地同这样的中华优秀传统文化融通起来，使马克思主义之"魂"真正"走心""入心"，才能真正成为人民的世界观、方法论。同时，《周易》有云："百姓日用而不知，故君子之道鲜矣。"②马克思主义与这种形态的传统文化融通，就可以使人民群众日用而不觉的共同价值观念被聚焦、被点亮，变成自觉遵循，从而使"君子之道"能大道其昌。

第三，马克思主义只有贯通传统文化的思想文化精华，才能接驳道

---

① 《习近平著作选读》第一卷，人民出版社 2023 年，第 241—242 页。
② 新中国成立后，法国存在主义哲学家萨特结束中国之行接受《新政治家与民族》采访，记者问"是否存在一种中国的马克思主义？中国共产主义者是否真的成功地将中国传统思想'吸收'进马克思主义哲学当中了？"萨特在回答中指出，"儒家既已成为一种礼仪系统，在某种意义上它便每天都为所有的中国人所实践"。参见何兆武、柳卸林主编：《中国印象：外国名人论中国文化》，中国人民大学出版社 2011 年，第 97 页。

统，不断赋予科学社会主义理论以鲜明的中国特色。思想文化是文化的核心部分、最形上的部分，文化各异而可以"道通为一"。党的二十大报告列举了中华优秀传统文化蕴含的一系列核心理念、价值追求和思想方法——天下为公、民为邦本、为政以德、革故鼎新、任人唯贤、天人合一、自强不息、厚德载物、讲信修睦、亲仁善邻等，并指出它们"是中国人民在长期生产生活中积累的宇宙观、天下观、社会观、道德观的重要体现，同科学社会主义价值观主张具有高度契合性"。在2023年文化传承发展座谈会上，习近平指出，中华优秀传统文化中"天下为公、讲信修睦的社会追求与共产主义、社会主义的理想信念相通，民为邦本、为政以德的治理思想与人民至上的政治观念相融，革故鼎新、自强不息的担当与共产党人的革命精神相合"。① 其实，这些宇宙观、天下观、社会观、道德观所体现的就是中国人独有的"道"。这种高度相通、相融、相合是马克思主义的科学社会主义在中国能得以传播、扎根的重要原因。从五千年文明角度看，最根本的中国特色就是"道"的传承。中国共产党鲜明确认自己是"中华优秀传统文化的忠实继承者和弘扬者"，其所传承和弘扬的就是这个一以贯之的"道"。这个道是中华文明的智慧结晶和精华，是我们至今区别于其他国家和民族的独特精神标识和现世智慧，至今是中华民族的突出优势和最深厚的文化软实力。所谓贯通就是要把中华民族古老的智慧同马克思主义立场观点方法结合起来，实现精髓与精华的强强结合，实现马克思主义之魂与中华优秀传统文化之道的接驳。因此，只有使马克思主义的"魂"与传统文化的"道"贯通起来，才能使马克思主义普遍原理在最深层、最深刻的意义上"获得"中国特色，我们也才能真正理解习近平新时代中国特色社会主义思想之"中国特色"。习近平新时代中国特色社会主义思想就是这种双向贯通、接驳道统的典范，"中华文化和中国精神的时代精华"

---

① 习近平：《在文化传承发展座谈会上的讲话》，《求是》2023年第17期。

也就成为其本质性规定。

值得强调的是，无论是作为一种历史的经验，还是作为一种行动的原则导向，马克思主义基本原理同中华优秀传统文化相结合一定是生命性的有机结合。习近平在谈到这一结合时，运用了诸如"树""根""叶"的生命隐喻。的确，如果说极高明、最科学的马克思主义是天，那么源远、博大的中华优秀传统文化就是滋养生命的地，天地之间则正是马克思主义中国化时代化的广阔空间。植根大地方为有本之木，根深才能叶茂。无论是马克思主义思想精髓与中华优秀传统精华的贯通，还是马克思主义思想精髓与人民群众日用而不觉的共同价值观念的融通，绝不是简单地拼盘或生硬地"拉郎配"，而是基于当代中华民族和中国人的生命实践的融贯，"不是简单的'物理反应'，而是深刻的'化学反应'"①，是"1+1>2"的系统优化和"核聚变"，是使中国化时代化马克思主义生命力更加蓬勃旺盛的"有机结合"，最终造就的是一个有机统一的新的生命体。总之，马克思主义基本原理与中华优秀传统文化相结合，归结为一个字即"通"，不管植根、融通、贯通，要害都在于"通"。中医中有句老话："通则不痛，痛则不通。"《周易》亦曰："变则通，通则久。是以自天佑之，吉无不利。"如何找准"痛点"，使马克思主义与中华优秀传统文化真正"通"起来，是真正激活中华优秀传统文化，使马克思主义始终生机勃勃的关键所在。

---

① 习近平：《在文化传承发展座谈会上的讲话》，《求是》2023年第17期。

三、传统文化的历史定位、内容精华和当代价值

传统文化究竟是什么,拥有什么样的历史地位,这是讨论传统文化与现代化关系首先要说清楚的问题。新时代中国共产党人不仅指认中国式现代化深深植根于中华优秀传统文化、中华优秀传统文化是党的创新理论的"根",而且以唯物史观的智慧,在中华文明史和整个人类文明史的大格局中,厘清了一系列重大问题,廓清了中华优秀传统文化的历史定位与主要内容。

1. 中华优秀传统文化的历史定位

习近平在相关论述中,通过对一系列重大关系的辨析,立基于当代中国及其现代化揭明了中华优秀传统文化的历史坐标和本质定位。除开前边已经论及的传统文化与民族复兴、党的领导、社会主义、马克思主义的关系,他还论述了如下重大关系。

第一,有关中华优秀传统文化与中华文明、中华民族、中国人的关系。习近平指出:"中华文明绵延数千年,有其独特的价值体系。中华优秀传统文化已经成为中华民族的基因,植根在中国人内心,潜移默化影响着中国人的思想方式和行为方式。"①这段话可以说集中揭示了中华优秀传统文化与中华文明、中华民族、中国人的关系。具体说来:一是"中华优

---

① 《习近平谈治国理政》,外文出版社2014年,第170页。

秀传统文化是中华文明的智慧结晶和精华所在"①。在五千多年漫长文明发展史中，中国人民创造的中华文明璀璨夺目、举世无双，而中华文明所孕育、积淀的中华优秀传统文化则是其智慧结晶和精华所在，是中华文明最核心、最宝贵的东西。反过来，中华优秀传统文化有很多重要元素，共同塑造出中华文明连续性、创新性、统一性、包容性、和平性等突出特性②。二是中华优秀传统文化是中华民族的精神命脉。习近平说："优秀传统文化是一个国家、一个民族传承和发展的根本，如果丢掉了，就割断了精神命脉"③；"为什么中华民族能够在几千年的历史长河中顽强生存和不断发展呢？很重要的一个原因，是我们民族有一脉相承的精神追求、精神特质、精神脉络。"④对于这一精神命脉，他还用过"根""魂""基因""血脉"等形象的表达。正是中华优秀传统文化这一精神命脉，使中华民族形成了独一无二的理念、智慧、气度和神韵，成为中华民族区别于其他民族的独特精神标识。三是正因为中华优秀传统文化的塑造，中华文明一直"具有自我发展、回应挑战、开创新局的文化主体性与旺盛生命力"；面向未来，只有传承发展好中华优秀传统文化，才能始终坚守和巩固"中华民族的文化主体性"⑤。四是中华优秀传统文化是中国人"文化的DNA"。习近平认为，我们生而为中国人，最根本的是我们有中国人的独特精神世界，有百姓日用而不觉的价值观，这些都是由中华优秀传统文化决定的。进而，观乎海峡两岸，都是同胞同根同源、同文同种的中国人，中华优秀传统文化是两岸中国人共同的心灵根脉和归属；放眼整个世界，中华优秀传统文化也是维系全世界华人的精神纽带。

第二，关于中华优秀传统文化与中国社会的关系。正如习近平指出

---

① 习近平：《把中国文明历史研究引向深入 增强历史自觉坚定文化自信》，《求是》2022年第14期。
② 参见习近平：《在文化传承发展座谈会上的讲话》，《求是》2023年第17期。
③ 《习近平谈治国理政》第二卷，外文出版社2017年，第313页。
④ 《习近平谈治国理政》，外文出版社2014年，第181页。
⑤ 习近平：《在文化传承发展座谈会上的讲话》，《求是》2023年第17期。

的,"每个国家和民族的历史传统、文化积淀、基本国情不同,其发展道路必然有着自己的特色……数千年来,中华民族走着一条不同于其他国家和民族的文明发展道路"①。 特别地,在我国的历史发展中,形成了多民族一体的特色。"各民族共同开发了祖国的锦绣河山、广袤疆域,共同创造了悠久的中国历史、灿烂的中华文化。我国历史演进的这个特点,造就了我国各民族在分布上的交错杂居、文化上的兼收并蓄、经济上的相互依存、情感上的相互亲近,形成了你中有我、我中有你,谁也离不开谁的多元一体格局。"②这是当今中国社会的突出特点和优势。 中华优秀传统文化"对形成和维护中国团结统一的政治局面,对形成和巩固中国多民族和合一体的大家庭,对形成和丰富中华民族精神,对激励中华儿女维护民族独立、反抗外来侵略,对推动中国社会发展进步、促进中国社会利益和社会关系平衡,都发挥了十分重要的作用"③。 当代中国是历史中国的延续和发展,当代中国思想文化也是中国传统思想文化的传承和升华,要认识今天的中国社会,就要深入了解中国的文化血脉,准确把握滋养中国人的文化土壤。 决不能离开中国独特的历史文化来理解中国社会,更不能脱离中国社会独特的历史文化基础,"以洋为尊",生搬硬套西方那一套。

第三,关于中华优秀传统文化与全人类的关系。 习近平很关注考古和文明起源问题研究,他依据最新考古成果作出判断:"我国是东方人类的故乡,同非洲并列人类起源最早之地。"他强调"我国是世界四大文明古国之一,中华民族有着悠久的历史和灿烂的文化,为人类文明进步作出了巨大贡献"。 他论述道:"长期以来,中华文明同世界其他文明互通有无、交流借鉴,向世界贡献了深刻的思想体系、丰富的科技文化艺术成果、独特的制度创造,深刻影响了世界文明进程。 中国古代农业技术、'四大发明'以

---

① 《习近平在中共中央政治局第十八次集体学习时强调 牢记历史经验历史教训历史警示 为国家治理能力现代化提供有益借鉴》,《人民日报》2014 年 10 月 14 日
② 《习近平谈治国理政》第二卷,外文出版社 2017 年,第 299 页。
③ 《习近平著作选读》第一卷,人民出版社 2023 年,第 277 页。

及漆器、丝绸、瓷器、生铁和制钢技术、郡县制、科举制等在世界文明史上具有鲜明的独创性。这些重大成就展示了我国在悠久历史进程中为人类文明进步作出的突出贡献,也展示了中华民族以和为贵的和平性格、海纳百川的包容特质、天下一家的大国气度。"①习近平指出,中华优秀传统文化是中华民族对人类文明发展的重大贡献,特别是在当前世界并不太平的情况下,中华优秀传统文化崇尚和平的特质和中国人民的相关奋斗,对于全人类来说是极为宝贵的财富。中华民族的血液中没有侵略他人、称王称霸的基因。中国历史上曾经长期是世界上最强大的国家之一,但没有留下殖民和侵略他国的记录。今天的中国是世界和平的建设者、全球发展的贡献者、国际秩序的维护者,始终强调和衷共济、和合共生。中国提出和平共处五项原则、构建和谐世界、弘扬全人类共同价值、构建人类命运共同体等,都是继承和发扬几千年中华优秀传统文化的生动体现,引领着人类进步的潮流。

2. 中华优秀传统文化的主要内容

中华传统文化源远流长、博大精深,习近平特别强调要加以辩证对待,继承和弘扬其中的优秀部分,他对中华优秀传统文化究竟包括哪些内容进行过多次阐述。其中最集中的年份是 2014 年,这一年的 2 月中共中央政治局第十三次集体学习、9 月在纪念孔子诞辰 2565 周年国际学术研讨会暨国际儒学联合会第五届会员大会开幕式上的讲话、10 月在文艺工作座谈会上的讲话,都有过比较系统的论述。最凝练的概括是党的二十大报告:"中华优秀传统文化源远流长、博大精深,是中华文明的智慧结晶,其中蕴含的天下为公、民为邦本、为政以德、革故鼎新、任人唯贤、天人合一、自强不息、厚德载物、讲信修睦、亲仁善邻等,是中国人民在长期生产

---

① 习近平:《建设中国特色中国风格中国气派的考古学 更好认识源远流长博大精深的中华文明》,《求是》2020 年第 23 期。

生活中积累的宇宙观、天下观、社会观、道德观的重要体现。"① 习近平关于优秀传统文化内容的归纳最突出的特点是，强调实践导向，从当今实际需要出发，古为今用，从后思索，而不是复古泥古。迄今对习近平关于传统文化内容的众多论述最权威的归纳是 2017 年中办、国办《关于实施中华优秀传统文化传承发展工程的意见》，2021 年教育部颁布的《中华优秀传统文化进中小学课程教材指南》就是依据这一《意见》制定的。依据《意见》，综合习近平此后新的论述，可以将其关于传统文化内容的论述大致归结为如下框架：

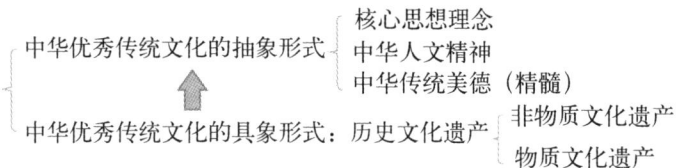

总体上，习近平将中华优秀传统文化区分为历史文化遗产和思想文化两部分，分别是从今天来看的中华优秀传统文化的具象形式和抽象形式。相对而言，他更重视作为思想文化的中华优秀传统文化②，在更多时候谈及的中华优秀传统文化其实是指作为思想文化的中华优秀传统文化，主要包括思想观念、人文精神、道德规范三方面。结合起来，习近平关于中华优秀传统文化基本内容的揭示主要围绕如下四个层次。

一是核心思想理念。这是中华优秀传统文化中最抽象、形上的部分，也是最具思想性、哲理性的部分，"体现了中国人几千年来积累的知识智慧和理性思辨。这是我国的独特优势"③。习近平多次列举过这些思想理念，比如，"关于道法自然、天人合一的思想，关于天下为公、大同世界的

---

① 《习近平著作选读》第一卷，人民出版社 2023 年，第 15 页。
② 习近平强调传承中华优秀传统文化"不仅要在物质形式上传承好，更要在心里传承好"。参见《习近平在江苏考察时强调在推进中国式现代化中走在前做示范 谱写"强富美高"新江苏现代化建设新篇章》，《人民日报》2023 年 7 月 8 日。
③ 《习近平谈治国理政》第二卷，外文出版社 2017 年，第 340 页。

思想,关于自强不息、厚德载物的思想,关于以民为本、安民富民乐民的思想,关于为政以德、政者正也的思想,关于苟日新日日新又日新、革故鼎新、与时俱进的思想,关于脚踏实地、实事求是的思想,关于经世致用、知行合一、躬行实践的思想,关于集思广益、博施众利、群策群力的思想,关于仁者爱人、以德立人的思想,关于以诚待人、讲信修睦的思想,关于清廉从政、勤勉奉公的思想,关于俭约自守、力戒奢华的思想,关于中和、泰和、求同存异、和而不同、和谐相处的思想,关于安不忘危、存不忘亡、治不忘乱、居安思危的思想,等等"①。还如,"亲仁善邻、协和万邦是中华文明一贯的处世之道,惠民利民、安民富民是中华文明鲜明的价值导向,革故鼎新、与时俱进是中华文明永恒的精神气质,道法自然、天人合一是中华文明内在的生存理念"②。他还指出,在今天传承发展中华优秀传统文化,就要大力弘扬"讲仁爱、重民本、守诚信、崇正义、尚和合、求大同"等核心思想理念。这六大核心思想理念可以说是我们理解中华优秀传统文化内涵的纲领性"18字箴言"。

二是中华人文精神。这是中华优秀传统文化积淀的珍贵精神财富,反映着中国人独有的智慧、气度和神韵。习近平曾列举到:求同存异、和而不同的处世方法,文以载道、以文化人的教化思想,形神兼备、情景交融的美学追求,俭约自守、中和泰和的生活理念等,是中国人思想观念、风俗习惯、生活方式、情感样式的集中表达,滋养了独特丰富的文学艺术、科学技术、人文学术,至今仍然具有深刻影响。中国传统的戏曲、武术、书画、服饰、礼俗等等,无不闪烁着独特的中华人文之光。他还强调,在今天传承发展中华优秀传统文化,就要大力弘扬有利于促进社会和谐、鼓励人们向上向善向美的思想文化内容。

三是中华传统美德。与西方文化高度重视理性、理智十分不同的是,

---

① 《习近平著作选读》第一卷,人民出版社2023年,第278页。
② 《习近平谈治国理政》第三卷,外文出版社2020年,第471页。

中国传统文化特别重视伦理、道德。中华优秀传统文化蕴含着丰富的道德理念和规范，习近平认为这是中华优秀传统文化的精髓所在。他曾指出，天下兴亡、匹夫有责的担当意识，精忠报国、振兴中华的爱国情怀，崇德向善、见贤思齐的社会风尚，孝悌忠信、礼义廉耻的荣辱观念等，这些体现着评判是非曲直的价值标准，至今潜移默化地影响着中国人的行为方式。他还特别强调，"尊老爱幼、妻贤夫安，母慈子孝、兄友弟恭，耕读传家、勤俭持家，知书达礼、遵纪守法，家和万事兴等中华民族传统家庭美德，铭记在中国人的心灵中，融入中国人的血脉中，是支撑中华民族生生不息、薪火相传的重要精神力量"①。他认为，在今天传承发展中华优秀传统文化，就要大力弘扬自强不息、敬业乐群、扶危济困、见义勇为、孝老爱亲等中华传统美德。

四是历史文化遗产。核心思想理念、中华人文精神、中华传统美德侧重的是中华优秀传统文化中思想、精神方面的内容，这些都要通过一定的载体形式即历史文化遗产留存下来。历史文化遗产又包括物质文化遗产和非物质文化遗产两个层面。习近平指出："历史文化遗产承载着中华民族的基因和血脉，不仅属于我们这一代人，也属于子孙万代。"②城市化是现代化极其重要的方面，也正是急遽的城市化进程使得历史文化遗产问题凸显出来。针对这一问题，习近平从城市建设与发展的角度多次指出，"一个城市的历史遗迹、文化古迹、人文底蕴，是城市生命的一部分"③，强调要保护好历史文化遗产。

习近平在对中华优秀传统文化的历史贡献给予高度评价的同时，立足当今中国和人类的现实，对中华优秀传统文化的当代价值进行了深入阐

---

① 《习近平谈治国理政》第二卷，外文出版社2017年，第353页。
② 《习近平春节前夕赴山西看望慰问基层干部群众 向全国各族人民致以美好的新春祝福 祝各族人民幸福安康祝伟大祖国繁荣富强》，《人民日报》2022年1月28日。
③ 《习近平春节前夕在北京看望慰问基层干部群众 向广大干部群众致以美好的新春祝福 祝各族人民幸福安康祝伟大祖国繁荣吉祥》，《人民日报》2019年2月2日。

发。除开前述为国家治理现代化提供启示借鉴、襄助民族伟大复兴,还论述了如下重要作用。

一是只有同中华优秀传统文化相结合才能推进马克思主义中国化时代化。这个新的"相结合"即"第二个结合"更加突出中国特色的历史文化根基,也更加彰显党性和民族性、人民性的有机统一,可以说是思想旗帜与文化基因的结合,思想灵魂与文化根脉的结合,指导思想与文化沃土的结合,人类最先进的思想与中华民族突出优势、中国最深厚的文化软实力之间的结合,也是中国人的政治信仰与文化信仰的结合。马克思主义基本原理以理服人,中华优秀传统文化以文化人。如果说"同中国具体实际相结合"突出的是"中国"及其客观物质实际,那么"同中华优秀传统文化相结合"突出的是"中华"及其精神实际、人文实际,更加突出民族性、人民性的方面。正是因为同中华优秀传统文化相结合,马克思主义才变成中国的。继续推进马克思主义中国化时代化,决不能抛弃中华优秀传统文化这一根脉,要坚持植根本国、本民族历史文化沃土发展马克思主义不停步。习近平新时代中国特色社会主义思想就是马克思主义基本原理同中华优秀传统文化相结合的典范,是中华文化和中国精神的时代精华。

二是中华优秀传统文化有助于提升个人修养和人生境界。确如许多思想家指出的,与西方重自然、理智的文化传统不同,中国传统文化更重生命、伦理,核心之处是一种人生在世的实践智慧。习近平说:"中华文化源远流长、博大精深,如同一座宝藏,一旦探秘其中,就会终生受用。"①他还现身说法地谈道:"我本人也是一个中华文化的热烈拥护者、忠实学习者。"②他认为,学习和掌握中华优秀传统文化的各种思想精华,对树立正确的世界观、人生观、价值观很有益处。他还具体地指

---

① 《这里是爱国爱澳的新园地——习近平考察澳门大学横琴新校区》,《人民日报》2014年12月21日。
② 《唱响新时代的青春之歌——以习近平同志为核心的党中央关心青年和青年工作纪实》,新华网2022年5月4日。

出："学史可以看成败、鉴得失、知兴替；学诗可以情飞扬、志高昂、人灵秀；学伦理可以知廉耻、懂荣辱、辨是非。"①对于党员干部，习近平更是强调要学习中华优秀传统文化，"以学益智，以学修身"。他说："中国传统文化历来把自律看作做人、做事、做官的基础和根本。《论语》中就说，要'修己以敬'、'修己以安人'、'修己以安百姓'。古人所推崇的修身齐家、治国平天下，修身是第一位的。我们共产党人更应该强化自我修炼、自我约束、自我塑造，在廉洁自律上作出表率。"②

三是中华优秀传统文化蕴藏着解决人类普遍性问题的重要启示。习近平深刻指出，当今人类面临"世界怎么了，我们怎么办"的困局，本质是"人类何去何从"的大问题，这是时代之问、世界之问、历史之问，也是人类命运之问。他认为，要解答这些问题，不仅需要运用人类今天发现和发展的智慧与力量，而且需要运用人类历史上积累和储存的智慧与力量。包括儒家思想在内的中国优秀传统文化中蕴藏着解决当代人类面临的难题的重要启示。中华优秀传统蕴含的思想观念、人文精神、道德规范，"不仅是我们中国人思想和精神的内核，对解决人类问题也有重要价值"③。弘扬全人类共同价值、构建人类命运共同体以及"一带一路"倡议，都是根源于中华优秀传统文化以解决人类性问题的中国方案、中国智慧。

四是中华优秀传统文化是坚定文化自信的深厚基础。中华优秀传统文化最直接的当代价值是使我们拥有坚定的文化自信。习近平说："中国有坚定的道路自信、理论自信、制度自信，其本质是建立在 5000 多年文明传承基础上的文化自信"④；"文化自信是更基础、更广泛、更深厚的自信，

---

① 习近平：《在中央党校建校 80 周年庆祝大会暨 2013 年春季学期开学典礼上的讲话》，《人民日报》2013 年 3 月 3 日。
② 习近平：《办公厅工作要做到"五个坚持"》，《秘书工作》2014 年第 6 期。
③ 习近平：《举旗帜聚民心育新人兴文化展形象 更好完成新形势下宣传思想工作使命任务》，《人民日报》2018 年 8 月 23 日。
④ 习近平：《建设中国特色中国风格中国气派的考古学 更好认识源远流长博大精深的中华文明》，《求是》2020 年第 23 期。

是一个国家、一个民族发展中最基本、最深沉、最持久的力量，没有高度文化自信、没有文化繁荣兴盛就没有中华民族伟大复兴。"[1]历史和现实都表明，一个抛弃了或者背叛了自己历史文化的民族，不仅不可能发展起来，而且很可能上演一幕幕历史悲剧。"坚定文化自信，是事关国运兴衰、事关文化安全、事关民族精神独立性的大问题。"[2]文化自信包括对中华优秀传统文化、革命文化和社会主义先进文化的自信，但基础是对中华优秀传统文化的自信；文化自信体现为对既有文化的高度认同、在现有世界文化格局中有坚强定力、对未来文化发展有坚定信念，但根基是对中华优秀传统文化的自信。

---

[1]《中共中央关于党的百年奋斗重大成就和历史经验的决议》，人民出版社2021年，第44页。
[2]《习近平谈治国理政》第二卷，外文出版社2017年，第349页。

四、守好中国式现代化的传统文化之根

在如何推进中国式现代化的论述中,习近平明确强调"要守好中国式现代化的本和源、根和魂"①。所谓守好本和源就是要坚持中国式现代化的中国特色、本质要求和基本原则;所谓守好根和魂,就是要坚持以马克思主义同中华优秀传统文化相结合的原则进行指导,马克思主义是魂脉,中华优秀传统文化是根脉。中国式现代化植根于中华优秀传统文化的沃土中,在充分吸收优秀传统文化养分的基础上形成了具有中国特色的世界观、价值观、历史观、文明观、生态观等。在中国式现代化过程中,只有大力弘扬中华优秀传统文化,才能守好中国式现代化的根。习近平对如何传承、弘扬中华优秀传统文化提出了一系列要求,强调以推进"第二个结合"为引领,对传统文化既要"保护好"、"讲清楚",又要使之"活起来"、从中"汲取营养和智慧";既要用优秀传统文化"教育引导人们",又要使之"传播出去";尤其是强调要实现中华优秀传统文化的"创造性转化和创新性发展",使之始终充满生机活力和展现永恒魅力,共同创造新文化,建设中华民族现代文明。

一是推进"第二个结合"。把马克思主义基本原理同中华优秀传统文化相结合,是中国共产党对马克思主义中国化时代化历史经验的深刻总结和对中华文明发展规律的深刻把握,为中国式现代化提供科学指引,也是

---

① 《习近平在学习贯彻党的二十大精神研讨班开班式上发表重要讲话强调 正确理解和大力推进中国式现代化》,《人民日报》2023年2月8日。

守住中国式现代化传统文化之根的思想方法之源。习近平指出,要推进马克思主义中国化时代化,就必须进行理论创新,理论创新必须讲新话,但不能丢了老祖宗,数典忘祖就等于割断了魂脉和根脉,最终会犯失去魂脉和根脉的颠覆性错误。我们必须坚持马克思主义这个立党立国、兴党兴国之本不动摇,坚持植根本国、本民族历史文化沃土发展马克思主义不停步,坚定历史自信、文化自信,坚持古为今用、推陈出新,以马克思主义为指导对中华五千多年文明宝库进行全面挖掘,用马克思主义激活中华优秀传统文化中富有生命力的优秀因子并赋予新的时代内涵,将中华民族的伟大精神和丰富智慧更深层次地注入马克思主义,有效把马克思主义思想精髓同中华优秀传统文化精华贯通起来,聚变为新的理论优势,不断攀登新的思想高峰①。

二是做到"保护好"。习近平认为,历史文化遗产是不可再生、不可替代的宝贵资源,发展旅游、搞好经济要以保护为前提,不能过度商业化,要始终把保护放在第一位。强调要把凝结着中华民族传统文化的文物保护好、管理好,像爱惜自己的生命一样保护好城市历史文化遗产,特别要加强对国粹传承和非物质文化遗产保护的支持与扶持,加强对少数民族历史文化的研究。同时,保护的目的是"挖掘文物和文化遗产的多重价值,传播更多承载中华文化、中国精神的价值符号和文化产品"②,"让旅游成为人们感悟中华文化、增强文化自信的过程"③,让有关各民族的历史文化研究一起"铸牢中华民族共同体意识"。

三是真正"讲清楚"。传统文化源远流长、博大精深,关系错综复杂,"讲清楚"是传承发展的前提,但"讲清楚"也是个大难题,涉及讲什么、对谁讲、怎么讲等问题。习近平多次强调,"要讲清楚每个国家和民族

---

① 《开辟马克思主义中国化时代化新境界》,《求是》2023年第20期。
② 习近平:《把中国文明历史研究引向深入 增强历史自觉坚定文化自信》,《求是》2022年第14期。
③ 《习近平在山西考察时强调 全面建成小康社会 乘势而上书写新时代中国特色社会主义新篇章》,《人民日报》2020年5月13日。

的历史传统、文化积淀、基本国情不同，其发展道路必然有着自己的特色；讲清楚中华文化积淀着中华民族最深沉的精神追求，是中华民族生生不息、发展壮大的丰厚滋养；讲清楚中华优秀传统文化是中华民族的突出优势，是我们最深厚的文化软实力；讲清楚中国特色社会主义植根于中华文化沃土、反映中国人民意愿、适应中国和时代发展进步要求，有着深厚历史渊源和广泛现实基础"[1]；"要讲清楚中华优秀传统文化的历史渊源、发展脉络、基本走向，讲清楚中华文化的独特创造、价值理念、鲜明特色，增强文化自信和价值观自信"[2]。习近平还对"讲清楚"的系统性、学术性提出了明确要求："要深入研究中华文明、中华文化的起源和特质，形成较为完整的中国文化基因的理念体系"[3]；"要建立中国特色、中国风格、中国气派的文明研究学科体系、学术体系、话语体系，为人类文明新形态实践提供有力理论支撑"[4]。在"对谁讲"的问题上，习近平特别重视向国际社会"讲清楚"的问题。他要求"把优秀传统文化的精神标识提炼出来、展示出来，把优秀传统文化中具有当代价值、世界意义的文化精髓提炼出来、展示出来"[5]；"要讲清楚中国是什么样的文明和什么样的国家，讲清楚中国人的宇宙观、天下观、社会观、道德观，展现中华文明的悠久历史和人文底蕴，促使世界读懂中国、读懂中国人民、读懂中国共产党、读懂中华民族"[6]；要求"向国际社会展示博大精深的中华文明，讲清楚中华文明的灿烂成就和对人类文明的重大贡献，让世界了解中国历史、了解中华民族精神，从而不断加深对当今中国的认知和理解，营造良好国际舆

---

[1] 《习近平著作选读》第一卷，人民出版社 2023 年，第 150 页。
[2] 《习近平谈治国理政》，外文出版社 2014 年，第 164 页。
[3] 习近平：《在教育文化卫生体育领域专家代表座谈会上的讲话》，《人民日报》2020 年 9 月 23 日。
[4] 习近平：《把中国文明历史研究引向深入 增强历史自觉坚定文化自信》，《求是》2022 年第 14 期。
[5] 习近平：《举旗帜聚民心育新人兴文化展形象 更好完成新形势下宣传思想工作使命任务》，《人民日报》2018 年 8 月 23 日。
[6] 习近平：《把中国文明历史研究引向深入 增强历史自觉坚定文化自信》，《求是》2022 年第 14 期。

论氛围"①。

四是充分"汲取养分"。古为今用,"说清楚"对于我们自己来说就是为了有效汲取。习近平与毛泽东延安时期的思想一脉相承,强调"从孔夫子到孙中山,我们都注意汲取其中积极的养分",勉励干部"要善于从中华优秀传统文化中汲取治国理政的理念和思维"②,要求党员干部和人民群众"要认真汲取中华优秀传统文化的思想精华和道德精髓"③;勉励人们"要努力从中华民族世世代代形成和积累的优秀传统文化中汲取营养和智慧,延续文化基因,萃取思想精华,展现精神魅力"④。

五是强调"教育引导"。弘扬中华优秀传统文化就要发挥传统文化的教化功能。习近平特别注重发挥中华优秀传统文化对全体人民、对党员干部尤其是青少年的教育引导作用。他强调"引导人们向往和追求讲道德、尊道德、守道德的生活,形成向上的力量、向善的力量,让13亿人的每一分子都成为传播中华美德、中华文化的主体"⑤;要"把传承和弘扬中华优秀传统文化同培育和践行社会主义核心价值观统一起来,引导人民树立和坚持正确的历史观、民族观、国家观、文化观,不断增强中华民族的归属感、认同感、尊严感、荣誉感。"⑥要"教育引导群众特别是青少年更好认识和认同中华文明,增强做中国人的志气、骨气、底气"⑦;"教育引导广大干部群众特别是青少年认识中华文明起源和发展的历史脉络,认识中华

---

① 习近平:《建设中国特色中国风格中国气派的考古学 更好认识源远流长博大精深的中华文明》,《求是》2020年第23期。
② 《习近平在四川考察时强调 深入贯彻新发展理念主动融入新发展格局 在新的征程上奋力谱写四川发展新篇章》,《人民日报》2022年6月10日。
③ 《习近平谈治国理政》,外文出版社2014年,第164页。
④ 《习近平在中央政治局第二十九次集体学习时强调 大力弘扬伟大爱国主义精神 为实现中国梦提供精神支柱》,《人民日报》2015年12月31日。
⑤ 《习近平谈治国理政》,外文出版社2014年,第160—161页。
⑥ 《习近平在中央政治局第二十九次集体学习时强调 大力弘扬伟大爱国主义精神 为实现中国梦提供精神支柱》,《人民日报》2015年12月31日。
⑦ 习近平:《把中国文明历史研究引向深入 增强历史自觉坚定文化自信》,《求是》2022年第14期。

文明取得的灿烂成就，认识中华文明对人类文明的重大贡献，不断增强民族凝聚力、民族自豪感"①；"大力弘扬中华民族优秀传统文化，大力加强党风政风、社风家风建设，特别是要让中华民族文化基因在广大青少年心中生根发芽。"②甚至，习近平还就青少年传统文化课程教育内容提出具体意见："语文课应该学古诗文经典，把中华民族优秀传统文化不断传承下去"③。总之，就是要"努力用中华民族创造的一切精神财富来以文化人、以文育人"④，"使之成为我们的精神追求和行为准则"⑤。

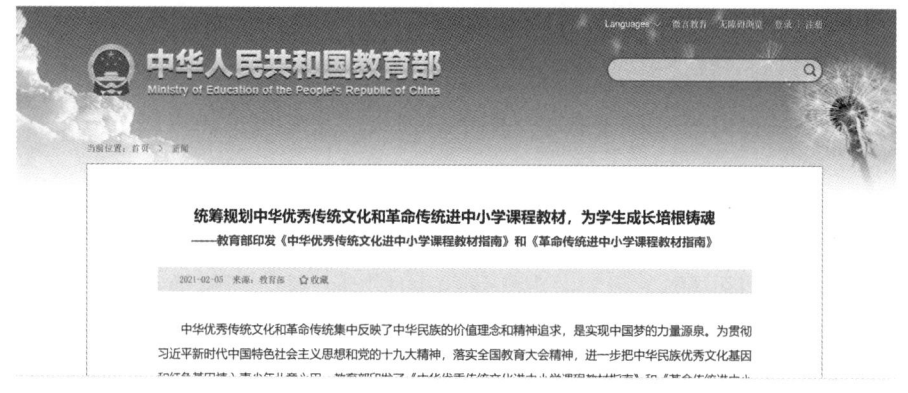

▶ 教育部印发《中华优秀传统文化进中小学课程教材指南》

六是要使之"活起来"。习近平在各地考察时，特别强调"要让更多文物和文化遗产活起来，营造传承中华文明的浓厚社会氛围"⑥；"让收藏在禁宫里的文物、陈列在广阔大地上的遗产、书写在古籍里的文字都活起来"⑦。还特别针对城市治理中的老城区改造提出要求，"要把老城区改

---

① 习近平：《建设中国特色中国风格中国气派的考古学 更好认识源远流长博大精深的中华文明》，《求是》2022年第23期。
② 习近平：《人民有信仰民族有希望国家有力量》，《人民日报》2015年5月31日。
③ 《习近平万米高空聊传统文化：要学古诗文经典》，新华网2014年9月11日。
④ 《习近平谈治国理政》，外文出版社2014年，第164页。
⑤ 《这里是爱国爱澳的新园地 习近平考察澳门大学横琴新校区》，《人民日报》2014年12月21日。
⑥ 习近平：《把中国文明历史研究引向深入，增强历史自觉坚定文化自信》，《求是》2022年第14期。
⑦ 《习近平谈治国理政》，外文出版社2014年，第161页。

造提升同保护历史遗迹、保存历史文脉统一起来,既要改善人居环境,又要保护历史文化底蕴,让历史文化和现代生活融为一体"①。 对于思想文化层面的传统文化,更加强调"要以时代精神激活中华优秀传统文化的生命力"②,要求"挖掘中华优秀传统文化的思想观念、人文精神、道德规范,把艺术创造力和中华文化价值融合起来,把中华美学精神和当代审美追求结合起来,激活中华文化生命力"③。 总的目的就是"要使中华民族最基本的文化基因与当代文化相适应、与现代社会相协调,以人们喜闻乐见、具有广泛参与性的方式推广开来"④。

七是努力"传播出去"。 对外讲好中国故事,"深化文明交流互鉴,推动中华文化更好走向世界","让中国优秀传统文化同世界各国优秀文化一道造福人类"⑤,这是习近平极其关注的问题。 他指出,"文化是沟通心灵的桥梁。 以理服人,以文服人,以德服人,是中华文化的生命禀赋和生存耐性。'远人不服,则修文德以来之',中华民族早就懂得'观乎人文,以化成天下'的力量。 要提高对外文化交流水平,开展深层次、多样化、重实效的思想情感交流,善于用外国民众容易接受的方式,让他们更好了解和体验中华文化。 要完善人文交流机制,创新人文交流方式,发挥各地区各部门各方面作用,综合运用大众传播、群体传播、人际传播等多种方式展示中华文化魅力";要"把跨越时空、超越国度、富有永恒魅力、具有当代价值的文化精神弘扬起来,把继承传统优秀文化又弘扬时代精神、立足本国又面向世界的当代中国文化创新成果传播出

---

① 《习近平春节前夕在北京看望慰问基层干部群众 向广大干部群众致以美好的新春祝福 祝各族人民幸福安康祝伟大祖国繁荣吉祥》,《人民日报》2019年2月2日。
② 《习近平在中央政治局第二十九次集体学习时强调 大力弘扬伟大爱国主义精神 为实现中国梦提供精神支柱》,《人民日报》2015年12月31日。
③ 习近平:《在中国文联十一大、中国作协十大开幕式上的讲话》,《人民日报》2021年12月15日。
④ 《习近平谈治国理政》,外文出版社2014年,第161页。
⑤ 《习近平著作选读》第一卷,人民出版社2023年,第38、278页。

去"①;"要立足中国大地,讲好中华文明故事,向世界展现可信、可爱、可敬的中国形象……展现中华文明的悠久历史和人文底蕴,促使世界读懂中国、读懂中国人民、读懂中国共产党、读懂中华民族"②。习近平特别就如何做好考古、文明研究成果的国际传播运用提出要求:"要运用我国考古成果和历史研究成果,通过交流研讨等方式,向国际社会展示博大精深的中华文明,讲清楚中华文明的灿烂成就和对人类文明的重大贡献,让世界了解中国历史、了解中华民族精神,从而不断加深对当今中国的认知和理解,营造良好国际舆论氛围。"③还具体要求"同步做好我国'古代文明理论'和中华文明探源工程研究成果的宣传、推广、转化工作,加强对出土文物和遗址的研究阐释和展示传播,提升中华文明影响力和感召力"④。

八是实现"创造性转化和创新性发展"。传统文化哪怕是其中的优秀部分也不可能简单"复活",使传统文化"活起来"必须立足当代、面向未来,实现形式和内容的"双创"。"传承中华文化,绝不是简单复古,也不是盲目排外,而是古为今用、洋为中用,辩证取舍、推陈出新,摒弃消极因素,继承积极思想,'以古人之规矩,开自己之生面',实现中华文化的创造性转化和创新性发展。"⑤通过"两创","使之与现实文化相融相通,共同服务以文化人的时代任务"⑥;"为民族复兴立根铸魂。……推动中华优秀传统文化同社会主义社会相适应,展示中华民族的独特精神标识,更好构筑中国精神、中国价值、中国力量。"⑦同时,实现"两

---

① 《习近平谈治国理政》,外文出版社 2014 年,第 161 页。
② 习近平:《把中国文明历史研究引向深入 增强历史自觉坚定文化自信》,《求是》2022 年第 14 期。
③ 习近平:《建设中国特色中国风格中国气派的考古学 更好认识源远流长博大精深的中华文明》,《求是》2020 年第 23 期。
④ 习近平:《把中国文明历史研究引向深入 增强历史自觉坚定文化自信》,《求是》2022 年第 14 期。
⑤ 习近平:《在文艺工作座谈会上的讲话》,《人民日报》2014 年 10 月 15 日。
⑥ 《习近平著作选读》第一卷,人民出版社 2023 年,第 281 页。
⑦ 习近平:《把中国文明历史研究引向深入 增强历史自觉坚定文化自信》,《求是》2022 年第 14 期。

创"是全体中华儿女的共同任务,"两岸同胞要共同传承中华优秀传统文化,推动其实现创造性转化、创新性发展"①。最终,"要推动中华文明创造性转化、创新性发展,激活其生命力,让中华文明同各国人民创造的多彩文明一道,为人类提供正确精神指引"②。其实,弘扬全人类共同价值、构建人类命运共同体以及"一带一路"倡议等中国智慧、中国方案的提出,本身就是中华优秀传统文化实现"两创"特别是创新性发展最生动的体现。这些方案大多已经写进了联合国的有关决议,确实发挥着引领人类进步潮流的历史作用。

九是创造"新文化"和建设"现代文明"。中华文明具有突出的创新性,中华民族从来守正不守旧、尊古不复古。中华文明赋予了中国式现代化以深厚的文化底蕴,中国式现代化赋予了中华文明以现代力量。守住中国式现代化的传统文化之根,传承发展中华优秀传统文化,从归根结底的意义上服从于建设社会主义现代化强国和实现中华民族伟大复兴。"在新的起点上继续推动文化繁荣、建设文化强国、建设中华民族现代文明,是我们在新时代新的文化使命。"一方面,"中国文化源远流长,中华文明博大精深。只有全面深入了解中华文明的历史,才能更有效地推动中华优秀传统文化创造性转化、创新性发展,更有力地推进中国特色社会主义文化建设,建设中华民族现代文明"③。另一方面,必须要有"现代文明"的原则高度,"以海纳百川的开放胸襟学习和借鉴人类社会一切优秀文明成果,在'人类知识的总和'中汲取优秀思想文化资源"④。总之,在新的历史起点上继续推动文化繁荣、建设文化强国、建设中华民族现代文明,要坚定文化自信,坚持走自己的路,立足中华民族伟大历史实践和当代实践,用中国道理总结好中国经验,把中国经验提升为中国理论,实现精神

---

① 《习近平谈治国理政》第三卷,外文出版社2020年,第409页。
② 《习近平谈治国理政》第二卷,外文出版社2017年,第340页。
③ 习近平:《在文化传承发展座谈会上的讲话》,《求是》2023年第17期。
④ 《开辟马克思主义中国化时代化新境界》,《求是》2023年第20期。

上的独立自主。要秉持开放包容,坚持马克思主义中国化时代化,传承发展中华优秀传统文化,促进外来文化本土化,破解"古今中西之争",不断培育和创造新时代中国特色社会主义文化。要坚持守正创新,守住党的文化领导权和中华民族的文化主体性,创新思路、话语、机制和形式,以守正创新的正气和锐气,赓续历史文脉、谱写当代华章。①

---

① 参见习近平:《在文化传承发展座谈会上的讲话》,《求是》2023年第17期。

第三章
现代化之传统文化根基的探讨回顾

当中国传统文化遇到自西而来的现代化,中国就发生了几千年未有之大变局。无论如何,这一变局使得人们形成一种最初是"不得不"的自觉抑或多属本能的条件反射,那就是在现代化中检视中国自己的传统文化。① 与五四新文化运动毅然决然的"决裂"态度不同,自中国传统文化遭遇西方现代化以来,就有一批智识人士一方面相信现代化的必然趋势,另一方面深信传统文化与现代化有着复杂的关系,能成为甚至本身就是也应该是现代化的根基。鸦片战争之后的洋务派冯桂芬、孙家鼐、张之洞等主张的著名的"中学为体、西学为用",就认为中国传统的纲常名教在现代化中仍然可以作为决定性的原本、根本,即作为中国现代化的"体"。不过这种最强命题在后人看来多少有些是遭遇西方世界之后的懵懂与基于习惯的想象,并未对现代化之整体有过比较真切的理解与体验,故最终未能经得起历史的检验。尽管后世不断有类似于"中体西用"的说法,但含义已不可同日而语。中国人对作为现代化的传统文化根基的真正学理思考恰恰起于以矫枉过正状态批判传统文化的五四时期,即所谓"觉醒年代"。新中国成立后,海外新儒家在思想文化上融通中西的努力事实上为现代化的中国传统文化根基作出了影响深远的探索。改革开放以来,亲历中国式现代化起步、发展进程的大陆学者提出了一系列引人瞩目的观点。同时,自西方启蒙运动至今,一些西方学者从旁观者角度得出中国传统文化对于现代化的根基性作用及其表现的一些具体方面。

---

① 严格说来,中国以西方检视自己从 16 世纪末西方传教士带来西方天文、数学成果时就开始了。 张岱年就认为,尽管不同态度,但在尚独立于西方的明清之际,以徐光启、李之藻为代表的"会通以求超胜"论占主流,即承认西方学术有高明之处,完全可以学习弥补我们的短板,继而全方位超过西方。 参见张岱年、程宜山:《中国文化论争》,中国人民大学出版社 2009 年,第 256—263 页。

一、"觉醒年代"的"觉醒"

1915 年,就在《新青年》创刊、新文化运动兴起的那一年,美国的"发明大王"爱迪生在致中国学者赵元任的信中说:"这个世界正在目睹它最伟大的现代奇迹之一,即一个伟大的国家——中国的觉醒,这基于这样一个事实,文科教育(liberal education)是一个国家的富强和进步的根本基础。"①常言道"旁观者清",这位科学家寥寥几语却道破了彼时中国刚刚破土的时代精神。 在这个觉醒年代,与新文化运动闯将们的主张不同,一批知晓西方发展状况——与洋务派对西方知之不深不同——而又秉持中国传统文化立场的学者却走向了另一个层面的"觉醒",对西方现代化进行过整体性的批判,将第一次世界大战的爆发视为西方文明的破产,并试图以中国传统文化为根底探求人类发展新路。 这就是以辜鸿铭、杜亚泉为先声,以梁启超、梁漱溟、张君劢等为代表的东方文化派,其思想实质上探讨了中国现代化的传统文化根基乃至整个人类文明未来的中国传统文化支撑。

在第一次世界大战爆发前的清朝末年,曾在英国、法国、德国留学达 14 年,精通西方 9 种语言,获得 13 个博士学位的辜鸿铭(1857—1928)就认为,"欧洲文明是比物质文明还次要的机械文明","欧洲并未在发现和理解真正的文明、文明的基础、意义上下多少功夫,而是倾全力于增加文明

---

① 何兆武、柳卸林主编:《中国印象:外国名人论中国文化》,中国人民大学出版社 2011 年,第 437—438 页。

利器",因而无法与中国的文明相提并论,中国文化的目的就在于"创造新的社会"①,应当以中华文明去救治西方文明。他"真心告诫"西方人士:"你们必须抛弃富饶的物质,一如你的骄傲自大,透过其他人的肤色,来看他们的人格价值和社会价值。"中国人的存在"不是为西方人的享乐,而是给西方人学习真正的社会、人生价值以提示"②。辜鸿铭在西方有着广泛的影响,当时有到中国"不看三大殿、要见辜鸿铭"之说,以德国哥廷根大学纳尔逊为中心的政治哲学家将辜鸿铭论著专门加以翻译刊印。但在笔者看来,辜鸿铭先生最大的贡献在于,在将"中和位育"理解为中华文化之精髓的同时,以西方现代化的话语指出,所谓"中和位育"也就是秩序与进步——中国传统文化并非没有进步思想,而且这种思想比西方文化更为根本和普遍——辜鸿铭直接将《中庸》标题翻译为"Universal Order",即普遍秩序(这一贡献在后文还将论及)。他还认为,孔子的教导在中国替代了西方的宗教信仰,形成了中国民族和种族的精神核心即中国人的精神。这种精神是一种心灵所处的状态,具有中国人的精神或真正中国精神特质的人才是真正的中国人,"指的是那些具有成人理性和儿童纯灵魂双重属性的中国人,他的精神是灵魂和理性完美的结合";"万物的生命在宁静祥和之中自动呈现,这就是富有想象力的理性,这就是中国人的精神"③。无疑,在辜鸿铭看来,中国文化和中国人独有的精神不仅是贯通前现代和现代的,而且具有贯通中国和西方的普遍价值。

严复(1854—1921)是中国近代赫赫有名的大翻译家,曾大力倡导西学,被尊为中国近代资产阶级启蒙思想家。但在辛亥革命之后,其思想发生了很大变化,成为尊孔读经的倡导者。1913年他指出,那些"醉心他族者","什八九皆其物质文明已耳。不知畴国种之阶级,要必国性民质为之

---

① 《辜鸿铭文集》(下册),海南出版社1996年,第309、279、328页。
② 《辜鸿铭讲论语》,北京理工大学出版社2013年,第20页。
③ 《辜鸿铭讲论语》,北京理工大学出版社2013年,第360、363页。

先，而形而下者非所重也。中国之国性民质，根源盛大……其国性民质所成于先圣先王数千年之陶熔渐渍者，有以为之基也"。他认为一个国家的存立"必有其国性为之基"，而中国能几千年不散不中断，靠的就是"孔子之教化"形成的国性民质，而且相信西方导致中国的数十百年之牵变终不敌数千载根基之遗传。严复进而认为，"中国之所以为中国者，以经为之本原"，并以反经合道来理解中国遭遇的变故，同时认为反经合道首先要读经，因为观变故"宗旨大义""亦必求之于经而有所合，而后反之人心而安，始有以号召天下"。他承认西方现代之科学"自是以诚成物之事，吾国欲求进步，固属不可抛荒"，但"至于人之所以成人，国之所以为国，天下之所以为天下，则舍求群经之中，莫有合者"①。也就是说，在严复看来，国性民质是立国之基，而中国之基就在于以孔子教化形成的中国人，即便学习西方现代化之物质、科学，也必须保住国之为国、人之为人的基因、根基，其基本途径就是读经。

创办《东方杂志》，成为当时东方文化派代表性人物的杜亚泉主张东西方文明应基于东方文明进行"调和"，用我们今天的话说，就是要以中国的价值理性吸收、引领西方的科学技术，颇类于洋务派之"中体西用"。他坚持认为，在现代化过程中，中国传统的"名教纲常诸大端""为吾国文化之结晶"，是坚决不能丢掉的。西洋文明是断片的文明，就像满地的散钱，需要"以吾固有文明为绳索，一以贯之"；"今西洋之种种主义主张……往往为吾固有文明之一部，扩大而精详之者也"。"统整吾固有之文明"，继而"统整世界之文明"，既是中国的救济之道，也是全世界的救济之道②。

梁启超对严复等翻译西学大加赞赏，认为其"必使吾国学别添活气"，但他认为"今日欲使外学之真精神普及于祖国，则当转输之任者，必邃于

---

① 《中国现代学术经典·严复卷》，河北教育出版社1996年，第601、603、604页。
② 伧父（杜亚泉）：《迷乱之现代人心》，《东方杂志》第15卷，第4号。

国学，然后能收其效"。 1903 年他就指出，"一民族之心理，必有系然后能结合而为有秩序之进步"，今后国人思想"必不能复以二千年之古籍束缚之也……然则孔子学说，无论如何，断不能为今后进步之障"，那些肆口谩骂孔子的人"无伤于日月不足道也"。① 1919 年梁启超因巴黎和会游历欧洲后更是认为，欧洲人因为过于信仰"科学万能"而没有了"安心立命的所在"。他指出，欧洲依靠科学，"一百年物质的进步，比从前三千年所得到还加几倍，我们人类不惟没有得着幸福，倒反带来许多灾难"；他在探讨"新文明再造之前途"时，吁求"中国人的自觉"，认为中国人对于世界文明有大责任，西方"许多先觉之士正想把中国印度文明输入，图个东西调和。这种大业只怕要靠我们才得完成哩。我们青年将来要替全世界人类肩起这个大责任"，因此发出这样的号召："我们可爱的青年啊！立正！开步走！大海对岸那边有好几万万人，愁着物质文明破产，哀哀欲绝的喊救命，等着你来超拔他哩。"当然，梁启超并不是要以中华文明替代西方文明，而是特别强调解放思想，强调"拿西洋的文明，来扩充我的文明，又拿我的文明去补助西洋的文明，叫他化合成一种新文明"，只不过是在当时"全盘西化"思潮占主流地位时他更加突出了"拿我的文明去补助西洋的文明"。那么这种能补助西洋文明或者说能成为现代化导引的中国传统文化主要是什么呢？梁启超站在人类高度，从他观察到的西方文明的弊病出发，有针对性地以理想与实用要统一、心物要调和为原则，独尊先秦思想。他认为："孔、老、墨三位大圣，虽然学派各殊，'求理想与实用一致'，却是他们共同的归着点。如孔子的'尽性赞化'、'自强不息'，老子的'各归其根'，墨子的'上同于天'，都是看出有个'大的自我'、'灵的自我'和这'小的自我'、'肉的自我'同体，想要因小通大，推肉合灵。"

---

① 《中国现代学术经典·梁启超卷》，河北教育出版社 1996 年，第 120、117 页。 事实上，五四新文化运动之所以对孔子的批判有极为矫枉过正的表现，一个直接的原因就是在民国初年出现了尊孔运动，形成了定孔教为国教的高潮。 严复、梁启超都在其中发挥了重要作用。 也可见，他们都认为孔子是中国传统文化的象征、学术道德之集大成者，代表着中国文化的道统。

要再造人类新文明，就要"跟着三圣所走的路"①。同团参加巴黎和会的张君劢对梁启超的思想进行了发挥，认为欧洲近几百年过度信仰理智和物质导致的灾难——主要是指第一次世界大战——必须引起中国、人类的镜鉴，强调要以中国儒家的"内生活修养"去补正、纠偏西方科技、工商逻辑的现代化造成的问题。以张君劢、梁启超为代表的所谓玄学派在著名的科玄论战中阐述的总体思想就是：西方文明是物质文明，中华文明是精神文明，西方科学万能之物质文明带来了现代化危机，必须依靠中国的精神文明予以解决。

当然，由于众所周知的时代错位，在觉醒年代进行反向"觉醒"的思想都颇有些"不合时宜"，在当时可谓"言之谆谆，听之藐藐"，在一系列论争中往往处于下风，甚至被一些先进分子视为滑稽。即便他们立场相近的思想间也颇多批评乃至否定。例如，当初梁漱溟直言"其实任公（即梁启超——引者注）所说，没有一句是对的！"②然而，往事越百年，今日回顾起来则令人喟叹和深思，其中不乏新的有益启示。

作为现代新儒家的开山之祖，梁漱溟以其人生三路向说、世界文化三期重现说征之以当时的社会历史现实指出，西方现代化解决的是人对物质的问题，而西方现代化面临的问题是从物质不满足的时代转入了"精神不安宁时代；物质不足必求之于外，精神不宁必求之于己"——梁先生可谓中国所谓后物质主义（post materialism）的先驱，世界未来文化将进入他所断言的中国文化复兴时代。直至1949年，他都认为，"所谓中国文化复兴者非他，意指以伦理本位代自我中心，原来一味向外用力是人对物的态度，而不是人对人的态度"，中国民族精神有两个特点，那就是"伦理情谊，人生向上"③。他对中国传统文化采取的是所谓"批判的把中国原来

---

① 梁启超：《欧游心影录》，商务印书馆，2014年，第18、39、52、50页。
② 《中国现代学术经典·梁漱溟卷》，河北教育出版社1996年，第23页。
③ 梁漱溟：《中国文化的命运》，中信出版社2010年，第170、173页。

态度重新拿出来"。从当时中国的现实出发,他反对倡导佛教,强调孔子之学。在孔子之学中,他尤其强调"刚"的态度,认为"刚之一义可以统括了孔子全部哲学"。其实是强调"含融向前的态度",来弥补中国人的缺短、解救中国人的苦痛、避免西洋的弊害:"本来中国人从前就是走这条路,却是一向总偏阴柔坤静一边,近于老子,而不是孔子阳刚乾东的态度;若如孔子之刚的态度,便为适宜的第二路人生。"①在梁漱溟看来,现代化有着不同阶段,西方现代化阶段"一向皆务为物",而忽略了人。之所以认定未来世界文化是中国文化的复兴,就是现代化发展必然从物走向人,而数千年中国人的贡献就是"认识了人类之所以为人","正有见于人类生命之和谐"②。

马一浮认为身处现代社会,我们必须自拔流俗、认识自性,而"六艺乃中土先哲自心中有性德之流露,皆从穷理尽性、日用实践中体会出来的实理"。与杜亚泉的观点类似,马一浮认为,六艺或一心可以统摄世上一切学问,当然也统摄现代之术③。熊十力特别从哲学的角度谈及"治哲学者,自当以本国思想为根底,以外国思想为资助"。那么,这个本国思想的根底根基是什么呢?熊十力明确认为,"以为中国人之作人,与立国精神,毕竟在孔子六经"④。冯友兰从哲学的角度断定,中国混乱的社会、政治局面以及新旧社会方式的转变,对哲学家们来说反而是特别幸运的,因为这是他们重新审查中西古今的思想资源。他研究中国哲学发现,中国哲学传统的主要目的、主要问题和进展的中心,就在于在人生日常行事中实现理想人生。"通贯中国历史,哲学能指导精神生活而毫无超自然主义,又能指导实际生活而不低级庸俗。"中国哲学对未来世界哲学的贡献就在于这样的"公开秘密":"在日常生活之内实现最高的价值,还要加上经

---

① 《中国现代学术经典·梁漱溟卷》,河北教育出版社 1996 年,第 117、212、222 页。
② 《中国现代学术经典·梁漱溟卷》,河北教育出版社 1996 年,第 358—359、356、357 页。
③ 参见《中国现代学术经典·马一浮卷》,河北教育出版社 1996 年,第 3 页。
④ 《中国现代学术经典·熊十力卷》,河北教育出版社 1996 年,第 533、539—540 页。

过否定理性以'越过界线'的方法。"①

章太炎(1869—1936)则从民族危亡、爱国复兴的角度突出史学在国学或传统文化中的重要地位,强调要学史。"当今世界在较任何时期为严重的时候,历史上之陈迹即为爱国心之源泉,致用时之棋谱。其系于一国之兴亡为用尤钜,故史志乃今日切要之学也。""夫人不读经书,则不知自处之道。不读史书,则无从爱其国家。"而且,经与史关系至深,他同意章学诚"六经皆史"的说法,甚至把《易经》视为"今所称社会学是也"。"史之有关国本者至大","国家安危强弱,原无一定,而为国民者首须认清我为何种民族?对于本国文化,相与尊重而发扬之,则虽一时不幸而至山河易色,终必有复兴之一日,设国民鄙夷史乘,蔑弃本国文化,则真迷失本性,万劫不复矣!"②

潘光旦是一位不止于观念论,而是从比较严格的现代化角度以中国传统文化反思西方现代化、试图为人类找到现代化新路的社会学家(现代化首先是一个社会学的问题)。他指正胡适,认同"一心一意的现代化"或"全力的现代化""充分的现代化"(wholehearted modernization),而反对"全盘西化"(wholesale westernization)③。他在1926年发表了《生物学观点下的孔门社会哲学》一文。一方面,在理论上,他通过对当时西学东渐的社会生物学、社会哲学进行研究,认为儒家思想其实比它

▶ 潘光旦先生(1899—1967)

---

① 《中国现代学术经典·冯友兰卷》(下),河北教育出版社1996年,第1067页。
② 章太炎:《国学救亡演讲录》,文津出版社2017年,第102、116、113页。
③ 《中国现代思想史资料简编》第三卷,姜义华编,浙江人民出版社1983年,第199页。

们更加精切。他说:"绳以今日社会生物学之学理,则可知孔门学识独到之处,有足惊人者";"自来言社会哲学者多矣,顾以与孔门之社会哲学较,不失之过于抽象,即失之过于偏激;抽象者不顾事实而事冥思,偏激者,十分哲学,根据事实者半,出乎情感者亦半。"而孔门社会哲学则"美备精切"。另一方面,经过实际观察,他发现"二三百年来西方社会状况之日益紊乱,论者谓一由于群众之嚣张,而人才转趋消极;再由于家庭之瓦解,而感情滥用者多。果尔,则前途不欲解决社会问题则已,否则一种差分的社会哲学与社会政策若孔门所倡者,殆为事理上所不可免矣。"[①]继而,在一系列文章中,他将优生学、遗传学和传统儒家结合起来,在当时西方进化论之中国理解"物竞天择、适者生存"几成公理的背景下,逐渐形成了与之相反的所谓"新人文史观""人化的社会学"。其中,"位育论"是其核心洞见。今天看来,尽管潘光旦的相关思想有意无意地局限在社会学、生物学、教育学等领域,但其洞见是极其深刻的。继续加以深入研究我们将发现,正是位育论赋予了中国现代化总体超越西方现代化的重要底蕴,它正是中国式现代化的传统文化根基所在。

---

① 《潘光旦文集》第8卷,北京大学出版社2000年,第124、161、124页。

二、海外新儒家的"心性"之学

首先要予以说明的是,"海外新儒家"只是沿用习惯性说法,严格说来,应该称之为"境外新儒家",因为香港、台湾都不能称为"海外"。在新中国成立后,在香港地区、台湾地区、新加坡及北美地区传承发展的(海外)新儒家,因为其独特的历史经历,反思近代以来传统文化及民族之境况,融通西方学术特别是西方哲学,更早地在其立足的西方文化中以全球性视野审视传统文化的现代化价值,也为现代化进而是为全球化提供中国传统文化资源甚至是一种文化之基。

1949年后,张君劢由澳门地区而美国,致力于复兴儒学。他认为,以中国哲学为基础的中国思想和西方比较起来有三个大的特质:一是以知识和道德具有同等的重要性;二是由于遵循一个经过长时间考验的传统而保有一种前后相续之感;三是认为悟性的可理解性比那可能产生片面思想的原创性重要。只要复兴这种中国哲学就能使中国贡献出两千年来以独特方式所得这一思想体系的优点。他强调,知识并不是使人类幸福的唯一途径,知识必须合乎道德的标准;"为使人类不因科学之故而牺牲,而要使知识服务人类,则知识必须合乎道德标准。这就是儒家从整体来衡量知识与生命的方法。这就是新儒家思想的主要方向。"他认为儒家之最高理想为孟子提出的"尽性知天","现代化的程序应从内在的思想着手,而不是从外在开始"。儒家哲学包括理智的自主、心的作用与思想、德性学说、宇宙的存在、现象与实体或者道与气。复兴这些儒家哲学乃是现代化的途径，是"让现代化在更稳固和更坚实的基础上生根和建立的方法"①。

方东美强调"从中国优秀民族的灵魂中钩出民族精神来振兴真正的中国文化"②。而且，人类可期待的共命慧的答案就在于东方，也就是要复兴中国传统哲学特别是先秦哲学的最高智慧。按照他理解的宇宙生命境界层次，由低到高包括物质世界、生命世界、心灵境界、艺术境界、道德境界和宗教境界，在这个立体宇宙里成就一个最高的神圣的人类生命价值，然后慢慢一步一步地向上面提升人类的精神。对中国而言，假使这么一个精神能够建立起来，作为我们生活的途径、生活的标准、生活的理想同现实的榜样，那么作为先秦的原始儒家、道家、墨家的最高哲学智慧就能得到复兴。

牟宗三自谓，1949年后主要研究两个问题：一为科学与民主，二为宗教。看看中国文化何以产生不出科学与民主来，儒教的本质意义何在；看看西方文化的基本心灵何在，基督教的特质何在，其精彩在哪里，其缺陷在哪里。他考察的结果是西方文化重知识逻辑而不是生命实践，即便有康德和克尔凯郭尔的例外，但康德的实践理性缺乏功夫实践上的心性之学；克尔凯郭尔只就宗教情绪而言，依然是外面的。而要给西方宗教以开展、转进，就必须归到儒学的学术上来。中国固然没有科学，但西式的外在结果不能"保值"；中国没有宗教，但儒家学术中包含了最高明而圆融的宗教的一切。自孔子开始由礼文点出仁义，孟子由"仁义内在"以言性善，宋明儒家承之以开出心性之学，"此方是中国文化之灵魂"。以儒家的内圣心性之学可以开出科学、民主的新外王。"中国文化之智慧，唯在能自生命内部以翻出心性之理性，以安顿原始赤裸之生命，以润泽其才情气，并由之能进而'以理生气'也。此即所以悠久不息之道。人类不断灭之道，亦

---

① 《中国现代学术经典·张君劢卷》，河北教育出版社1996年，第704、701—702、704页。
② 《中国现代学术经典·方东美卷》，河北教育出版社1996年，第451页。

赖此也。"①

唐君毅有感于中华文化的花果飘零和西方现代化的物化危机，以重建人文精神为使命，圆融康德、黑格尔与中国儒家思想，以生命存在为基，以道德理性、心灵境界为要，实质上是以孟子至宋明心、性、理学涵摄东西文化。其九种境界最终归于"天德流行境"即收于儒家的尽性立命之教。他认为，西方近代以来的精神是"外转、下转"，终于导致了人类文化和全部人类世界之大危机。如今需要内转、上转的"真实之宗教道德与哲学智慧"来挽救人类。而中国传统文化"其根底在道德宗教境界"，此为西方文化及其哲学所不及者，今日人类所需之宗教道德与哲学智慧，"更须由西方哲学通至东方之儒道佛之哲学，所言之如何使知行合一，智及守仁之道"②。

徐复观确认，西方知识起于闲暇中对自然之惊异，内容主要是对自然的知解；中国学术起源于人生之忧患，儒家主要对自己行为进行规范。"盖儒家之基本用心"有二："一为由性善的道德内在说，以把人和一般动物分开，把人建立为圆满无缺的圣人或仁人，对世界负责（《论语》'若圣与仁，则吾岂敢'）。一为将内在的道德，客观化于人伦日用之间，由践伦而敦'锡类之爱'，使人与人的关系、人与物的关系，皆成为一个'仁'的关系。"他提出"儒家精神的新生"，旨在为现代人"先立其大本"。西方要"摄智归仁"，中国在恢复仁性基础上要"转仁成智"，"在人类历史文化两大纲维提撕之下，自觉于人性之全，使仁性知性，互转互忘而互相成，这是儒家精神新生转进的大方向。于是，中国的新生，不仅是儒家精神，而系人类文化之全体，以向'无限多样性'之人性之全迈进，举'万物并育而不相害'之实，为中国、为人类，开一新运会"③。

---

① 牟宗三：《生命的学问》，天地出版社 2022 年，第 40 页。
② 《中国现代学术经典·唐君毅卷》，河北教育出版社 1996 年，第 906、925 页。
③ 徐复观：《儒家思想与现代社会》，九州出版社 2014 年，第 16—17、48 页。

钱穆受斯宾格勒影响，以生命解释历史文化，认为历史的本质在于人文道德精神，而中国文化核心特点就在"道德"，也是中国文化"特殊精神之所在"。"中国传统文化，彻头彻尾，乃是一种人道精神、德性精神。亦可谓之乃天命精神。""中国人之道德观念，内本于心性，而外归之于天。孟子'尽心知性、尽性知天'之教，实得孔学真传。"士就是负担和代表此传统文化理想和传统文化精神者。或者说，中国文化精神乃是士的精神，也即他之所谓孔家店精神，正是"永在向前、永待后人继续、永无完成的一番精神"①。钱穆认为，中国文化存在一个以儒家文化为核心的整体大道统，恰恰能跳出斯宾格勒春夏秋冬生命枯荣的文化悲观论，欣欣向荣、机运不绝。这个大道统就是中国人经历过去、现在，走向未来的一个大本根。

唐君毅、张君劢、徐复观、牟宗三在1958年所发的新儒家宣言中，不仅把"精神生命""心性之学"理解为现代化之传统文化深根，而且从当代西方文化应该向中国传统文化学习角度，事实上指出了现代化亟需中国传统文化滋养、培植的方面：当下即是的精神、圆而神的智慧、温润而恻怛或悲悯之情、如何使文化悠久的智慧、天下一家之情怀②。

余英时认为中国传统文化的现代意义在于价值系统。他指认中国文化是一种内向超越（inward transcendence），而不是一种内在超越（immanent transcendence）和外在超越（external transcendence），在经验中达到天人合一，具有独特的永恒价值。中国文化虽然没有发展出现代科学，但它对待科学的态度是开放的，因为其内向超越没有把价值之源加以实质化、形式化，像"天地之德曰生""生生不已""一阴一阳之谓道"等与科学不但不对立，而且"大有附会的余地"。更为重要的是，在人与自然关系上，面对西方科技发展带来的异化，"人与天地万物一体"的态度虽然不是"现代

---

① 钱穆：《民族与文化》，贵州人民出版社2019年，第178、169、68页。
② 参见《唐君毅集》，群言出版社1993年，第514—522页。

的",却可能具有超现代的新启示。在人和人的关系上,中国文化凸显了每个个人的道德价值,发展了从"人皆可以为尧舜"到"满街皆是圣人"的平等意识以及从"为人由己"到讲学议政的自由传统。这些都是中国民主的精神凭借,可以通过现代的法制结构而转化为客观存在。在人对自我的关系上,"中国人这种'依自不依他'的人生态度至少在方向上是最富现代性的"。在对生死的看法上,中国人能够不依赖灵魂不朽而积极地肯定人生,以价值"不朽"而求精神"永生","这是一种最合于现代生活的'宗教信仰'"。总之,尽管需要反思、调适,但中国传统文化所蕴含的基本价值系统不仅可以适应现代化,而且能为人类解决西方现代化带来的危机作出贡献[①]。

杜维明采取的则是逆向思维,在全球视野中思考中国代表的文明进一步发展的可能性。他将西方现代化的核心理解为自由主义,进而认为,因为生态环保、女性主义、多元文化、全球伦理等问题的出现,自由、理性、权利、法治、个人尊严这些价值的说服力和影响力面对人类所遇到的困难已经力所不逮,需要另外的同样可以普世化的价值的出现和提倡,"这中间包括公义、同情、义务、礼仪,以及人的群体性,在这个向度上,儒家和自由主义不仅可比,而且还有很强的优势,它与生态环保、宗教多元、全球伦理,甚至女性主义都能有很好的配合"。如是,今天日益不是儒家如何应对自由主义的问题,而是自由主义如何应对儒家的问题。他还认为,中国现代化自五四以来长期走的是法国路子,如果强调苏格兰传统,走英国路子(尊重传统)困难就会小一些。"中国学者长期以来萦绕于怀的制度安排,其基本理路是以牺牲儒家为代价,移植西方成熟的制度架构",而今天应当把儒家的价值学说、文化论说与制度安排结合起来,使儒家观念呈

---

① 参见[美]余英时:《从价值体系看中国文化的现代意义》,《中国思想传统的现代诠释》,江苏人民出版社2006年,第45—47页。

现在制度架构之中,开掘儒家的源头活水于日常生活之中①。在其"文化中国"的理想中,特别强调彰显如下三个方面:一是要在现代化社会中确立儒家的理想人格;二是从美学、宗教体验、个人人格发展角度理解作为生命色彩和道德倾向的儒家资源;三是以儒家价值观"批判西方相对主义的出现、虚无主义的出现"②。

---

① 哈佛燕京学社主编:《儒家与自由主义》,生活·读书·新知三联书店2001年,第40、49页。
② 杜维明:《文化中国——扎根本土的全球思维》,北京大学出版社2016年,第74—76页。

三、改革开放以来大陆学者的讨论

新中国的成立及建国之初取得的巨大成就，事实上是中国走向现代化的重大胜利，但鲜有学者从传统文化方面去思考其根底，也许梁漱溟是少数的例外。目睹中国共产党领导的革命战争胜利尤其是立国之初中国抗美援朝战争的胜利，梁漱溟很受震撼，他感慨"中华民族是人类一奇迹"，其知识、经济、政治、军事，一一数来都不是所长，却具有伟大无比的力量，这是一个"不可解之谜"[1]。他给出的答案便是在传统文化中找。

1978 年改革开放后，现代化正式成为持续自觉的追求目标，"实现四个现代化"成为响亮的时代口号，学者们关于现代化与传统文化关系的讨论也逐渐变得自觉。1986 年 8 月 30 日，《群言》杂志召开"传统文化与现代化"的专题座谈会，主席是费孝通，出席者有冯友兰、李泽厚、任继愈、何兹全、季羡林、金克木、张岱年、梁漱溟，阵容可谓豪华，但除开梁漱溟、冯友兰，大多数学者基于当时现实聚焦于反思传统文化的不足。梁漱溟仍然坚持早年的观点，认为中国传统文化解决的是人与人的问题，此前西方的现代化解决的是人与自然的问题，未来现代化将从着眼外物转移到人和人之间，世界的未来必将是中国文化的复兴。冯友兰从建设有中国特色社会主义的角度指出，精神文明建设必须跟上物质文明建设的步伐，为搞好精神文明建设，必须有一种哲学把上层建筑各个领域、各个方面贯穿起来。他认为，"中国古典哲学也将成为具有中国特色的社会主义精神文明

---

[1] 梁漱溟:《中国文化的命运》，中信出版社 2010 年，第 77—85 页。

的一个来源",传统哲学中的"义利之辩"就有益于加速精神文明建设,并使之具有中国特色①。

进入 90 年代后,国人才更为客观地看待中国传统文化,其关于现代化与传统文化的关系探讨进而是关于现代化的传统文化底蕴与根底的讨论才逐渐多了起来。以下按照序齿罗列有代表性学者的相关观点,以示致敬。

张岱年(1909—2004)发展了其在 20 世纪 30 年代即提出的综合创新论,对近代以来各个时期文化论争进行了全面的检讨:"抛弃中西对立、体用二原的僵化思维模式,排除盲目的华夏中心论与欧洲中心论的干扰,在马克思主义普遍真理的指导下和社会主义原则的基础上,以开放的胸襟、兼容的态度,对古今中外的为内化系统的组成要素和结构形式进行科学分析和审慎的筛选,根据中国社会主义现代化建设的实际需要,发扬民族的主体意识,经过辩证的综合,创造出一种既有民族特色,又充分体现时代精神的高度发达的社会主义新中国文化。"其综合创新论特别强调弘扬民族主体精神,认为一个民族只有产生了民族的主体意识,才能具有自觉的内在凝聚力,才能有推动民族延续发展的内在精神动力。他认为中国文化的基本思想有四个主要要素:(1)刚健有为,(2)和与中,(3)崇德利用,(4)天人协调。其中,刚健有为是统领。基于近代以来中国历史的考察和面向现代化的选择,张岱年确认,"自强不息""厚德载物"是"中国文化基本精神,同时也就是中华民族的民族主体意识的核心,是中华民族的独立意识、自我意识和自觉能动性的鲜明标志",必须大力弘扬。②

费孝通(1910—2005)从基层认识中国社会,认为中国社会是乡土性的,"乡土社会"是"熟人"社会,人们过着定型的生活。从社会结构的格局来看,中国的传统结构是具有伸缩能力的"差序格局",是一个"一根根

---

① 冯友兰:《中国古典哲学与社会主义精神文明》,《群言》1986 年第 11 期。
② 张岱年、程宜山:《中国文化论争》,中国人民大学出版社 2006 年,第 326、334 页。

私人联系所构成的网络"①,拥有和西方"团体结构"不同的道德观,"利己"和"差序"原则构成了中国人社会行动的基本逻辑。也因此,乡土社会在感情定向、治理秩序、诉讼观念、行为指导上与西方所开创的现代社会完全不同,中国的现代化必须建基于中国的历史文化之上。费孝通一直没有放弃探寻调和中国历史文化与现代化之间矛盾的方法,晚年的他更多地回归到儒家伦理思想之中,面对西方现代化所带来的人与人的紧张,他提倡通过"文化自觉"充分认识自身文化。他认为"刻在孔庙大成殿前的'中和位育'几个字代表了儒家文化的精髓,成为中国人的基本价值取向"②,要发挥中国"和而不同"的文化精神,从"差序格局"的外推特性中实现人与人之间的普遍利他和仁爱,为"各美其美,美人之美,美美与共,天下大同"的人类前景作出贡献。

季羡林(1911—2009)认为,传统文化代表文化的民族性,而现代化代表文化的时代性,现代化准确地说是"时代化",是"当时"的现代化,时代化最重要的内容就是进行文化交流,时代化的标准则是"当时世界上在文化发展方面已经达到的最高水平"③。文化交流要从历史和地理的大视野来看,任何一个时代的任何一个国家都要解决传统文化与现代化或时代化的矛盾,解决得好,社会才有进一步发展,否则就会失去生命力。文化交流应当具备一种平等的心态,既不能自大自狂、固守传统、盲目排外,也不能自卑自贱、崇洋媚外、邯郸学步,无论对传统文化还是外来文化,都应该批判性继承或吸收。从人类大历史视野来看,文化交流的过程是"三十年河东,三十年河西"的过程,他断言21世纪"西方不亮东方亮",中华文化比西方文化更具有时代性。他认为,昌盛了几百年、极大推进人

---

① 费孝通:《乡土中国》,北京大学出版社2012年,第51页。
② 费孝通:《创建一个和而不同的全球社会——在国际人类学与民族学联合会中期会议上的主旨发言》,《思想战线》2001年第6期。
③ 季羡林:《季羡林解读传统文化》,沈阳出版社2015年,第277页。

类进步的西方文化今天"已经逐渐呈现出强弩之末的样子,大有难以为继之势。 具体表现是西方文化产生了一些威胁人类生存的弊端……这些弊端的原因,是根植于西方的基本思维模式。 因为思维模式是一切文化的基础,思维模式的不同,是不同文化体系的根本不同"。"只有中国文化、东方文化可以拯救世界。"①中华文化对人类将有更大的贡献最重要的就是"综合"思维对西方"分析"思维的超越以及"民胞物与""天人合一"的思想对西方"征服自然"的思想的超越。②

冯契(1915—1995)认为,当今世界正处于一个东西文化相互影响、趋于合流的时代,我们正面临着世界性的百家争鸣。 中国在社会主义现代化建设过程中,内在地要求一种文化上的哲学革命,要求创造一种符合时代要求的新文化,而贯穿于整个中国近现代历史的"古今中西"之争,使得我们越来越清楚地意识到,"只有把西方近代文化的精华与中国传统文化的精华内在地联结起来,才能建立我们的新文化"③。 而马克思主义所提供的实践唯物主义的辩证法,则可以作为创造新文化的精神指导原则,因为历史经验表明,正是马克思主义与中国革命实践的结合,用能动的革命的反映论科学地回答了在心物之辩上结合为一的历史观和认识论两个方面的哲学论争,正确地解决了"古今中西"之争,指明了"中国向何处去"的方向④。 只有在实践唯物主义的辩证法的原则指导下,才能开辟中国新文化发展融合中西的"同归而殊途,一致而百虑"的新阶段。 就中华传统哲学来说,其本身就是个庞杂的库藏,我们应尽可能地发挥其优秀精华的部分,比如朴素唯物主义与朴素辩证法的理论、历代进步思想家的深厚的爱国热忱和不屈不挠地为真理而战斗的精神、人民大众中潜在的革命的世界观等,同时努力剔除其落后糟粕的部分,比如天命论、独断论与虚无主

---

① 季羡林:《季羡林谈东西方文化》,浙江人民出版社 2016 年,第 199、9 页。
② 季羡林:《季羡林解读传统文化》,沈阳出版社 2015 年,第 299、320 页。
③ 冯契:《中国哲学通史简编》,生活·读书·新知三联书店 2013 年,第 15 页。
④ 冯契:《中国哲学通史简编》,生活·读书·新知三联书店 2013 年,第 12—13 页。

义、儒学独尊下的"居阴而为阳"的统治术、小农的狭隘眼界与迷信等①。

汤一介(1927—2014)指出,在文化的现代化发展这个问题上,存在着两种看起来相互矛盾的意识:一是"全球意识",即从把世界作为一个整体方向来看文化的发展;一是"寻根意识"或"民族意识",即要求发挥民族文化的特色。这两个方面虽然看起来相互矛盾,但实际上是一个问题的两个方面。如果没有"全球意识",就不可能站在全世界的高度来看文化的发展,就不可能反映这个时代的要求,就要游离出人类文化发展的轨道,就会使文化失去生命力;但是,如果没有"民族意识",就不可能创造出有特色的文化来,没有特色的文化对人类文化的贡献总是有限的。因此,中国作为一个有着悠久文化传统的大国,其文化发展一定要把这两种意识很好地结合起来,创造出现代化的中国新文化。② 在发挥文化的民族特色方面,汤一介认为,不能仅仅局限于儒家(虽然儒家是主体文化),而应发挥儒释道整体文化的优秀方面,就儒家自身而言,其可以为当今人类社会提供的主要思想资源可以概括为"合天人""同人我""一内外"③,就儒释道整体而言,能够有益于当今时代发展的思想资源可以概括为"崇尚自然"(自然本身的和谐)、"体证生生"(人与自然的和谐)、"德性实践"(人与人的和谐以及人自我身心内外的和谐),此三者乃为中国传统文化的特质,而"普遍和谐"的观念体现在儒释道三家的思想之中,虽然不能说其只有正面价值而无负面作用,但我们要发掘的正是其正面价值④。

李泽厚(1930—2021)针对"中体西用"和"全盘西化"两派的片面性,提出了自己的"西体中用"说。他对"体""用"范畴进行了重新诠释,不同于张之洞以观念文化、政治体制为体而以经济生产为用,李泽厚

---

① 冯契:《中国哲学通史简编》,生活·读书·新知三联书店2013年,第443页。
② 汤一介:《中国传统文化的特质》,上海教育出版社2019年,第3—5页。
③ 汤一介:《中国传统文化的特质》,上海教育出版社2019年,第62—65页。
④ 汤一介:《中国传统文化的特质》,上海教育出版社2019年,第149—150页。

正好相反，是以经济生产为体而以政治体制和观念文化为用，他主张"回到原典"，即回到孔子和马克思本人的思想，认为孔子其实少言心性而很注意发展经济，注重经世致用、护养生民的"实用理性"，而马克思的唯物史观其实是一种"吃饭哲学"，强调的是一种维护人类社会生存延续的"工具本体"①。李泽厚认为，现代化并不等于西方化，但在最根本的机器大工业生产方面，现代化就是西方化，此即其所谓具有普遍性的"西体"；而在政治体制和文化价值方面，则需要进行一种"转化性创造"而非一种"创造性转化"，即不是"创造性地""转化"到西方的既定形式，而是"转化性地""创造"一种融合中西的新形式，此即其所谓具有特殊性的"中用"。② 具体而言，在政治体制方面，李泽厚主张逐步改良，从旧躯壳中创造出"时中"的新形式，既要追求民主法治保障人民权利，也要加强中央集权保障社会稳定安全；在文化价值方面，李泽厚一方面主张解构传统儒家的"政教合一"，将"宗教性道德"（私德）与"社会性道德"（公德）区分开来，保留儒家提倡的"修齐治平"的私德（中国人历史积淀的"文化心理结构"），吸收西方提倡的个体自由平等的公德，以实现二者的良性互动；另一方面则主张将中国传统的文化心理结构由伦理本位或道德主义转换为一种基于自身传统的审美本位或审美主义，创造一种新的"心理本体"。

楼宇烈（1934— ）认为，在中国的现代化过程中，中国传统文化有三种根本精神需要加以创造性发扬。第一，"以人为本"是中国文化最根本的精神："与西方文化相比，以人为本的人文精神是中国文化最根本的精神，也是一个最重要的特征。"楼先生将中国文化的这种人文特色描述为"上薄拜神教，下防拜物教"，即中国文化中没有一个外在的神或造物主，同时也强调人要守住本心，不为物欲所引诱和腐蚀。第二是"以天为则"，这是以人为本精神的前提根据。中国文化里的"天"不是指天空或

---

① 李泽厚：《中国现代思想史论》，生活·读书·新知三联书店 2008 年，第 355—356、377—379 页。
② 李泽厚：《中国现代思想史论》，生活·读书·新知三联书店 2008 年，第 357、380—381 页。

造物主，而是指四时阴阳变化之天道，中国文化强调人道要效法天道，人要"道法自然"，向天地万物学习做人的品德，"敬天"的实质是"敬德"，德行修养极高的圣人是能够与天地相配的。 第三是"以史为鉴"，这是以人为本精神的文化传统体现。 中国文化极其重视历史经验的积累与书写，中国的历史著作在全世界各国家中是最系统、最完备的，中国的每个朝代等到政权稳定以后，做的头两件重要的事就是制礼作乐和修订前朝历史，可以说，中国文化以人为本的人文精神就是通过"以史为鉴"总结出来的①。 总之，楼宇烈认为，正确地阐释和弘扬中国文化中"以人为本""以天为则""以史为鉴"的根本精神和优秀传统，将它贡献给世界，是当前弘扬中华优秀传统文化的重要任务。

张立文（1935— ）认为，人类在西方式的现代化进程中，虽然在科学技术、社会生产力方面大大提高，但亦加剧了五大危机，即生态危机（人与自然的冲突）、社会危机（人与社会的冲突）、精神与信仰危机（人的心理冲突）、道德危机（人与人的冲突）、价值危机（文明之间的冲突），当代人类所面临的是一个病态自然、病态社会、病态心理、病态人际和病态文明的境况。② 如何化解这五大危机、使病态转化为健康，成为当代人类社会最重大的问题。 对此，以中国哲学为核心的中华传统文化正好可以发挥重要的作用，但是需要创造出新的时代形式。 需要正视的现实是，在百余年来的"洋魂西话"的过程中，中国哲学逐步丧失了自己的主体性，因此中国哲学亟需"自己讲""讲自己"，化"洋魂西话"为"中魂汉话"，在此过程中并不排斥西方哲学，而是化"照着讲""接着讲""对着讲"为"比着讲""参着讲""化着讲"。③ 张立文认为，"和合"是中华文化的首要价值，"和合起来"的和合学是当代中华学术理论思维形态"自己讲""讲自己"的

---

① 楼宇烈：《中国文化的根本精神》，中华书局2016年，第46、52、54、48页。
② 参见张立文：《和合学与文化创新》，人民出版社2020年，第374—378页。
③ 张立文：《和合学与文化创新》，人民出版社2020年，第283页。

首要选择,也是应对人类所共同面临的五大冲突和危机的化解之道。具体而言,和合学提出了化解人类当代五大冲突和危机的五大理念(或原理):一是和实生物的和生理念;二是和而不同的和处理念;三是己立立人的和立理念;四是中和乐道的和达理念;五是文明和合的和爱理念。①

方克立(1938—2020)认为,中国现代化的实际进程其实并不取决于学者们的东化与西化之争,但是思想的力量也不可轻忽,中国文化也需要实现一种现代化。对于"中国文化向何处去"这个问题,需要超越传统中西体用的二元论模式,创造一种"魂、体、用"的三元论模式,是为"马魂、中体、西用":所谓"马学为魂",就是以马克思主义的科学世界观与方法论为指导,坚持中国新文化建设的社会主义方向;所谓"中学为体",就是以有着数千年历史积淀的自强不息、变化日新、厚德载物、有容乃大的中国文化作为运作主体、生命主体、创造主体和接受主体,坚持民族文化主体性的原则;所谓"西学为用",就是以西方文化和其他民族文化中一切对主体文化有学习、借鉴价值的东西为"他山之石",为我所用,坚持对外开放的方针。马克思主义之"魂"并不与中国传统文化之"体"相冲突,前者实际上是作为当代先进文化建设的精神指导原则之"体",后者则是主体性之"体",二者所发挥的功能不同而已。②而对于中国传统文化这个"体",在马克思主义之"魂"的指导下,其在当代应该予以激活的思想精华,其核心就是"文明以止"的根本精神,其主要内容则包括六个方面:一是"旧邦新命"的"中国"意识、"与时偕行"的通变思想和自强不息的进取精神,二是"和而不同"的和谐观念、多元一体的综合智慧和有容乃大的包容精神,三是以人为本的价值理念、崇尚仁义的道德取向和学行一致的教育思想,四是民为邦本、以德治国的政治思想和经世济民、天下己任的担当精神,五是"天下为公"的大同理想和"协和万邦"的天下情

---

① 参见张立文:《和合学与文化创新》,人民出版社 2020 年,第 262、391—392 页。
② 方克立:《中国文化的综合创新之路》,中国社会科学出版社 2012 年,第 314、327 页。

怀，六是"天人合一"的精神境界和天人协调的生态智慧。①

冯天瑜（1942—2023）认为，现代性虽然发源于西方，但并非专属西方，现代化并不等于西方化，我们要谈论的应是包容中西现代化实践与理论的现代性。现代性在西方既有连续性又有断裂性，而在中国，由于是经由外力所引发（内在现代性因素逐渐觉醒并发生作用），其与传统的断裂尤显突出。②但是，西方不仅经历了现代性阶段，还遭遇着后现代性（解构现代性）的挑战，对于近现代中国来说，"西方世界几百年间实现工业化与克服工业化弊端这两大先后呈现的历时性课题"，都"共时性地"摆到中国人面前，使得中国在现代化进程中同时需要完成三个层级的变革转化，即农业文明向工业文明的转化、计划经济体制向市场经济体制的转化、工业文明向后工业文明的转化。③在此过程中，中国当代文化的生成应呈现为一个"螺旋式上升"的过程，"现代中国需要通过第一阶段（初）元典精神作创造性复归，以修正工业化时代（中）的某些弊端，在综合初、中之际，为文化生成的第三阶段（终）开辟新生面"④。具体而言，中国传统智慧所贯穿的一天人、合知行、同真善、兼内外的融通精神，行健不息、生生不已的好勤乐生主义，人道亲亲的人文传统，以及德业双修观念、变化日新观念、社会改革意识、厚德载物的文化包容意识、不走极端的时中精神等，经过现代社会实践的过滤式选择和创造性转换，可以成为现代人克服撕裂主体与客体有机联系的"现代病"的一剂良药，为今日解决人与自然、人与人、人与社会诸问题提供借鉴。⑤

郭齐勇（1947—　）认为，中华优秀传统文化是中国建设现代文明的基础，是社会主义核心价值观建设的立足之地，"只有把优秀传统文化坐实

---

① 参见方克立：《中国文化的综合创新之路》，中国社会科学出版社 2012 年，第 130—152 页。
② 冯天瑜：《中国文化生成史》（上册），武汉大学出版社 2013 年，第 14 页。
③ 参见冯天瑜：《中国文化生成史》（上册），武汉大学出版社 2013 年，第 34、36—42 页。
④ 冯天瑜：《中国文化生成史》（上册），武汉大学出版社 2013 年，第 45 页。
⑤ 冯天瑜：《中华文化生态论纲》，长江文艺出版社 2021 年，第 390—391 页。

为我国现代化与现代文化的'本根'（不是枝叶）、'本体'（不是功用）、'本位'（不是客位）和'主体'（不是客体、对象），才不致左右摇摆、迷离失据。由此而开出的现代化才真正是我国的、健康的现代化。当然这不是要排斥借鉴人类其他古今文明的精华与优长"①。我们需要的是"文化自信"，而不是"文化自虐"（西方中心论）或"文化自恋"（中国中心观）。传承弘扬优秀传统文化并不是要昧于社会现实而开历史倒车，相反，它恰好包含着批判现代性的负面，批判时俗流弊，抛弃"五四"以来相沿成习的对中国文化的某些误解、成见，调动并创造性转化传统文化资源，介入、参与、批判、提升现实，促使传统与现代的互动，双向批判、双向扬弃。②而在优秀传统文化的各种资源中，儒学是参与现代化的积极力量，儒学的现代转化有诸多领域、层面，有理论与实践两大领域，在理论领域，有传统美德（"五常""四维""八德"）、礼乐文明（政治正义与社会治理的智慧、生态智慧、道德理性与君子人格、艺术与美学的精神等）、新"六伦"或"七伦"建设（父母子女有仁亲、兄弟姊妹有情义、朋友有诚信、上下级与同事关系有礼智、群己之间有忠恕）等层面③，在实践领域则有国家（文化自觉与国学教育）、社会（民间礼俗与职业伦理）、家庭（孝道与和谐）、个人（君子人格）层面④。

陈来（1952— ）认为，传统文化在当代中国的"热"或复兴进程，对中国现代化的深入开展，对社会和谐的实现，都是必然的，也是合理的、积极的。当然，传统文化并不能包治百病，不能解决现代生活中的一切问题，它只是我们建设现代化文化的根基，在其基础上如何大力吸收世界文明中的先进文化，建构起适应人民需要的现代政治、经济、法律、文化体系，发展政治文明，持续经济增长，健全法制生活，繁荣文化发展，需要全

---

① 郭齐勇：《中国思想的创造性转化》，上海教育出版社2018年，第221页。
② 郭齐勇：《中国思想的创造性转化》，上海教育出版社2018年，第124—125页。
③ 郭齐勇：《中国思想的创造性转化》，上海教育出版社2018年，第221—223、6、257页。
④ 郭齐勇：《中国思想的创造性转化》，上海教育出版社2018年，第206页。

社会的创造性努力。同时也需要通过适时的引导,帮助人民分辨传统文化的精华与糟粕,分辨永久的价值和过时的东西,使优秀传统文化的资源更能够结合中华民族伟大复兴的时代要求发挥其积极的作用。而中华传统文化中的优秀成分,主要可以概括为:作为中华文明基本特征的"广大悠久、一统多元",作为中国文化基本精神的"刚健不息、厚德载物",作为中国文化基本价值的"崇仁贵和、尚德利群",作为中华文明世界理想的"协和万邦、世界大同"。①

蒋庆(1953—)认为,西方现代化本质上是一种世俗化的过程,西方近代史上的文艺复兴、宗教改革、启蒙运动这三件大事汇合成一股强大的世俗力量,截断了世界神圣价值的源头,使世界陷入韦伯所说的"除魅"的状态,使人的生活失去了神圣性的力量,进而导致以科学技术为核心的工具理性大行其道,整个世界都患上了"效率至上"的顽症,而人本身也被科技所异化和奴役。这并不是说科技本身有多么大的力量来控制人,而是人自己把自己的神圣性力量抛弃了,从而无法控制科技力量。②针对世俗化、科技化所导致的现代性问题,其根本的解决之道就在于"复魅",即恢复宇宙、人生与世界的神圣性,使神圣性价值重新进入人类生活的各个领域。而中国儒家文化就是一种有"魅"的文化,它没有像基督教那样经过了新教式的现代性洗礼,从而保留了很多神圣性的成分,这些神圣性的成分正是对治现代性问题的宝贵资源;同时,它还具有人文化成的理性成分,不至于像西方天主教那样过于"超越"而反过来压制人性。总之,儒家文化不是西方那种圣俗二分的"偏至文化",而是一种圣俗不二、天人合一的"中和文化",其神圣性可以上接被近代西方世俗文明截断的神圣价值源头,其人文性又可防止神圣性走向极端而危害人性。③

---

① 陈来:《中华文明的核心价值:国学流变与传统价值观》,生活·读书·新知三联书店 2015 年,第 116 页。
② 蒋庆:《儒学的时代价值》,四川人民出版社 2009 年,第 94 页。
③ 蒋庆:《儒学的时代价值》,四川人民出版社 2009 年,第 74 页。

刘小枫（1956—　）关于传统文化与现代化的关系问题的观点主要有两点：一是认为中国马克思主义（现代化的思想文化）具有儒家的精神根源，二是认为建立中国的古典学（超越"国学"的概念，类似于中华优秀传统文化）对于在当代社会培养健康的有教养的人（可理解为人的现代化）具有重要的作用。就前者而言，刘小枫认为，中国马克思主义不是从儒家革命论中自然衍生出来的，而是受过儒教文化教育的知识人接受西方社会主义思想后发展出来的。没有现代性事件，马克思主义不会出现；没有儒教文化传统，也不会有中国的马克思主义。中国马克思主义与现代儒家虽然不具有同一性，但具有精神气质上的亲和性，在追求现世完美的道义政治观上具有精神同构性：政制理想中的平等和人民民主理念、以道德性贯通政治制度的统治法式（人民民主专政）、革命者的救世主意识（无产阶级先锋队）以及在夷狄交侵处境中对保守华夏理想政制传统的文化民族主义的承担（反帝反封反殖）。① 就后者而言，刘小枫认为，我们应该建立中国的古典学，以取代"五四"以来流行的"国学"，这不仅有利于促进国际学术沟通和彰显古今之争的学术格局（因而不赞成以符合现代观念的方式解释传统经典），更有利于在尼采所说"把所有人的灵魂往低处拉平"的现代工商业文明中培养具有高贵灵魂的人，培养"兼通中西之学，于古今沿革，中外得失，皆了然于胸中"的新时代栋梁之材，古典学应当如尼采所说的那样起到"不合时宜的伟大作用"，即抵御现代工商业文明把本来天生高贵的灵魂也拉平为低俗的灵魂。②

杨国荣（1957—　）认为，随着现代化市场经济、商品交换以及科学技术的强势发展，人的物化和商品化逐渐成为一种引人瞩目的社会现象，与之相辅相成的则是人的世俗化趋向，后者往往赋予人的当下感受、感官需要以优先的地位，并以此疏远理想意义的追求、摒弃精神层面的终极关

---

① 刘小枫：《儒教与民族国家》，华夏出版社 2020 年，第 100 页。
② 参见刘小枫：《古典学与古今之争》，华夏出版社 2016 年，第 211、226 页。

切。此外，当代世界中还可以看到各种形式的极端主义以及原教旨主义，它们往往将某种片面的宗教观念或价值原则绝对化、至上化，并不仅在理论上加以宣扬、灌输，而且力图在实践中推行、贯彻，前者导致意义的强加，后者则导致文明的冲突。在此种现代化世界的背景下，儒学作为中国传统文化的主干，有着不可忽视的重要意义：以人禽之辩为前提，儒学确认了人之为人的根本规定，由此为意义的追求提供了价值论的前提，不同于"超越"的宗教向度，儒学更多地展现了基于"此岸"的现实进路；基于仁道原则，儒学肯定忠与恕的统一，以此避免了意义的消解和意义的强制。① 此外，杨国荣还认为，在历史已经进入世界历史、中西文化已经彼此相遇的背景之下，对于中国哲学的基本期望，便是融入世界哲学之中，并在与不同哲学传统的互动中取得新的形态。融入世界哲学不是要丢掉中国哲学自身的特点，恰好相反，它需要展现中国哲学自身的独特视野，并进一步消化、吸收不同的哲学思想资源，同时立足时代回应现实问题，由此形成新的思想系统，从而促使中国哲学成为世界的主流哲学。②

赵汀阳（1961— ）关于现代化与传统文化的关系问题的思考主要体现在他提出的"新天下体系"理论当中。赵汀阳认为，我们所生活其中的"现代世界"至今仍然只是一个物理意义上的世界，即地球，而尚未成为一个能够以世界利益去定义并且为所有人所共享的世界，"世界历史尚未开始"，现今流行的所谓"世界史"只不过是欧洲势力的扩张史的叙事。真正的世界史必以世界秩序为开端去叙述人类的共同生活，而世界秩序"不是一国为世界建立的游戏规则，而是世界为所有国家建立的游戏规则"③，它真正需要的不是现今世界造成文明冲突的"国家政治"和"国际政治"，而是一种使世界各国和谐相处的"世界政治"或"全球政治"。为了使世

---

① 参见杨国荣：《哲学：思向何方》，中国社会科学出版社2019年，第242—244页。
② 参见杨国荣：《哲学：思向何方》，中国社会科学出版社2019年，第373—375页。
③ 赵汀阳：《天下的当代性：世界秩序的实践与想象》，中信出版社2016年，第211页。

界免于霸权体系的支配,也为了让世界免于未来可能的高科技战争或者技术系统的全面专制,我们需要创制一个"新天下体系",一种属于世界所有人的世界秩序,从而超越现代以来的霸权逻辑。在此,中国周朝的天下体系具有今日世界之当代性和明日世界之未来性,它是世界政治的一个概念性实验,是世界历史的预告。周朝的天下体系是由宗主国监护—监管万国的网络体系,按照这个制度基因在全球化条件下的演变逻辑,新天下体系有可能是一个由世界共有的机构来监护—监管各种全球系统的网络体系。① 此外,赵汀阳还认为,中国传统的礼乐制度事关"世界的精神性",礼乐是"生活神性的证明",而现代世界因其本质上是一个丧失了精神性或神性的世界,而尤其需要发展出一种新的礼乐制度,以拯救现代人的精神世界。②

干春松(1965—)认为,在中国经济高速发展的刺激下,人们越来越试图恢复传统的价值观来重建中国人的民族认同,并认定中国文化对解决日趋严重的种族、宗教和环境的危机具有不可替代的价值,尤其是在处理不同民族国家之间的所谓"文明冲突"和处理人类与自然之间的关系方面,"中国文化可以为人类的未来提供一种思考的方向"③。在文明间关系方面,中国传统文化相信"大道之行也,天下为公",追求"四海之内,皆兄弟也",因此在处理不同事物之间的关系时,要求推己及人,有一种以天地万物为一体的"共同体"意识,处理不同民族国家或不同文明之间的关系同样如此,其所遵循的核心原则正是费孝通先生所概括的"各美其美,美人之美,美美与共,天下大同"。在人与自然的关系方面,中国传统文化始终把人与自然的和谐视为自然"本来"的存在方式,人类的秩序原理和自然秩序原理之间存在着价值和实现方式上的一致性,"天人合一""民

---

① 赵汀阳:《天下的当代性:世界秩序的实践与想象》,中信出版社2016年,第280页。
② 参见赵汀阳:《天下的当代性:世界秩序的实践与想象》,中信出版社2016年,第281—283页。
③ 干春松:《中华文化简明读本》,中国社会科学出版社2017年,第266页。

胞物与"成为中国人遵循的价值信条。干春松认为,天下大同和天人合一两种理念的背后其实是儒家"仁爱"观的扩展,正所谓"亲亲而仁民,仁民而爱物",正是传统的仁爱观为人与人、人与国家、国家与国家、人与自然的关系,提供了合理的价值逻辑支撑①。

姚中秋(1966—)认为,中国的现代化转型,与回归儒家并不冲突,两者是相辅相成的,而且进一步认为,儒家本身就有现代性,我们需要"重新发现儒家"。在《重新发现儒家》一书中,姚中秋将"三纲""君臣""礼教""宗族"等18个儒家的重要概念重新一一解释,力图正本清源,摘掉人们长期以来给儒家戴上的"维护专制""维护等级制"等帽子。姚中秋提出一种"儒家宪政主义",认为儒家不仅有自由、民主的价值理念,而且有实践自由、民主理念的实际制度,在过去两千年中,儒家一直都在试图建立一种合理的宪政体系,事实上也的确建立了一些非常优良的治理模式,如地方自治、对中央政府权力的划分等。虽然相比于西方的现代宪政体系确实有差距,但只是8和10的差距,绝非0和10的差距。②因此,中国要健全现代社会政治制度,绝对不能忽略儒家,更重要的是,在建立基础的现代价值观时,必须以儒家价值为根据,因为儒家所提供的诸多价值观(如"仁义礼智信"等)都具有永恒性,四书五经中的道理普适于古今所有人。姚中秋认为,"儒家就是我们的文化空气",中国的大好河山到处都打着儒家的印记,我们的世界观、生命信仰、生存的社会结构、相互打交道的方式、日常生活中的语言等等都是儒家的,只是"百姓日用而不知",大家多处在不自觉的状态而已③。因此,我们要做的就是自觉地做一个儒家,自觉地过一种"儒家的生活",即一种健全而得体的生活。我们要实现中华民族的伟大复兴,关键就是儒家的复兴,中国人需

---

① 干春松:《多重维度中的儒家仁爱思想》,《中国社会科学》2019年第5期,第160页。
② 姚中秋:《为儒家鼓与呼》,福建教育出版社2014年,第295页。
③ 姚中秋:《为儒家鼓与呼》,福建教育出版社2014年,第302页。

要自觉地按照儒家价值生活，由此形成儒家社会、儒家国家，如此才有中华民族的伟大复兴。①

唐文明（1970—　）认为，现代性不仅有成就，更有问题，而中国的原始儒家伦理可以为解决现代性问题提供一种可能的框架性资源。现代性问题主要包括三个方面的问题：其一是历史—时间性问题，现代性过分突出对历史—时间的断裂性体验而忽视其连续性体验；其二是人心秩序与自我认同的问题，现代性抽去了人的安身立命之所，将人置于荒诞虚无和无家可归的境地；其三是政治合法性的问题，现代性使原来社会政治秩序的合法性权威遭到质疑，却并没有提供一个新的可靠的政治合法性基础。针对此三种现代性问题，先秦原始儒家要比现代新儒家更能提供合理的解决方案：其一，在时间体验方面，原始儒家对时间的体验是与天命的感受相联系的，对天命之必然性或偶然性的体验也反映在对历史之必然性或偶然性的体验之中，天命与历史的这种高深莫测的联系使得历史文化传统能够作为经验和累积的智慧而获得了权威性，原始儒家提供的是一种将人对历史—时间的连续性体验与断裂性体验有机结合在一起的健康的传统主义，而现代新儒家有着过度的历史意识，过分强调了人对历史—时间的连续性体验；其二，在人心秩序方面，原始儒家可以为人心提供完满的秩序，它对人心秩序的建构是以天命为依托的，天命是自我构成和自我之本真性的来源所在，天命规定了人之所以为人，人是作为天命在身者而存在的，从而使人获得了一种生活的终极意义，但这种意义绝不仅仅陷于一种道德主义，现代新儒家所关心的良知问题也只有回到对天命的领悟才有其真实意义，不过它却恰恰陷入一种"泛道德主义"；其三，在政治秩序方面，原始儒家早已将天命观发展为一种政道原则，其要害在于，它虽然以天命观念为固定的话语形态，但并不执着于某种具体的政治体制（专制或民主），它

---

① 姚中秋：《为儒家鼓与呼》，福建教育出版社 2014 年，第 300 页。

强调的是"主权在天",同时因为"天听自我民听,天视自我民视",所以又内蕴着"主权在民",天意与民意是统一在一起的,执政者无论采取专制或民主的政治体制,只有能够"敬德保民"就具有合法性,而现代新儒家在这方面则过于执著于"旧内圣"(道德主体)要开出"新外王"(民主制),实质上并未摆脱张之洞的"中体西用"模式。总之,唐文明认为原始儒家可以为现代性问题提供相对系统性的解决方案,并将原始儒家的伦理精神简练地概括为"与命与仁",即以"天命"为根本依据而行"仁心""仁政"。①

---

① 参见唐文明:《与命与仁:原始儒家伦理精神与现代性问题》,商务印书馆2020年,第22—27页。

四、 国外学者的"旁观"结论

中国现代化与传统文化的关系在历史上首先表现为中西关系,这是以东西方的文化接触和冲突为前提的,西方客观上充当了历史不自觉的工具,促使了中国现代化转型以及对传统文化的反思。同时,西方一些学者以"旁观"的身份,以西方观中国,也以中国观西方,对现代化的中国传统文化根基有过很精彩、有意思的探索。这种探索最早要追索到西方来华的传教士。传教士引来西方近现代科学知识,打开了中国面向世界的眼界,促成了中国人对现代化的精神追求。同时,一方面他们所理解的现代化无疑是西方化,从纯粹现代化的角度看,他们是要通过"福音化"达到"西方化"的目的。但另一方面,反过来,他们也把中国文化介绍到了西方,促进了西方对自己既有文化的反思,甚至在一定程度上使得西方完成了现代性的转换。从以中国为对象的角度看,这样一种世界历史效应迄今大致可以简单分为三个大的阶段:17、18世纪的仰视阶段,19世纪后半叶到1949年的俯视阶段,1949年以来的平视阶段。

1. 17、18世纪在欧洲总体仰视中,中国传统文化助力西方现代化之兴起

众所周知,西方现代化肇始于14—16世纪的欧洲文艺复兴运动。当时人们以复兴古希腊、古罗马文化的形式实现了返本开新,为17、18世纪的启蒙运动提供思想条件。正是由于传教士对中国传统文化的译介,欧洲一度形成对中国文化崇拜的热潮,使得欧洲启蒙运动及西方现代化之兴

起,事实上面临着思想资源上的古希腊和中国的竞争。不少西方学者确认,这种热潮在18世纪达到顶峰,中国传统文化确确实实对西方启蒙思想进而对西方现代化起到过重要的作用。德国学者利奇温(Adolf Reichwein)在其名著《十八世纪中国与欧洲文化的接触》中,周详地探讨了这一问题。他指出,18世纪中国文化对欧洲产生了全方位的影响:"罗柯柯时代,因承受南中国的丰富艺术宝库,而趋于成熟;启明时代(即启蒙时代——引者注),则从中国北方谨严的、实事求是的理性的孔子学说,取得支持;重农学派则主要根据中国古代情形,构成他们关于国家经济基础的学说;最后,'回归自然'的大反响,等到流为感情用事的自然崇拜时,抓住中国的园囿学作为它的矫揉造作的感情派的殿堂。"他还引用一位叫波维尔(Poivre)的人话说:"如果中国的法律变为各国的法律,中国就可以为世界提供一个作为归向的美妙境界。到北京去!瞻仰着生人中最伟大的人,他是上天的真正而完全的楷模。"利奇温还特别突出了孔子对于当时欧洲的影响:"孔子成了十八世纪启明时代的保护神;……研究中国经典,对于宗教历史的发展,起了有决定性的推动力。……十八世纪的整个前半叶,孔子又成为欧洲的兴趣中心。"①

日耳曼是个哲学的民族,中国传统文化对欧洲最早产生深刻影响就是影响了日耳曼德国的哲学先驱们的思想。莱布尼茨、沃尔夫师徒是德国古典哲学先河的开创者,他们的思想都受到中国哲学的重要影响。莱布尼茨(Gottfried Wilhelm Leibniz,1646—1716)自称是第一个懂《易经》的德国人,事实上也是认识中国文化对于西方文化发展重要性的第一人。关于其发明二进制与中国阴阳思想之间的轶事为人所津津乐道——其实应该

---

① [德]利奇温:《十八世纪中国与欧洲文化的接触》,朱杰勤译,商务印书馆1962年,第129、82—83、68—69页。英国科学史家李约瑟(Joseph Needham,1900—1995)承认,"吾人皆知彼启蒙时期之哲学家,为法国大革命及其后诸种进步运动导其先河者,固皆深有感于孔子之学说",尤其指出,西方社会进步之理想,唯有依赖人性本善之学说,而人性本善之说是"自中国获得也"。参见朱谦之:《中国哲学对欧洲的影响》,上海人民出版社2006年,第198页。

是《易经》确证了他的发明。不过,莱布尼茨确实对中国的道德哲学赞叹有加,认为在实践哲学方面,换言之,在生活与人类实际方面之伦理及政治的纲领里面,和中国比较起来,欧洲人实在相形见绌了,但这是必须忍受的"屈辱"。面对西方道德腐败的境况,他认为有必要请中国派遣人员来教导我们关于自然神学的目的及其实践。他还宣称,中国人的"理"其实就是西方人在上帝之名下至上的理性。利奇温甚至认为,莱布尼茨的单子说、预定和谐论以及对待宗教的态度,都与孔子相通。莱布尼茨认为中国和欧洲是全人类最伟大的文化和文明,现在集合在一起了。他还在柏林创设科学学会,以打开中国门户,促进中欧文化交流。沃尔夫(Christian Wolff,1679—1754)是第一个以德语进行哲学写作的人,发表过《关于中国人道德学的演讲》,在演讲中强调,"不论是在其他的公开的场合,还是在这个庄严的会场上,我都要讲,中国人的哲学基础同我个人的哲学基础是完全一致的"①。利奇温认为,沃尔夫是因为学习了中国实践哲学,才开启了真正的"启蒙"原则的历程——"也是古代中国所根据的立场,认为品德的知识本身就导致道德的行为(善恶不能并处)。因此,国家的第一责任,就是在学校里施行品德的教育"②。

美国学者列文森在《儒教中国及其现代命运》中援引中国学者的观点,认为18世纪的欧洲论战,德国和法国的世俗主义都用哲学反对宗教,他们"祈求孔子'仁'学的保护。德国的唯心主义哲学家借助孔子发动了一场哲学革命。而法国的唯物主义者则借用孔子进行了一场伟大的资产阶级政治革命,他们也都认为孔子适应他们的需要"③。至少从德国、法国启蒙思想受中国传统文化影响开启现代性的角度不同来看,这个说法是有

---

① [德]沃尔夫《关于中国人道德学的演讲》,见[德]夏瑞春编,《德国思想家论中国》,陈爱政等译,第45页。
② [德]利奇温:《十八世纪中国与欧洲文化的接触》,朱杰勤译,商务印书馆1962年,第76页。
③ [美]列文森:《儒教中国及其现代命运》,郑大华、任菁译,中国社会科学出版社2000年,第329—330页。

一定道理的。法国思想家魁奈（Francois Quesnay，1694—1774）特别推崇德国哲学家沃尔夫，但他着重的是批判本国重商的柯尔贝尔主义（Colbertism）而提出重农主义经济学思想。他的经济学思想特别强调自然秩序。他的门徒认为他是孔子学说的实践者、孔子事功的直接继承人，把他称为"欧洲的孔夫子"。他的学生这样为他致悼词："孔子的整个教义，在于恢复人受之于天而无知和私欲所掩蔽的本性的光辉和美丽。因此他劝国人信事上帝，存敬奉戒惧之心，爱邻如己，克己复礼，以理制欲。非理勿为，非理不念，非理勿言。对这种宗教道德的伟大教言，似乎不可能再有所增补；但最主要的部分还未做到，即行之于大地；这就是我们老师的工作。"①1756 年法国国王路易十五还按照魁奈的建议仿效中国皇帝举行了春耕。道德是可以传授的，这是启蒙运动的重要思想，也是魁奈等从孔子学说中汲取的重要观点。在魁奈看来，根据自然法则进行完备的教育，使中国成为模范的国家。"中国是一个建立于学术及自然法则的基础之上的国家"，而西方各国完全处于自然法则的蹊径之外。"魁奈的热烈自承信仰中国，有一个明确的政治目标。他企图把分崩离析的法国帝制置于一个新而健全的（即自然的）基础之上；并且希望这样的自承，在一个崇拜中国的时代里得到更大的重视。"②马克思则精准地指出，魁奈学习中国传统文化所做的一切客观上恰恰是对现代性系统的理解——"魁奈本人和他的最亲近的门生，都相信他们的封建招牌。直到现在，我们的学究们也还是如此。然而在实际上，重农主义体系是对资本主义生产的第一个系统的理解。"③法国另一个被称为"欧洲的孔夫子"的人是大名鼎鼎的启蒙思想家伏尔泰（Francois Marie Voltaire，1694—1778），他对中国文化的亲近和极高评价可谓众所周知。他不仅第一个把中国戏曲《赵氏孤儿》介绍到西

---

① 转引自［德］利奇温：《十八世纪中国与欧洲文化的接触》，朱杰勤译，商务印书馆 1962 年，第 92—93 页。
② ［德］利奇温：《十八世纪中国与欧洲文化的接触》，朱杰勤译，商务印书馆 1962 年，第 97 页。
③ 《马克思恩格斯文集》第 6 卷，人民出版社 2009 年，第 399 页。

方,而且因之与卢梭进行交锋。普鲁士国王认为伏尔泰因为崇尚中国,"不厌其烦地说:只有学习中国人的善行和像他们那样提创农业,你将能看你们的波尔多的荒地与你们的香槟(Champagne),将由你双手的劳动而为沃土和得到丰饶的收益。鉴于在中国帝国的整个广大境土内只通行一种法律,你,我的国人,你不想在你的小国里仿效他们吗?"①

▶ 纪君祥撰《赵氏孤儿》

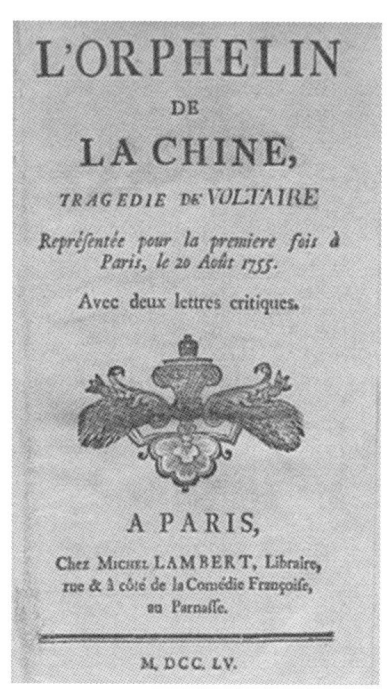
▶ 伏尔泰改编的《中国孤儿》剧本

法国作家格里姆(Grimm)的讽刺也反映了当时的某些事实:"在短期内,这个国家就成为智慧、道德及纯正宗教的产生地,它的政体是最悠久而最可能完善的;它的道德是世界上最高尚而完美的;它的法律、政治,它的艺术实业,都同样可以作为世界各国的模范。"确实,当时法国的封建统治者为了维护统治,资产阶级为了进行革命,都在中国传统文化中找到

---

① [德]利奇温:《十八世纪中国与欧洲文化的接触》,朱杰勤译,商务印书馆1962年,第84页。

他们各取所需的资源。正如利奇温所说,"当时许多人的心里,以为法国的得救,全赖于是否能充分吸收中国高尚的精神"①。法国学者费迪南·布伦蒂埃(Ferdinand Brunetiere)从批判法国大革命的角度指出,法国大革命之后形成的教育体制中"除了中国的东西之外一无所有!这场革命制定了这种体制,但它的原理是由'哲学'确定的,而宣扬这种哲学的那些哲学家则钦佩和称赞中国。一切都是竞争性的考试,不偏向任何东西,尤其是对世袭制不屑一顾!他们的艳羡的灵魂已被清朝人的观念勾去了。"②法国启蒙思想家确实都对中国的治国术大加赞赏并加以借鉴。顾立雅等认为,作为法国大革命基础的人的平等观念,其实与中国"选贤任能"的后封建制度有关,而孔子哲学通过这种对法国的影响而对美国民主思想的发展产生影响。事实上,"古代中国对于西方民主思想的发展做出过意义极其深远的贡献",只不过西方人完全忘记了③——而很多中国人则压根对此一无所知。

相对而言,英国迈向现代化的过程中受中国传统文化的影响较之德国、法国没那么直接,但依然有迹可求。培根(Francis Bacon, 1561—1626)在不知道印刷术、火药、指南针等是中国发明的情况下,对之作出了高度评价。他从强调"注意到发现的力量、效能和后果"的角度谈到这三种发明,他说:"这三种发明已经在世界范围内把事物的全部面貌和情况都改变了:第一种是在学术方面,第二种是在战事方面,第三种是在航行方面;并由此又引起难以数计的变化来:竟至任何帝国、任何教派、任何星辰对人类事务的力量和影响都仿佛无过于这些机械性的发现了。"④非常雄辩地表明中国传统文化对于欧洲迈向现代化的突出而独特的贡献。这与后来马克思相关评价精神一致。马克思说:"火药、指南针、印刷术——这是

---

① [德]利奇温:《十八世纪中国与欧洲文化的接触》,朱杰勤译,商务印书馆1962年,第86、83页。
② 转引自[美]顾立雅:《孔子与中国之道》,高专诚译,大象出版社2014年,第261页。
③ [美]顾立雅:《孔子与中国之道》,高专诚译,大象出版社2014年,第278页。
④ [英]培根:《新工具》,许宝骙译,商务印书馆1984年,第103页。

预告资产阶级社会到来的三大发明。火药把骑士阶层炸得粉碎,指南针打开了世界市场并建立了殖民地,而印刷术则变成新教的工具,总的来说变成科学复兴的手段,变成对精神发展创造必要前提的最强大的杠杆。"①在1863年致恩格斯的信中马克思还明确说:"火药、指南针和印刷术的发明……这些都是资产阶级发展的必要前提。"②作家哥尔斯密(Oliver Goldsmith,1730—1774)在其所著的《世界公民》中,以中国哲学家写给朋友的信札方式表达了对中国文化合理性的学习。例如,"孔子说过,读书人的责任在于在加强社会的联系,而使百姓成为世界公民";"我们要恪守那中庸之道,既不是无动于衷,也不宜悲伤自损;我们的企图不在于绝灭性情,而在抑止性情;碰到悲伤事故,不是漠然无动,而在使每一祸害化为有利于己的事情。"③苏格兰哲学家卡莱尔(Thomas Carlyle,1795—1881)则对中国科举制度及其教育培养、选拔人才的做法大加赞赏。他说:"肯定,就我在这个世界上所知道的事情而言,没有任何一种政府、制度、革命、社会机构或设施,如此指望人的这种科学追求。智慧的人位于事务的顶端:如果一切制度和革命有目的的话,这便是它们的目的。"④事实上,西方的现代公务员制度或曰官僚制度正是在借鉴中国科举制度基础上形成的。英国历史学家汤因比明确指认:"实际上现代英国的官吏制度,是仿照帝制中国的官吏制度而建立的。"⑤

毋庸讳言,即便是在中西文化接触的蜜月期、欧洲对中国文化总体仰望的17特别是18世纪,以法德为主的欧洲,既有赞美中国为理想国的,也有极力批评、攻击中国的,但总的历史效果就是:"这种攻击或拥护对法国

---

① 《马克思恩格斯文集》第8卷,人民出版社2009年,第338页。
② 《马克思恩格斯文集》第10卷,人民出版社2009年,第200页。
③ 参见忻剑飞:《世界的中国观》,学林出版社1991年,第170、171页。
④ [英]卡莱尔:《论中国科举制度》,见何兆武、柳卸林主编《中国印象:外国名人论中国文化》,中国人民大学出版社2011年,第317页。
⑤ [英]汤因比、[日]池田大作:《展望二十一世纪:汤因比与池田大作对话录》,荀春生、朱继征、陈国梁译,国际文化出版公司1985年,第265页。

百科全书派的哲学思想和德国古典哲学都产生一些影响。"①朱谦之甚至经过长期研究指出，很看不起中国哲学的黑格尔，其所著的《精神现象学》所用精神辩证法和中国经典《大学》之辩证法完全符合。他认定："《精神现象学》实模仿《大学》，如果不是黑格尔受了《大学》影响，简直是无法说明的了。"②当然，对于18世纪中国传统文化对西方现代化的影响，既不能视之不见，也不宜估计过高。杜维明的如下判断还是比较恰当的："18世纪，欧洲启蒙的倡导者像伏尔泰、莱布尼茨和重农派的奎耐（即魁奈——引者注）都很敬重儒家传统，并且以儒教中国（日本学者岛田虔次的提法）为西欧主要的参考社会、参考文明。固然，西方哲人对以儒家为价值核心的中华帝国感到浓厚的兴趣，实际上是反映了当时特殊的问题意识：如何摆脱宗教权威、打破神学教条，以开展一条以理性为基调的思想路线为鹄的。但是即使不问儒家的圣贤，如孔孟，在法国、德国、英国、意大利诸国哲学家们心目中的地位如何，或者他们象征什么样的意义，儒家伦理在他们看来是人本而不是神本；这种以人文理性为内核的中华文化为西欧知识界提供了自我反思的借镜和批判的助缘，这是无可争议的。"③的确，我们今天更需要关注的是从中得到领悟：中国传统文化在现代化过程中应该和能够充当什么样的角色，现代化的传统文化之根基究竟是什么。

2. 19世纪后半叶到1949年在欧洲总体的俯视视野中，中国传统文化在比较中被凸显出现代性价值

随着西方对中国了解的加深，特别是1840年以降的历史事变，中国在欧洲视野中祛魅而走下神坛。在中华民族处于亡国灭种边缘，逐渐把全盘西化看作救亡图存的根本途径时，西方总体上完全视古希腊罗马为现代化

---

① 朱谦之：《中国哲学对欧洲的影响》，上海人民出版社2006年，第205页。
② 朱谦之：《中国哲学对欧洲的影响》，上海人民出版社2006年，第348—350页。
③ ［美］杜维明：《儒家传统与文明对话》，彭国翔编译，人民出版社2010年，第170页。

文化之宗，中国更多时候只被视为一个延展现代化的前现代的巨大市场，在一个东方从属西方、农业民族从属工业民族的西方开创的世界历史中被高度边缘化，其传统文化能够开出现代化一度受到高度质疑（例如韦伯命题）。不过，基于启蒙思想的余绪，也承中西礼仪之争的历史效应，19世纪后半叶中国学（Sinology，汉学）正式出现，这为西方关于传统文化与现代化关系的一些探讨提供了学术支撑与契机。

在鸦片战争之后，最先发现中国传统文化的现代化价值的西方人可能是马克思。如果说自文艺复兴和启蒙运动以来开辟的是最初的资本主义性质的现代化的话，1848年《共产党宣言》的发表标志着社会主义性质的现代化思想已经从空想进到科学。正是在注视世界社会主义运动的过程中，马克思以其如炬的世界历史眼光看到和预见了中国历史进程。他在1850年就说："当我们欧洲的反动分子不久的将来在亚洲逃难，到达万里长城，达到最反动最保守的堡垒的大门的时候，他们说不定就会看见上面写着：

　　　　République chinoise

　　　　Liberté, Egalité, Fraternité

　　　　［中华共和国

　　　　自由，平等，博爱］"①

非常值得玩味的是，马克思还特别指出："当然，中国社会主义之于欧洲社会主义，也许就像中国哲学与黑格尔哲学一样。"②言下之意是，欧洲和中国都"躲不开"社会主义，但两种社会主义的模样可能是不一样的。这一表述，不仅为今日进行的中国特色社会主义提供了最早的思想发端，而且非常接近于说中国式现代化不同于其他现代化就在于有着独特的传统文化根基。因为，（1）中国式现代化本质上就是中国共产党领导的社会主

---

① 《马克思恩格斯全集》第10卷，人民出版社1998年，277—278页。
② 《马克思恩格斯全集》第10卷，人民出版社1998年，277页。

义现代化;(2) 哲学是时代精神的精华和文化活的灵魂,中国哲学正是 5000 多年中国传统文化的精华与灵魂所在。 不同的现代化的文化根基说到底是不同的哲学思想。

相对于无产阶级革命导师的同情理解,19 世纪后半叶西方对中国不仅俯视甚至是歧视。 比如黄祸论一度盛行。 不过,这种黄祸论中有些是从经济方面对中国国民性的恐惧,却正好体现了中国传统文化与现代化结合的一种优势。 美国 1882 年通过排华法案,为之进行论证的代表性观点就是,中国人口众多,这一情况加上其刻苦耐劳的禀性,将造成白人劳动市场的严重威胁,因为"在为面包而进行的斗争(事实上是为生存而进行的斗争)中,这种人是比美国人或欧洲人有利的"。 1898 年,英国皇家地理学会会员戴奥西写了一本《新远东》,提出了"真正的黄祸"——中国的工业化。 他请日本画家久保田米仙绘制了《真正的黄祸图》,描绘了一群繁忙、驯良而聪明的中国人,在西方人熟练的指导下昼夜工作,而这种工厂

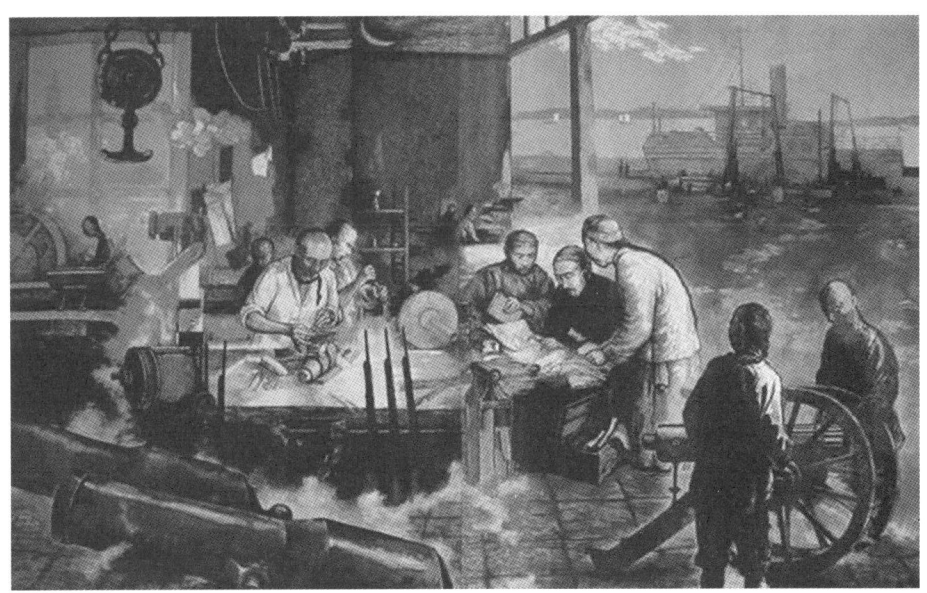

▶《真正的黄祸图》

不久的将来就会被受过科学训练的中国人自行负责、管理的同样工厂所代替，这就是足以赛过西方的经济竞争力，因为"西方工人每天力争少劳多得，他们有什么把握来同千百万朴素、驯良、惊人地节俭、聪明、熟练的中国工人相竞争呢？"①

在中国的艰难岁月中，西方仍然有不少有识之士不仅同情中国人民，而且从内心真诚地认为中国文化不仅不是过时，而且是应该坚守，代表人类的方向的。例如俄国文学家、思想家托尔斯泰（Лев Николаевич Толстой，1828—1910），在1905年致中国律师张庆桐的信中对中国将要进行的国家和社会制度的变革发表意见："改革就意味着成长，发展，完善，是不能不表示同情的。但是改革只是魔方，把一些形式（在欧洲和美洲的有识之士看来，都还完全站不住脚）输进中国，那是一个最大的和致命的错误。改革必须从一个民族的本质中生长出来，而且应该是一些新的、同其他民族完全不相像的形式。中国人常常被人责备为顽固保守，如果把它同基督教世界得到的一些结果相比较，它比基督教世界所处的充满仇恨、刺激和永不停止的斗争的情形要好上千百倍……中国人，也正像所有的人一样，应该发展自己的精神力量，而不是发展技术上的完善。精神的力量被歪曲了，技术上的完善只会起破坏作用。"②1906年托尔斯泰在致辜鸿铭的信中认为，中国文化是人道的真科学，西方科学的发达仅仅是物质科学的进步，几乎都是被富人享用，称不上真正的科学，真正的科学应尊重人道；中国伦理哲学的精髓在于一个"忍"字；人类生活需要改革，中国将领导东方民族。中国人曾经和正在赖以生存的生活之"道"，"它不但对中

---

① 忻剑飞：《世界的中国观》，学林出版社1991年，第328页。120多年过去，美西方对中国的"围堵"依然，这与中国崛起中所体现这种国民性优势有关。2019年5月，时任美国国务院政策规划办公室主任、毕业于哈佛大学的历史学家斯金纳称中美之间是文明的冲突，美国首次面临白人以外的挑战。不仅鼓吹文明冲突，而且本质上把文明冲突看成是种族冲突。
② ［俄］托尔斯泰：《致张庆桐》，戈宝权译，载《托尔斯泰思想小品》，陈建华编，上海社会科学出版社1999年，第241—242页。

国,而且对全人类都是真正的和唯一的道路"。他反复告诫:"中国不应该模仿西方民族,而应该以他们为借鉴,免得陷入同样没有出路的境地。西方民族正在做的一切可以并且应该成为东方民族的例子,但不是应该效法的例子,而是千万不能效法的例子。"①1912年亲身到达过中国的德国哲学家赫尔曼·凯泽林(Hermann Graf Keyserling,1880—1946)也发出了这样的感慨:"对于自然的控制方面,我们欧洲人远远跑在中国的前头,但是作为自然的意识的一部分却迄今在中国找到了最高的表现。然而,无论是作为自然的统治者抑或是自然的臣民,我们毕竟是自然的一部分,这种基本的综合(synthesis)是不变的。中国人是完全意识到这种综合的,而我们却没有。在这种意义上,他们比我们站得更高些。"②

1914—1918年第一次世界大战,促使东西方的人们都反思西方开启的现代化,由此也将目光投向了更为内在的文化根基。第一次世界大战期间,奈方(Nathorp)就预言:"今日奄奄一息的西方,重新面向涌现神灵的阳光之外,人类及人所有的关于上帝和神灵弘伟梦想的真正诞生之地——即东方。"而这种热潮"是否注定向西方仅仅揭露西方的衰败和重新引导它自力更生,还是西方世界调整整个精神境界的伟大变化的真正开始,在未来的世纪里便可以判定。"③斯宾格勒(Oswald Arnold Gottfried Spengler,1880—1936)在第一次世界大战中写就的名著《西方的没落》,认为孔子不讲"上帝"而讲自然规律性质的"天","完全属于中国的'十八世纪'";他还引用孟子的"民为贵,社稷次之,君为轻",认为是"孟子以一种我们十九世纪的心情写道"④。一战之后,欧洲特别是德国出现中

---

① [俄]托尔斯泰:《致辜鸿铭》,朱春荣译,载《托尔斯泰思想小品》,陈建华编,上海社会科学出版社1999年,第248、250页。
② [德]赫尔曼·凯泽林:《土地与农民》,见何兆武、柳卸林主编:《中国印象:外国名人论中国文化》,中国人民大学出版社2011年,第246—247页。
③ [德]利奇温:《十八世纪中国与欧洲文化的接触》,朱杰勤译,商务印书馆1962年,第3、4页。
④ [德]奥斯瓦尔德·斯宾格勒:《西方的没落》(下册),齐世荣等译,群言出版社2016年,第383—384、392页。

国老子的研究热,对物质、科技、有为、争等进行反思,出现"顺乎自然"的青年运动口号。 在中国生活了 25 年的卫礼贤(Richard Wilhelm, 1873—1930)也认为西方文化在现代遭遇危机,出路在于向中国传统文化学习:"发挥我们所需要的自省的作用,除了外在因素——物、技术、机构,还要让内在因素——人、生活艺术、有机组织——重新成为关注的焦点。 这就是我们所必需的东方之光",进而认为人类的希望就在于创造东西方"手拉手相互补充"的新的文化综合体[1]。

1920 年大哲学家、文学家罗素(Bertrand Arthur William Russell, 1872—1970)到中国访问,演讲中劝说中国精英知识分子重视国粹,在其后所著的《中国问题》一书,高度评价中华文明,对中国人忍耐、和善、含蓄、洒脱、重情、爱好平和的特性予以褒扬,他还预判,"在未来的两个世纪里,无论中国朝好的方向发展,还是朝坏的地方发展,都将对世界的局势产生决定性的影响";"中国人摸索出的生活方式已沿袭数千年,若能被全世界采纳,地球上肯定会比现在有更多的快乐祥和。"他告诫欧洲人:"若不借鉴一向被我们轻视的东方智慧,我们的文明就没有指望了",最终"走向这一结局"——"毁灭"。[2] 他认为,西方文明的优势是科学的方法,中国人显著的优势是人生目的的一个合理观念。 人们必定希望看到,这两方面逐步结合起来。

1933 年,英国作家萧伯纳也到访中国,他对记者们说:"中国现在又向西欧去搬运许多已经失掉效用而且贻害大众的所谓文化。 譬如说,议会的兴起,本来是要人们不要当时的政府,英国人民利用议会,先推翻了帝王的统治,后来又推翻了教皇的权威。 但是,最后却没有推倒资本的势力,因为议会根本上是被资本所操纵的。 又像英国的大学,几乎把个人的自由思想,摧残得干干净净,而且把陈旧无用的老古董塞进学生的头脑,使他

---

[1] 《东方之光——卫礼贤论中国文化》,蒋锐编译,外语教学与研究出版社 2007 年,第 212、217 页。
[2] [英]伯特兰·罗素:《中国问题》,秦悦译,学林出版社 1996 年,第 1、7、8 页。

们变成一定格式的人物。这种人物到什么时候就什么事，在什么环境就有什么反应，都可以预料到的。像这种西方文化，中国搬它来有什么益处。"①对中国照抄照搬地走西方现代化道路表达忧虑和提出劝告。

著名心理学家荣格通过朋友卫礼贤译介的中国道教《太乙金华宗旨》，终于找到了他的集体无意识过程理论与灵知（Gnosis）之间的关系，破解了研究的困境。他认为，"西方的意识绝非普遍意识，而是有着历史地理因素的限制，它只代表人类的一部分"。现代西方"已经厌倦了科学的专业化以及理性主义的唯理智论。人们渴望听到真理，这种真理不是使他们更狭窄，而是使他们更开通，不是蒙蔽他们，而是照亮他们，不是像水一样流过他们，而是切中肯綮，深入骨髓"。"对中国总体性思维最纯粹的表达"的《易经》"正好呼应了我们进一步发展的需要"。"科学是西方精神的工具……属于我们的理解方式，只有当它把自己的理解方式看成唯一正确的时候才会阻挡我们的视线。然而，正是东方把另一种更加广泛、深刻和高明的理解方式传授给了我们，那就是通过生命去理解。""中国的这些洞见源于完整而真诚的生活，源于古老的中国文化生活，这种文化生活是从其最深的本能中自然而然、协调一致地产生出来的。"他给予卫礼贤极高评价，认为正是因为他，"带来了已经存活数千年的中国精神之根，并把它植入了欧洲的土壤"②。也就是说，在荣格看来，中国传统文化对现代欧洲或西方现代化的影响已不是一个应然问题，而是已然的事实。

还有一些科学家、哲学家，从更为学术的层面表达了中国传统文化完全可以为现代化乃至人类提供思想营养甚或精神支撑。英国科学家贝尔纳（J. D. Bernal）指出，中国在现代科学技术方面与西方差距很大，"不过我们可以寄希望于中国传统工艺的非常高超的质量……经过适当改造的中国

---

① 《萧伯纳在上海》，乐雯剪贴、翻译，上海野草书屋1933年，第108页。
② ［瑞士］荣格、［德］卫礼贤：《金花的秘密：中国的生命之书》，张卜天译，商务印书馆2016年，第62、9、16、17、13页。

文化传统可以为科学事业提供一个非常良好的基础","只要有了表现在中国文化的一切其他形式中的那种细心、踏实和分寸感,我们可以有理由相信中国还会对科学发展作出即令不比西方更大,至少也和西方一样大的贡献"①。德国哲学家施韦策(Albert Schweitzer,1875—1965)指出,西方哲学要自觉地在一种世界哲学视野中,将自己相对化,同时也能平等地看待中国哲学、印度哲学。中国哲学"实质上是一种生命哲学的奋斗,至于它所采取的形式,那是次要的。我们西方哲学,如果根据它自己最近所宣称的标准来判断,则要比我们自己所承认的幼稚得多。我们没感觉到这一点,那仅仅是因为我们已经掌握了学究式地表述简单事物的技巧……世界与生命之肯定问题,无论在其本身还是在它与伦理学的关系方面,在其任何地方都未能像中国那样成为一种根本的、包罗万象的样子。老子、庄子、孔子、孟子、列子等,都是这样的思想家。在他们那里,西方思想须努力解决的世界观问题,却被一种非常奇特而又深深吸引我们注意力的方式表现了出来"②。马丁·布伯(Martin Buber,1878—1965)提醒西方的人们:"当今,在关于种族和文化的理论方面,人们忽视了一种古老知识,这就是:东方人有一种由其价值和行为表现出来的自然的一元。主宰东方各民族的是一种合一性,它同西方的命运观和上帝创世观截然不同。"③

3. 1949 年以来,西方在逐渐平视中国、反思自身中承认中国传统文化对于现代化的重要甚至根基性作用

尽管明确提出将马克思主义基本原理同中华优秀传统文化相结合是 21

---

① [英]贝尔纳:《中国的科学》,见何兆武、柳卸林主编:《中国印象:外国名人论中国文化》,中国人民大学出版社 2011 年,第 425 页。
② [德]施韦策:《中国思想与西方思想》,见何兆武、柳卸林主编:《中国印象:外国名人论中国文化》,中国人民大学出版社 2011 年,第 211 页。
③ [奥]马丁·布伯:《道教》,见[德]夏瑞春编:《德国思想家论中国》,陈爱政等译,江苏人民出版社 1995 年,第 186 页。

世纪的事情,但中国传统文化始终保持着"日用而不知"的存在形态,当中国共产党自觉认识到要将马克思主义基本原理同中国具体实际相结合的时候,其与传统文化的结合就已经开始了,革命胜利也是这种结合的胜利。新中国成立后马克思主义与传统文化结合迸发出的热情与能力留下了"燃情岁月"。法国存在主义哲学家萨特(Jean-Paul Sartre,1905—1980)访问新生中国对此印象极其深刻,他"为那里的人民和他们的领袖之间共有目标的一致性所震惊了。群众的被动性是中国正在消失的许多事物之一,他们对他们的领袖非常信任,他们正为实现那些简洁明确的具体目标而奋斗。我把这称为'群众的自主决定'(auto-determination)……中国人具有一种极清楚地理解极为复杂工作的集体能力,并一起为实现它而共同努力"①。

在中国进入对传统文化进行彻底否定的"文革"期间,西方不少有识之士为传统文化点赞,并认为其比使西方现代化成为可能的西方文化更优越。美国作家赛珍珠深受孔子学说影响,认为"和谐是中国文明的关键词:一个人与他周围的人、与自然相处和谐,自然,这样的人是有教养的人。它是智慧的哲学,富于和平和自我控制"。她在1972年预言,正如佛教与中国文化和谐,即成为中国的或禅宗佛教时才在中国扎根一样,20世纪的共产主义必定也要如此。②同样是在中国"文革"时期,白鲁恂(Lucian W. Pye, 1921—2008)明确认为在中国文化的某些深层中,与共产主义有共鸣之处;关于中国文明为什么不能有效适应现代化生活,并没有什么内在原因,当时中国台湾、中国香港和新加坡、东南亚的华人"都证实了中国文化可以产生睿智的天才,可适应和发展现代方式所需要的精神";"中国文化将继续存在下去,并依照决定传统社会现代化的历史进程

---

① [法]萨特:《对新中国的看法》,见何兆武、柳卸林主编:《中国印象:外国名人论中国文化》,中国人民大学出版社2011年,第100页。
② [美]赛珍珠:《中国的文化》,见何兆武、柳卸林主编:《中国印象:外国名人论中国文化》,中国人民大学出版社2011年,第463页。

缓慢地变化。即使中国像所有已经进入工业化时代的社会那样使自己现代化,中国人还要继续表现出很多传统的东西。"[1]后来,白鲁恂进一步研究指出,儒家及中华文化特殊而持久的力量,部分源于它牢固地植根于人类组织中最为基础而持久的结构——家庭——之中。其他的意识形态以一些特定的宗教——它们有其兴衰起落——或者更为短暂的政治组织诸如帝国的基础。尽管今天有所谓"家庭衰落"的说法,它仍是世上曾有过的最为持久的人类组织结构。他还认为,儒家未能自发创造民主,但可以融受民主体制的运作。[2]

还是"文革"期间的 1974 年,英国历史学家汤因比与日本学者池田大作进行了一场有关展望 21 世纪的著名对话。汤因比认为:"今天高度评价中国的重要性,与其说是由于中国在现代史上比较短时期中所取得的成就,毋宁说是由于认识到在这以前 2000 年期间所建立的功绩和中华民族一直保持下来的美德的缘故。中华民族的美德,就是在那屈辱的世纪里,也仍在继续发挥作用。特别在现代移居世界各地的华侨的个人生活中也都体现着这种美德。"以中国为核心的东亚有很多历史遗产,都可以使其成为全世界统一的地理和文化上的主轴。他主要列举了如下方面:中华民族过往成为地区性国家榜样的历史经验;中华民族逐步培育起来的世界精神;儒教世界观中存在的人道主义;儒教和佛教所具有的合理主义;道教带来对宇宙神秘性怀有一种敏感——人要支配宇宙就要遭受挫败;人与自然保持协调而生存的信念;等等。将来统一世界的是中国,中国肩负着给整个世界带来政治统一与和平的命运。"世界统一是避免人类集体自杀之路。在这点上,现在各民族中具有最充分准备的,是两千年来培育了独特思维方

---

[1] [美]白鲁恂:《共产主义和中国传统》,见何兆武、柳卸林主编:《中国印象:外国名人论中国文化》,中国人民大学出版社 2011 年,第 538、539 页。
[2] [美]白鲁恂:《儒学与民主》,陈引驰译,见《儒家与自由主义》,生活·读书·新知三联书店 2001 年,第 172—173、182 页。

法的中华民族。"①

诺贝尔化学奖获得者普里高津（Llya Prigogine，1917—2003）提醒我们，西方引以为强、傲的科学，还处在它的初始时期，"而且在历史上科学是嵌入 17 世纪的文化之中的，尽管这种嵌入富有成效，但是太受限制"。在他看来，中国的思想对于那些想扩大西方科学的范围和意义的哲学家和科学家来说，"始终是个启迪的源泉"。他举了哲学家莱布尼茨和物理学家玻尔的例子，尤其是谈到由科学家到哲学家的李约瑟②。李约瑟不仅证明中国古代有技术也有科学，而且解释了中国社会"稳定状态"和西方"不稳定性"的原因："欧洲，一种海盗式的文明区域，永远不会平静地待在本土，它神经质地朝各个方向伸出探针，看看能捞到些什么——亚历山大到大夏（Bactria），维京（Vikings，海盗）到了温兰（Vinland），葡萄牙人到了印度洋。而中国人口众多，能够自给自足，在 19 世纪以前不需要从外界输入什么东西（因而有东印度公司的鸦片政策），而且通常满足于偶尔的探险，基本上对未接受过圣人教导的远离中国的地方没有好奇心。欧洲人遭受着灵魂分裂症的折磨，始终不渝地彷徨于天主和'原子与空间'之间；而聪明领先于其时代的中国人已研究出宇宙的有机理论，这个理包括自然和人、宗教和国家以及过去、现在和未来的一切。很有可能，在这紧要点上，当时机成熟时欧洲人特有的创造性的某些秘密就会展现出来。无论如何，只有如此产生的近代科学与工业的潮流冲刷了中国的海堤，中国才会体验到需要进入这些伟大力量正在形成的世界潮流（oik-oumene）。因此，中国的'遗产'与所有其他文明国家的'遗产'已结合起来，显然纳入了一条正在实现世界合作大同的轨道。"③

---

① ［英］汤因比、［日］池田大作：《展望二十一世纪：汤因比与池田大作对话录》，荀春生、朱继征、陈国梁译，国际文化出版公司 1985 年，第 276、284 页。
② ［比利时］普里高津：《从混沌到有序》，曾庆宏、沈小峰译，上海译文出版社 1987 年，第 1—2 页。
③ 《李约瑟文集》，潘吉星主编，辽宁科学技术出版社 2002 年，第 268 页。

中国进入改革开放以后,属于儒家文化圈的亚洲四小龙的腾飞,以及以中国特色社会主义为主题的中国现代化的迅速推进,使不少西方学者更加正视中国传统文化对于现代化的动力支撑作用。费正清(John King Fairbank, 1907—1991)指出,中国社会是靠儒家伦理紧密结合在一起的,"这种伟大的伦理制度比法律和宗教在西方所起的作用还要巨大",在现代化的过程中,"现代创新必须与历史传统相统一"是中国发展变化的重要内部动力。"中国社会生活的表层下就是招之即来的历史。目前中外传统合璧的倾向已经很明显","根植于中国土壤的中国人民将在他们的历史传统下继续他们的生活"①。汉学家郝大维、安乐哲认为,中国传统是呈现为系统的、持续发展的文化叙述,它有着内在逻辑、奔腾向前、持续不断,又总是随机而变,将其所需要的任何养分吸收进去。他们特别从哲学的角度指出,即便在今天,"当代中国哲学的发展,与中国传统的哲学方法紧密联在一起。总的来说,中国哲学家仍然在创造性地运用他们自己的文化传统。马克思主义的语言和自由主义的民主价值主要是启发的构造,通过这种构造,更加根本的中国传统价值被重新发现和更新,不时重新被激发出活力"②。另一位汉学家孔汉思(Hans Kung, 1928—2021)敏锐地发现,由于现代化的迟滞,中国有机会吸取高度现代化的国家的反面经验教训,在其发展过程中调节现代科学、技术、工业和民主固有的破坏力量。同时,他还针对海外新儒家的1958年宣言提出补充意见,认为其所说的中国文化的特点还缺少一条,那就是人与自然和谐、生态保护的内容。面对生态危机,以往西方总是把自然界不断融进人类进化的历史,而现在要反过来,人类进化的历史应当化入地球生态系统的运动的节奏和周期。"古老的中国文化里,道家倡导人返朴归真清静无为以取得与自然和谐一致。这

---

① [美]费正清:《中国:传统与变迁》,张沛译,世界知识出版社2002年,第654、655页。
② [美]郝大维、安乐哲:《汉哲学思维的文化探源》,施忠连译,江苏人民出版社1999年,序言第8页。

和现代对能存活下去的文化的追求是合拍的。"①

澳大利亚学者李瑞智（Reg Little）、黎华伦（Warren Reed）认为，文明的建立基于能激励人们灵魂的神话和圣哲，我们都是靠神话而生存的。"神话是精神和理性信仰所构成，这种信仰对一个未知的和无法预言的世界赋予意义，予以肯定。"②科技力量和经济分析价值是当今人类最强大和最可信赖的神话，这两者都是欧洲文艺复兴的产物，但其把人类带入一个巨大的、艰难而带有挑战性的时代转变。北亚古老的神话和圣哲、作为主要精神传统的儒学，展现出其独一无二、其他传统少有的优秀素质，可能替代西方文化成为地球村未来的中心。

马丁·雅克 2010 年断言，中国及东亚社会的现代性"扎根并形成于它们的历史和文化中"，是"与生俱来的现代性"，"其现代化根源于本土而非舶来品"③。荷兰学者让·梅里森（Jan Melissen）认为，强调多样性、崇尚和平以及稳定的执政理念是当代中国文化的鲜明特色，也是可以贡献给世界的价值观。新加坡学者陈祝全指出，"中国文化是人类历史上最古老、最丰富的文明成果"，"其中孔子的仁义、礼智、忠信、孝悌等人文思想是中国传统文化的核心内涵，这些价值观念并非仅体现在中国文化中，但中国文化却是最完美的体现者之一，中国文化极大地丰富了人类文明"。但是，在全球化进程中，长期"总体上人们仍以西方的视角审视全球问题"。21 世纪需要新思维，"中国文化有着深厚的历史底蕴，中国迅速发展以及中国在思想研究领域迅速成长，可以为中国文化在全球扩大影响作出贡献，并与西方文化寻求某种相对的平衡"④。英国社会学家马丁·阿尔布劳则认为："中国哲学的千年遗产已让中国考虑通透，在不断变化的资本

---

① 秦家懿、孔汉思：《中国宗教与基督教》，吴华译，生活·读书·新知三联书店 1990 年，第 245 页。
② [澳] 李瑞智、黎华伦：《儒学的复兴》，商务印书馆 1999 年，第 3 页。
③ [英] 马丁·雅克：《当中国统治世界》，中信出版社 2010 年，第 111 页。
④ 解读中国工作室编著：《读懂中国：海外知名学者谈中国新时代》，天津人民出版社 2019 年，第 221—223、224、225 页。

主义中探索出一条成功的路子，取得的成就超过依然陷于陈旧的理性现代性泥潭的西方国家。'清教畸形，儒教行动'（Puritanism deformed, Confucianism performs）可能成为未来最简单的口号。"①

---

① ［英］马丁·阿尔布劳：《中国在人类命运共同体中的角色：走向全球领导力理论》，严忠志译，北京：商务印书馆，2020年，第182页。

第四章

中国式现代化"中国特色"的传统文化底蕴

中国式现代化是新中国成立后中国共产党领导人民在长期探索和实践基础上形成的,特别是进入新时代,中国共产党坚持把马克思主义基本原理同中华优秀传统文化相结合,在理论和实践上经过一系列创新突破,成功推进、拓展了中国式现代化。党的二十大报告明确指出,中国式现代化既有各国现代化的共同特征,更有基于自己国情的中国特色:人口规模巨大,全体人民共同富裕,物质文明和精神文明相协调,人与自然和谐共生,走和平发展道路。这五个方面既凝练了中国式现代化的独有特色,也揭示了中国式现代化的科学内涵;既是一种理论概括,也是一种实践要求。同时,这五大特色也是"中国式现代化深深植根于中华优秀传统文化"的体现。一方面,总体上说,五千多年的中华文明孕育的中华优秀传统文化本身就是重要的国情或历史文化事实;另一方面,中国式现代化五大具体的"中国特色",也都是在科学社会主义同传统文化内在契合的基础上贯通、融通的结果,也就是说,都具有深厚的传统文化底蕴。只有深入理解这些特色的传统文化底蕴,我们才能更好地理解中国式现代化的中国特色,以及其"创造人类文明新形态"的最高本质要求。

一、"生生"而"人口规模巨大"

"人口规模巨大的现代化"是中国式现代化的首要特色和显著特征:"我国十四亿多人口整体迈进现代化社会,规模超过现有发达国家人口的总和,艰巨性和复杂性前所未有,发展途径和推进方式也必然具有自己的特点。"①的确,"我国作为一个人口众多和超大市场规模的社会主义国家,在迈向现代化的历史进程中,必然要承受其他国家都不曾遇到的各种压力和严峻挑战"②。与此同时,我们也要认识到,中国自古就是一个人口规模巨大的国家,中国古代关于人口的一系列思想和举措,本身也是传统文化的一部分。甚至可以说,中国传统文化的特质就决定了中国的人口状况。深入理解这一点,能帮助我们更加辩证地看待人口规模巨大这一中国现代化的特色,从中得到解决某些深层问题的重要启示。

一是中国传统文化具有崇生特质,人口众多被认为大国、强国的必要前提。中国人自古的宇宙观是天地人三才,而"天地之大德曰生"(《周易·系辞传》),人生天地间就要效法天地的生生之德。在崇生、好生、乐生的中国,人丁兴旺从来都是家国之根本和充满活力的标志,也是综合国力最根本的因素。中国古代治国者都追求人口众多。孔子著名的"庶、富、教"治国三部曲明确以"庶"即人口众多为前提——"子适卫,冉有仆。子曰:'庶矣哉!'冉有曰:'既庶矣又何加焉?'曰:'富之。'曰:'既

---

① 《习近平著作选读》第一卷,人民出版社 2023 年,第 18 页。
② 《习近平谈治国理政》第四卷,外文出版社 2022 年,第 175 页。

富矣,又何加焉?'曰:'教之。'"(《论语·子路》)明代丘濬更是直接指出:"天下盛衰在庶民,庶民多则国势盛,庶民寡则国势衰……民生既蕃,户口必增,则国家之根本以固,元气以壮,天下治而君位安矣。"(《大学衍义补·蕃民之生》)人口多不仅意味着力量大,而且还被看成统治者有德的体现:"德不孤,必有邻"(《论语·里仁》);"得众则得国,失众则失国。是故君子先慎乎德。有德此有人,有人此有土,有土此有财,有财此有用"(《大学》);《礼记》还认为,"地有余而民不足,君子耻之";孟子则说:"广土众民,君子欲之"(《孟子·尽心上》)。的确,人口太少,小国寡民,综合国力必弱。在中国历史上,人口过少的诸侯邦国如果不能迅速实现人口增长,就没有逐鹿中原的机会,最终只能汇流于一个人口规模巨大的中央国家。其实,在西方,在马尔萨斯提出其著名的人口论之前,人们也普遍把人口增长视为国家繁荣、社会幸福的重要标志——古典政治经济学家威廉·配弟、亚当·斯密和哲学家休谟就持这样的观点①,只不过他们缺乏类似于中国传统文化这样的土壤和基因性支撑。在近代及今的世界历史上,人口规模很小的国家即使人均 GDP 很高、社会福利很好,也不会是大国、强国。例如,2023 年世界人均 GDP 排名第一的卢森堡,其人均 GDP 是中国的 9 倍多,而人口只有 64 万人,差不多是北京市海淀区人口的五分之一,其在当今世界格局中的影响显然与中国、印度等人口大国不可同日而语。欧洲国家塞尔维亚有一首歌曲《如果塞尔维亚像中国一样强大的话》,歌中唱到:"如果塞尔维亚人和中国人一样多,整个世界都会变美好,在塞尔维亚有中国的规模,会有很多塞尔维亚人渴望,塞尔维亚将成为一个超级大国,然而塞尔维亚实力太弱了……想象一下他们的数量,如果塞尔维亚和中国一样强大,塞尔维亚有中国的规模,白兰地和葡萄酒将无处不在……如果塞尔维亚人和中国人一样多,就没人敢惹我们。"很形象地说明

---

① 参见[英]亚·莫·卡尔-桑德斯:《人口问题——人类进化问题》,宁嘉风译,商务印书馆 1983 年,第 7—8 页。

中国人口规模巨大本身就是一种大国优势。

在今天，人口规模巨大的国家，因为其"块头大"，任何行动都会产生比较广泛的溢出效应——哪怕是从最为消极的角度看也是如此，例如其消耗的地球资源。当年奥巴马说不能让中国人过上和美国人一样的生活，就是基于这样的逻辑。尤其是随着科学技术迅猛发展和在高度现代性的背景下，人们行动的意向性（intentionality）与外延性（extensionality）日益高度强相关，人口规模巨大国家的行为更是日益具有世界历史意义。例如，新时代十年中国全面建成小康社会，完成脱贫攻坚的历史任务，这不仅仅是中国自己的事情，而且是世界历史事件。因为这是占世界 18% 的人口"打赢了人类历史上规模最大的脱贫攻坚战……历史性地解决了绝对贫困问题，为全球减贫事业作出了重大贡献"；这不仅是"彪炳中华民族发展史册的历史性胜利，也是对世界具有深远影响的历史性胜利"①。今天拥有 14 亿人口的中国正走在实现现代化的道路上，而当今世界已经实现现代化的国家人口总和也就 10 亿多，一旦中国实现现代化——美国等少数围堵中国的西方国家已经宣布中国不再是发展中国家——将从根本上改变世界格局和人类现代化版图。正如习近平曾经指出的："我国 14 亿人口要整体迈入现代化社会，其规模超过现有发达国家的总和，将彻底改写现代化的世界版图，在人类历史上是一件有深远影响的大事。"②

二是中国人口多既是中华民族奋斗的结果也是中华文明先进的证明。被不少人一度看成"包袱"的"人口规模巨大"，并不简单是中国人放任生育的自然结果。从历史上看，中国之为今日人口众多之中国，恰恰是"君子欲之"、谋之的结果，是无数代中国人努力奋斗的结果。一方面通过不断的民族融合、追求统一，形成中华民族多元一体格局，从而人口数量得以不断加和。第一个提出中华民族概念的梁启超曾经说道："有一件大

---

① 《习近平著作选读》第一卷，人民出版社 2023 年，第 6—7、4 页。
② 习近平：《新发展阶段贯彻新发展理念必然要求构建新发展格局》，《求是》2022 年第 17 期。

事。是我们五千年来祖宗继续努力。从没有间断过的。近五十年。依然猛烈进行。而且很有成绩。是件什么事呢。我起他一个名。叫做'中华民族之扩大'。原来我们中华民族。起初不过小小几个部落。在山东河南等处地方得些根据地。几千年间。慢慢地长……长……。长成一个硕大无朋的巨族。建设这泱泱雄风的大国。他长的方法有两途。第一是把境内境外无数的异族叫他同化于我。第二是本族的人年年向边境移殖。把领土扩大了。五千年来的历史。都是向这条路线进行。"①另一方面,在漫长历史中,中国长期保持了比较和平、安稳的社会条件,拥有极其成熟的精耕细作的农业生产技术,统治者鼓励生育的政策,老百姓多子多福、"不孝有三,无后为大"的信念与伦理,等等,形成了一种历史合力,才使得中国人口持续保持着世所罕见的规模。

有学者在梁启超论述基础上指认,中国是当今世界上唯一的、原生文明的"广土巨族","中华文明的非零和合作互动最为成功,时间持续最长,正值总和积累最大";纵看历史、横看世界、着眼未来,这才是人类政治发展的高级阶段,代表着人类演化的方向。②从人口的角度看,这也就意味着,能够承载这么多人口、能有效地凝聚这么多人口,这本身不仅是一个民族生命力的体现,也是这个国家生存智慧、文明程度的重要体现。其所包含的复杂多样性的统一、通过交往合作走向一体的逻辑正是人类文明应当如此的逻辑。与此相关,自100年前罗素著《中国问题》以降,西方很多有识之士,包括汤因比、白鲁恂、阿尔布劳、马丁·雅克等,都不认为中国是西方式的民族国家政治实体,而是典型甚至是唯一的文明型国家(civilization state)。中国以文化而不以种族为疆,故能包容、承载众生,使其实际上成为世界历史中唯一真实存在过的"拟人类文明"。习近平曾指出:"西方很多人习惯于把中国看作西方现代化理论视

---

① 梁启超:《饮冰室合集》5,文集之三十九,中华书局1989年,第40—41页。
② 文扬:《天下中华——广土巨族与定居文明》,中华书局2019年,第42—43页。

野中的近现代民族国家，没有从五千多年文明史的角度来看中国，这样就难以真正理解中国的过去、现在、未来。"[1]其实，我们自己首先必须自觉以这种文明的观念和视野来看待自己的国家——包括"人口规模巨大"的国情。

三是中国人口的文化特质恰恰蕴藏着中国式现代化特有的精神动力。至今不少经济学家在对中国改革开放40多年创造奇迹进行归因时，都认为人口红利是重要因素。但他们不能回答，为什么同样具有人口红利的印度、巴西不能创造这样的奇迹。其实，马克思早在《1857—1858经济学手稿·导言》中，就批判经济学从抽象的人口出发是错误的，指出现实的人口"是一个具有许多规定和关系的丰富的总体"，"具体之所以具体，因为它是许多规定的综合，因而是多样性的统一"[2]。的确，中国拥有的人口不是抽象的、可以简单数字化的、替换的人口，而是经过五千年文明塑造、积淀的，具有特殊规定性的人口。梁漱溟在《中国文化要义》中也指认，"广土众民"，"偌大民族之同化融合"，"历史长久，并世中莫与之比"，这是中国历史文化的三大特征，但"从以上三大特征看，无疑地有一伟大力量蕴寓于其中"。但这个伟大力量不是知识、经济、军事、政治，这个"一面的的确确指不出其力量来，一面又明明白白见其力量伟大无比"的"怪哉"所在正是中国独有的文化[3]。传承着日用而不觉的价值观念与文化传统的中国人，内部可能千差万别，但总体上都具有千百年来形成的特别能吃苦、特别能耐劳、特别能牺牲的精神特质。这正是我们民族始终能生生不息的重要原因，尤其是我们40多年来在与西方国家竞争中逐

---

[1] 习近平：《把中国文明历史研究引向深入 增强历史自觉坚定文化自信》，《求是》2022年第14期。
[2] 《马克思恩格斯全集》第30卷，人民出版社1995年，第41、42页。
[3] 《中国现代学术经典·梁漱溟卷》，河北教育出版社1996年，第242—243页。

渐取得优势的重要法宝或核心竞争力之一。① 马克思当年曾说:"英国工人阶级以不懈的毅力、流血流汗、绞尽脑汁,为使劳动本身成为高尚的事业并使劳动产品增加到能够实现普遍丰富的程度创造了物质手段","奠定了新社会的真实基础"②。其实,40多年来中国人民正是以类似的精神状态持续奋斗着,使中国富起来,为新时代全面推进现代化奠定了厚实基础,也为世界发展进步作出了巨大贡献。很多人都认为中国人活得太"内卷",这无疑是值得反思的,但不可否认的是,回顾我们走过的路,一定程度上正是依靠大家"我以我卷荐轩辕",在"卷"中成就了今日中国。

一如前述,当年马克斯·韦伯认为中国之所以不能走向现代化,是因为缺乏一种理性化的伦理动力。欧洲之所以走上了现代化道路是因为其有新教伦理,最终诞生了资本主义精神。就注重"人"的不同规定性而言,韦伯与马克思其实是一致的,都强调具体的、现实的人。但韦伯把西方现代化的伦理动力思想模式化,变成新的教条。后来有关亚洲价值观、儒教作为资本主义发展动力的讨论,在很大程度上已经证伪了韦伯的观点。其实,40多年来中国人"内卷"就隐含着中国式现代化的伦理动力,尤其是与西方"躺平"形成鲜明对比。今天我们必须扬弃"内卷",但其内蕴的某些精神依然值得抽象继承。党的二十大报告特别注意以什么样的精神状态去完成奋斗目标的问题,明确提出了"增强实现中华民族伟大复兴的精

---

① 2014年,习近平在欧洲回应中国迅速崛起的原因时指出,"中国幅员辽阔,人民勤劳勇敢和具有五千年的文化积淀,丰富的优秀传统文化家底,是中国崛起和发展的坚强基石"。从西方最早了解中国的传教士利玛窦开始,几乎都认为"中国人是最勤劳的人民"。(《利玛窦中国札记》,中华书局1983年,第19页)托尔斯泰也指出:"世界上没有任何一个民族在劳动中比得过中国人;吃得那么少、干得那么多……中国的劳力比美国的劳力更便宜,更好,更诚实……总是多给予而少索取。"并认为这是与对孔子的信仰有关的。(《托尔斯泰思想小品》,陈建华编,上海社会科学出版社1999年,第233—234页)罗兹曼在20世纪80年代指出,"人们希望接受更高水平教育的强烈学习愿望,以及务实的献身精神,没有几个国家可与当今中国相匹敌"。([美]吉尔伯特·罗兹曼:《中国的现代化》,"比较现代化"课题组译,上海人民出版社1989年,第677页)
② 《马克思恩格斯全集》第13卷,人民出版社1998年,第134页。

神力量"的任务，其实质就是要增强中国式现代化的精神动力。党的二十大要求在全党弘扬伟大建党精神及其为源头的精神谱系，要求发扬历史主动精神、斗争精神、担当精神、实干精神，防止精神懈怠的危险，力避松劲歇脚、疲劳厌战的情绪；在全社会要求"弘扬劳动精神、奋斗精神、奉献精神、创造精神、勤俭节约精神，培育时代新风新貌"[①]；号召全党全国人民自信自强、团结奋斗。这些都是在解答在一个世俗化的当代中国如何持续保障现代化的精神动力问题。特别是其中提到要在全社会弘扬的五种精神，既是我们在新时代新征程要弘扬的精神，也是中国人民在长期历史文化中形成的国民性中最可宝贵的方面，正是中国式现代化已经证明了的伦理动力所在。如果这些精神能够得到保持和发扬，就能为中国式现代化提供重要的伦理保障和精神动力。当然，中国人口的其他规定性，即一些"人民群众日用而不觉的共同价值观念"和思维习惯，例如崇生、尚和、贵德、重情、系天下等，也都在中国式现代化中已经发挥且还将继续发挥非常积极的作用。

四是解决人口下降问题需要借助传统文化从文明层面做根本性的努力。在马克思看来，有生命的个人的存在是全部人类历史的第一个前提，而生命的生产是历史的决定性因素之一。生命的生产包括自己生命的生产和通过生育达到的他人生命的生产。前者是可持续地保障生命安全与健康，后者就是种的繁衍，即人口的生产。人口生产有着自己的规律，同时人口生产深度影响一个国家的经济、社会发展状况。正是基于对人口生产规律以及人口生产与资源环境相协调、同经济社会发展相适应的要求的深刻把握，中国自1971年推出计划生育政策，把人口增长指标纳入国民经济发展计划，并于1982年以写入宪法的方式将之确定为基本国策。鉴于以往一提到"计划生育"就想到"减少人口""只生一胎"的刻板印象，不少

---

① 《习近平著作选读》第一卷，人民出版社2023年，第37页。

人以为半个世纪后实施放开三胎政策就意味着计划生育政策已经过时了、取消了。这种说法是不正确的。计划生育本质是有计划地调节人口，本就包含减少和增加两方面，目的是通过这种调节保持适度的人口规模。计划生育是基本国策，确立之后从未改变，不过是政策的具体内容根据经济社会发展状况、历史文化因素进行与时俱进的调整罢了。与以往相比，当前我国人口生产的形势发生了巨大变化甚至是反转，人口负增长形势下"少子老龄化"渐成常态，有人甚至指认中国已进入"低生育率陷阱"，低生育率已成为影响我国人口发展的最主要风险。如果说以往通过计划生育控制人口数量而达致低生育率是一种制度性安排、他律的结果的话，今天的中国则进入内生性的低生育状态。原因直接与生育成本高、生育丧失机会成本、生活内卷与不易等有关。2021年中央出台《关于优化生育政策促进人口长期均衡发展的决定》也指出，"经济负担、子女照料、女性对职业发展的担忧等成为制约生育的主要因素"，并明确要求完善积极生育支持政策体系，切实做到"顺应人民群众期盼，积极稳妥推进优化生育政策，促进生育政策协调公平，满足群众多元化的生育需求，将婚嫁、生育、养育、教育一体考虑，切实解决群众后顾之忧，释放生育潜能，促进家庭和谐幸福"①。这些因应形势变化的政策是非常必要的，当然也促使我们能从一个全新角度看待"人口规模巨大"。

不过，上述对"少子化""低生育"原因的分析还需补充一个更加难以解决的维度——文明的因素，即受教育程度提高、自我意识觉醒等。也就是说，并不是"后顾之忧"解决了，人们自然而然就愿意生育了。其实，镜鉴西方就会发现，随着现代化的发展，少子化趋势具有一定的必然性——马克思所说的"工业较发达的国家向工业不发达的国家所显示的，

---

① 《中共中央国务院关于优化生育政策促进人口长期均衡发展的决定》，《人民日报》2021年7月21日。

只是后者未来的景象"①,也体现在这方面。早在 100 多年前,斯宾格勒就预见到这样的问题,他称之为"文明人类的不育状态",并认为这"应被理解为是一种本质上向灭亡的形而上的转折"。当生育被看作一个日常思考中该赞成或该反对的问题的时候,这个重大转折点就到来了。不育状态"并不是因为不能生育子女了,而主要地是因为强度已达高峰的智慧不再能找出要有子女的任何理由了"。例如,"有形世界中的血统关系的连续已不再是血统的一种任务,作为家系中最后一员的宿命已不再被认为是一种劫数"②。也就是说,人类所谓的智慧和觉醒导致了低生育。一句话,因为文明所以不育。所谓"文明人类的不育状态"就其本质而言是"文明的不育状态",这与具体的个人及其"后顾之忧"的原因相比更为根本。如果说这里理解的"文明"还是一种旧的文明的话,那么,中国式现代化及其创造的人类文明新形态就必须从人类新文明高度来破解这一问题。而在这方面,无疑中华优秀传统文化给出了比其他任何民族传统更加丰富的基本提示,需要我们好好开掘。

---

① 《马克思恩格斯文集》第 5 卷,人民出版社 2009 年,第 8 页。
② [德]奥斯瓦尔德·斯宾格勒:《西方的没落》(上册),齐世荣等译,群言出版社 2016 年版,第 160—161 页。

二、"天下同利"而"共同富裕"

中国式现代化是全体人民共同富裕的现代化。"共同富裕是中国特色社会主义的本质要求,也是一个长期的历史过程。我们坚持把实现人民对美好生活的向往作为现代化建设的出发点和落脚点,着力维护和促进社会公平正义,着力促进全体人民共同富裕,坚决防止两极分化。"①人民的共同富裕是中国式现代化有别于西方现代化的显著标志,是社会主义的一个基本目标,也是自古以来中国人民的一个基本理想——"天下同利"。儒家主张"兴天下之同利"(《荀子·正论》);法家进一步指出,"与天下同利者,天下持之"(《管子·版法解》)。习近平不仅明确指出"惠民利民、安民富民是中华文明鲜明的价值导向",而且多次引用"民富国强,众安道泰"一语,还专门论述道:"孔子说:'不患寡而患不均,不患贫而患不安。'孟子说:'老吾老以及人之老,幼吾幼以及人之幼。'《礼记·礼运》具体而生动地描绘了'小康'社会和'大同'社会中的共同富裕状态。"②全体人民共同富裕的现代化有着中国传统文化的深厚底蕴。

首先,中国传统文化从政治观角度突出民本。当年周公制礼的指导思想就在于"以德配天""敬德保民",改变过去敬鬼神的传统,突出人、民的本体地位。也只有重视"民"的作用,才会关注民心、民欲以及由此而来的人民对于富裕、共同富裕的追求。《尚书》指出,"天聪明,自我民聪

---

① 《习近平著作选读》第一卷,人民出版社2023年,第19页。
② 《习近平谈治国理政》第二卷,外文出版社2017年,第214页。

明，天明畏，自我民明畏"（《尚书·皋陶谟》）；"天视自我民视，天听自我民听"（《尚书·周书·泰誓中》）；"天畏棐忱，民情大可见"（《尚书·康诰》）；"民之所欲，天必从之"（《尚书·周书·泰誓上》）。事实上认为民意即天意，民心、民欲就是执政标准。由是，确立"皇祖有训"："民可近，不可下，民为邦本，本固邦宁"（《尚书·五子之歌》）。老子云："圣人无常心，以百姓心为心"（《道德经》第四十九章）。晏子有云："卑而不失尊，曲而不失正，以民为本也。"（《晏子春秋·卷四·内篇·篇二十一》）汉代贾谊《新书》则说："闻之于政也，民无不以为本也，国以为本，君以为本，吏以为本，故国以民为安危，君以民为威侮，吏以民为贵贱，此之谓民无不为本也。"孟子"民为贵，社稷次之，君为轻"（《孟子·尽心下》）的名言纵贯古今，民成了政治的主体。《吕氏春秋》云："天下非一人之天下也，天下之天下也。"（《吕氏春秋·贵公》）荀子说："天之生民，非为君也，天之立君，以为民也。"（《荀子·大略》）董仲舒继而重复强调："天之生民，非为王也，而天之立王，以为民也。"（《春秋繁露·尧舜不擅移，汤武不专杀第二十五》）荀子另一句被重复强调的话是："君者，舟也；庶人者，水也。水则载舟，水则覆舟，君以此思危，则危将焉而不至矣？"（《荀子·哀公》）①因为魏征引之以向唐太宗进谏而享誉青史："臣又闻古语云：'君，舟也；人，水也。水能载舟，亦能覆舟。'陛下以为可畏，诚如圣旨。"（吴兢《贞观政要·政体》）黄宗羲甚至提出了"天下为主君为客"的思想（《明夷待访录·原君》）。因此，在革命时期要顺乎民意——"汤武革命，顺乎天而应乎人"（《周易·革·彖传》），"得天下有道，得其民，斯得天下矣"（《孟子·离娄上》），即所谓"得民心者得天下"；在和平时期则要保民、养民——荀子甚至认为"礼者养也"（《荀子·

---

① 根据原文，这段话是荀子记载孔子在对话中转述的："且丘闻之"。荀子在《王制》篇中引用了同一句话，但他用的"传曰"，大抵相当于今天"古书上说"的意思。故，载舟覆舟的思想并非荀子原创。

礼论》),"善生养者也……而天下归之"(《荀子·君道》)。 人与民共通,儒家政治之精髓在于克己复礼而归仁,而仁者爱人而亲民。

其次,中国传统文化从人性的角度肯定求富。 以民为本,顺乎民心,保民养民合乎逻辑的结果就是启迪统治者要尊重、满足人民的欲望。"得其民有道,得其心,斯得民矣。"(《孟子·离娄上》)明王廷相云:"人非乐天之心不能制情于道,故莫不有欲"(《慎言·御民》);"饮食男女,人所同欲;贫贱夭病,人所同恶"(《慎言·问成性》)。 荀子认为制定礼义的目的在于"养人之欲,给人以求"(《荀子·礼论》);"足国之道,节用裕民……节用以礼,裕民以政"(《荀子·富国》)。 其实,早在《尚书》中就有五福六极之说:"五福:一曰寿,二曰富,三曰康宁,四曰攸好德,五曰考终命。 六极:一曰凶、短、折,二曰疾,三曰忧,四曰贫,五曰恶,六曰弱。"(《尚书·洪范》)在这里已经把"富"与"贫"对立起来,如果摆脱简单的道德判断的话,人之所欲本就是"嫌贫爱富"。 圣人如孔子也大大方方承认:"富与贵,是人之所欲也。"(《论语·里仁》)并自况曰:"富而可求也,虽执鞭之士,吾亦为之。"(《论语·述而》)

再次,中国传统文化从治国的角度强调富民。 孔子强调在"庶之"基础上"富之"。 孟子告诫统治者:"以民之所好好之,以民之所恶恶之。""所欲与之聚之,所恶勿施尔也。"(《孟子·离娄上》)管仲更指出:"政之所兴,在顺民心;政之所废,在逆民心。 民恶忧劳,我佚乐之;民恶贫贱,我富贵之;民恶危坠,我存安之;民恶灭绝,我生育之。"这样,"能佚乐之,则民为之忧劳;能富贵之,则民为之贫贱;能存安之,则民为之危坠;能生育之,则民为之灭绝"。(《管子·牧民》)管仲这种谋略在孔子看来显然"器小",但确实也蕴含着治国理政的重要启示。 王廷相认为,"天下顺治在民富"。 管仲和孟子事实上还从存在决定意识的角度强调了物质财富保障的基础性作用。 管仲指出,"仓廪实而知礼节,衣食足而知荣辱"(《管子·牧民》);孟子则直指,"有恒产者有恒心,无恒产者无恒心"(《孟子·滕文公上》),"是故明君制民之产,必使仰足以事父母,俯足以畜妻子,乐岁终身饱,凶年免于死亡;然后驱而之善,故民之从之也轻"。(《孟子·梁惠王上》)孟子将使民富足之道称为王道:"谷与鱼鳖不可胜食,材木不可胜用,是使民养生丧死无憾也。养生丧死无憾,王道之始也。五亩之宅,树之以桑,五十者可以衣帛矣。鸡豚狗彘之畜,无失其时,七十者可以食肉矣。百亩之田,勿夺其时,数口之家可以无饥矣。谨庠序之教,申之以孝悌之义,颁白者不负戴于道路矣。七十者衣帛食肉,黎民不饥不寒,然而不王者,未之有也。"(《孟子·梁惠王上》)的确,"国之称富者,在乎丰民"(钟会《刍荛论》);"为治之本,务在安民;安民之本,在于足用"(《淮南子·诠言训》);"民不富,士不荣"(宋·黄晞《聱隅子·文成篇》)。事实上,中国历史上推崇的文景之治、贞观之治、开元盛世、康乾盛世等,无不是以经济发展、物质富足为关键特征。习近平甚至说"一部中国史,就是一部中华民族同贫困作斗争的历史":"从屈原'长太息以掩涕兮,哀民生之多艰'的感慨,到杜甫'安得广厦千万间,大庇天下寒士俱欢颜'的憧憬,再到孙中山'家给人足,四海之内无一夫不获其所'的夙愿,都反映了中华民族对摆脱贫困、丰衣足食的深深渴望。"①

最后,中国传统文化从理想追求上期许均富。儒家强调"己欲立而立人,己欲达而达人",故要"博施于民而能济众"(《论语·雍也》);"老吾老,以及人之老;幼吾幼,以及人之幼","故推恩足以保四海"(《孟子·梁惠王上》)。"有国有家者,不患寡而患不均,不患贫而患不安。"(《论语·季氏》)"夫仁政,必自经界始。经界不正,井地不钧,谷禄不平。是故暴君污吏必慢其经界。经界既正,分田制禄可坐而定也。"(《孟子·滕文公上》)道家则从天道出发,强调"天之道,损有余而补不足","天地相

---

① 《习近平谈治国理政》第四卷,外文出版社 2022 年,第 126 页。

合,以降甘露,民莫之令而自均"(《老子》)。庄子认为天地之德在天和,人效法天地之德"所以均调天下,与人和者也";"平为福,有余为害者,物莫不然,而财其甚者也";"以不平平,其平也不平;以不征征,其征也不征";"富而使人分之,则何事之有?"(《庄子》)墨家强调兼爱,在财富中主张"有财者勉以分人"(《墨子·尚贤》)。《中庸》以孔子之口说出"天下国家可均也"。在古代社会,土地是财富最直接的表现,共富与均地总是密切相关。颜元提出"平均地权":"非均田制则贫富不均,不能人人有恒产","岂不思天地间田,宜天地间人共享之"。龚自珍著有《平均篇》,认为一切社会罪恶和混乱的根源在于贫富不均,而消除的根本方法就是重新分配土地。康有为《大同书》根据公羊家据乱世、升平世、太平世三世学说,认为当时中国还是据乱世,欧美各国进入了升平世,并接近太平世。太平世即大同,而"今欲致大同,必去人之私产而后可,凡农工商之业皆归之公"(《大同书》)。清末,孙中山提出他所创立的民国社会的构想,在《同盟会宣言》中,他说道:"我汉人同为轩辕之子孙,国人相视,皆伯叔兄弟诸姑姊妹,一切平等,无有贵贱之差,贫富之别;休戚与共,患难相救,同心同德,以卫国保种自任。"[1]后来,其三民主义中的"民生主义"就是强调"贫富均等,不能以富等(者)压制贫者是也"[2]。在中国历史上,前赴后继的农民起义所提出的口号,既反映了对社会不公的鞭挞,也反映了他们的理想追求。东汉农民起义领袖张角依据《太平经》提出"万年太平";唐末农民起义,王仙芝、黄巢分别提出"天补平均""冲天平均"的口号;北宋王小波、李顺的口号是"等贵贱、均富贵";明末李自成要求"均田免粮";太平天国还专门制定了《天朝田亩制度》,强调"有田同耕,有饭同食,有衣同穿,有钱同使,无处不均匀,无人不饱暖也"。至于《水浒传》等反映老百姓渴望有人替天行道、劫富济贫心理

---

[1]《孙中山选集》(上),人民出版社2011年,第83页。
[2]《孙中山选集》(下),人民出版社2011年,第526页。

的文学艺术作品则众多。

特别需要指出的是，中国古代对于求富、均富都突出道义、公平的原则。为什么中国古代有那么丰富的求富思想，却给人以中国古代思想不太重视物质生活甚至贬抑富贵的印象呢？根本原因就在于崇道。孔夫子虽然说："富与贵，是人之所欲也"；"富而可求也，虽执鞭之士，吾亦为之"。但是，他非常明确地说要"笃信好学，守死善道"。富贵如果"不以其道得之，不处也。贫与贱，是人之所恶也；不以其道得之"；"不义而富且贵，于我如浮云"；"邦无道，富且贵焉，耻也"。（《论语》）①儒家患不均而不患寡、患不安而不患贫，以及孔颜乐处、安贫乐道等观念，都应该从这个角度去理解。这个道首先就体现为公。"大道之行也，天下为公"（《礼记·礼运·大同》）；统治者领悟此大道要做的是公平："昔先圣王之治天下也，必先公。公则天下平矣。平得于公。尝试观于上志，有得天下者众矣，其得之以公，其失之必以偏。"（《吕氏春秋·贵公》）以生活富足为基础的理想社会，儒家将初级阶段和高级阶段分别称为"小康"和"大同"。"小康"语出《诗经》之《大雅·民劳》："民亦劳止，汔可小康"，本指生活安定，后来具有了与贫困相对的含义。邓小平在改革开放之初赋予小康以介于温饱和富强之间的含义，并提出了实现小康社会的战略目标。2021年中国全面建成小康社会，整个社会迎来了从"富起来"到"强起来"的飞跃，而共同富裕的问题也就更加凸显出来。

---

① 司马迁认为富因致富之道而分层次："本富为上，末富次之，奸富最下"（《史记·货殖列传》）。即由务农而致富的属上等，由经商而致富的属次等，由做盗贼而致富的属下等。

三、"文明以止"而"文明相协调"

中国式现代化是物质文明和精神文明相协调的现代化。"物质富足、精神富有是社会主义现代化的根本要求。物质贫困不是社会主义,精神贫乏也不是社会主义。我们不断厚植现代化的物质基础,不断夯实人民幸福生活的物质条件,同时大力发展社会主义先进文化,加强理想信念教育,传承中华文明,促进物的全面丰富和人的全面发展。"①两个文明相协调是中国式现代化的崇高追求,准确把握这一特色需要理解其三方面的针对性:一是本质性地区别于以资本为中心、物质主义的西方现代化;二是中国已经全面建成小康社会,物质贫困的问题已经历史性地解决,总体进入所谓后物质时代;三是这一特色是相对于更侧重物质需要满足的"全体人民共同富裕"的特色而言的。因此,"两个文明"相协调的特色在实践中实际上更侧重于突出以人为本的精神富有,特别是其中明确有"传承中华文明"的要求,这方面确实有着深厚的传统文化底蕴,正如习近平指出的,"中华民族的先人们早就向往人们的物质生活充实无忧、道德境界充分升华的大同世界。中华文明历来把人的精神生活纳入人生和社会理想之中"②。自觉理解这一底蕴,能获得更多的实践启示。

第一,对文明的人文理解。人最基本的状态就是在世,即在世界中存

---

① 《习近平著作选读》第一卷,人民出版社 2023 年,第 19 页。
② 习近平:《文明交流互鉴是推动人类文明进步和世界和平发展的重要动力》,《求是》2019 年第 9 期。

在（In-der-Welt-Sein）。人为了生存必须与非人的物——首先是自然界——发生关系。正如马克思所说的："全部人类历史的第一个前提无疑是有生命的个人的存在。因此，第一个需要确认的事实就是这些个人的肉体组织以及由此产生的个人对其他自然的关系。"①不同于动物，人是以生产的方式来获得生活资料以保障生存的。而且，人在生产中"善假于物"（《荀子·劝学》）即擅于制造和使用工具，所生产的物质资料也不再完全是天然物，而是人造物，人通过劳动使自在自然变成了人化自然。正是在物对于人的这种非此不可的关系中，在制造和使用工具的对象化活动中，在生产劳动的实践中，世界或物通过人的方式得以"打开"："整个所谓世界历史不外是人通过人的劳动而诞生的过程，是自然界对人来说的生成过程。"②这便是人类文明产生和发展的真实——"文明是实践的事情"③。

在中国传统文化看来，人文效法天文，人道效法天道，在人类与自然万物发生关系的过程中才有了文明。《易经·贲卦·彖传》有云："刚柔交错，天文也。文明以止，人文也。观乎天文，以察时变；观乎人文，以化成天下。"文明即是要遵天文之时律而有所节制——"止"，圣人因此行人文之教化——"止乎礼"④。《易传·乾文言》有"见龙在田，天下文明"一语，这里的"文明"正是礼仪完备、隆重之意。《尚书·舜典》称赞舜帝为："濬哲文明，温恭允塞。"唐代孔颖达对"文明"二字注疏曰："经纬天地曰文，照临四方曰明。"⑤虽然是从圣人美德的角度解释，但其中内蕴着人把握、沟通与自然万物（天地）的关系以照拂、教化天下生民的意旨。《礼记·乐记》又云："君子反情以和其志，广乐以成其教……是故情

---

① 《马克思恩格斯文集》第1卷，人民出版社2009年，第519页。
② 《马克思恩格斯文集》第1卷，人民出版社2009年，第196页。
③ 《马克思恩格斯文集》第1卷，人民出版社2009年，第97页。
④ 西方人对文明的理解与中国传统文化大相径庭。正如罗素曾经指出的，"西方文明建立在这样的假设之上，用心理学家的话来说是精力过剩的合理化……西方人向来崇尚效率，而不考虑这种效率是服务于何种目的"。（[英]伯特兰·罗素：《中国问题》，秦悦译，学林出版社1996年，第7页）
⑤ 孔颖达：《尚书正义》，中华书局1980年，第125页。

深而文明，气盛而化神，和顺积中而英华发外。"大意是说，君子复归人情人性以调和百姓的心志，以推行乐教而成就其教化，在推行乐教时，情感越是深厚，诗、歌、舞蹈等教化形式的文采就越会鲜明动人；气越是充沛，就越能更加出神入化；和顺之气蕴聚心中，美好的德性就将自然流露。在这里，我们看到的是中华文明的内核在于基于礼乐的性、情、德的辩证统一。因人而文，因人而明，因人有止而文明，因人之性、情、德而文明。比之于其他民族对文明的理解，中国传统文化的主流一方面并不崇拜外在的神——"子不语怪力乱神"，一切天、道都与人相关，本质上是天人合一的人道；另一方面对自然的改造、征服也并不刻意和上心，焦点集中于现实的人伦社会，其对文明的理解更突出以人为本的人伦教化，彰显着鲜明的人文精神。

第二，人、心重于物。以人文精神为鲜明特色的中国传统文化在人与物的关系中重视人，在心与物的关系中突出心。孔子"仁者，人也""仁者爱人"的思想众所周知；管子"夫霸王之所始也，以人为本。本理则国固，本乱则国危"的治国理念成为千古教导。在中国古人看来，物的作用在于"备物致用"（《周易·系辞》）。明代方以智更是说："圣人制器利用以安其生"，而"生寓于身"，故"物"的本质或主要功能就在于使人"安身"而"安生"。物是（物丰、物阜），则人身安；物非（物贫、物寡），则人身无所安。按照人、物与是、非的关系看，人类各种文明状态其实可以归纳为物非人非、人是物非、物是人非、物是人是四种理想类型。中国传统文化鲜明地反对物非人非、物是人非的状态，在现实生活中讲究"人是物非"的境界，即一种物质虽然短缺但人文精神十分饱满、社会相对公平正义的文明状态。"贫而乐道"（孔子），"贫贱不能移"（孟子），"贫穷不易行"（《晏子春秋·内篇问下》），"穷且益坚，不坠青云之志"（王勃），"身贫而心富"（《菜根谭·评议》），都是此种境界的表达。其实，中国传统文化内蕴的文明理想状态是"物是人是"，即物和人都各是其所是，物质全面丰富、人文精神繁荣、社会生活昌明的理想文明状态,"重己役物"(《荀子·正名》)、"物阜民安"(《后汉书·刘陶传》)、"应物而无累于物"(《王弼集校释》),可谓中国古人对这种"物是人是"的理想状态的畅想。① 无论是人是物非还是物是人是,"人是"始终是中华文明的核心追求。

对于儒家核心概念"仁",孟子的理解是"仁,人心也"(《孟子·告子上》)。同时,"万物皆备于我矣"(《孟子·尽心上》)。只要"反身而诚",发现本心,收其放心,以仁礼存心,寡欲以养心,然后就能尽心知性知天,奠定了中国特色的心性之学的传统。荀子也强调以心役物,谓:"君子役物,小人役于物。"(《荀子·修身篇》)宋代陆九渊继承孟子之学,提出"心即理"的命题,认为"万物森然于方寸之间,满心而发,充塞宇宙,无非此理"(《陆九渊集·语录》);"宇宙便是吾心,吾心即是宇宙"(《陆九渊集·杂著》)。王阳明更是明确指认,"心外无物","心者,身之主也,而心之虚灵明觉,即所谓本然之良知也"(《传习录·答顾东桥书》)。其"虚灵明觉"可谓进到了中华文明之最幽微之处。与心物关系直接相关的是,义利、理欲之辩贯穿中国传统文化,最终得以辩证看待。孔子之"君子喻于义,小于喻于利",孟子之"舍生取义",董仲舒之"正其谊不谋其利,明其道不计其功",皆震古烁今。二程辩证地看到:"圣人于利,不能全不较论,即不至妨义耳"(《二程集·外书》卷七);清代颜元还纠正董仲舒之说为"正其谊以谋其利,明其道而计其功"(《四书正误》)。即便如此,也不改中华传统文化总体重义轻利的特点。物、利皆人之所欲,但欲望过了,人心就为物欲所蔽,失其灵明。故王阳明说:"只是物欲蔽了,须格去物欲。"(《传习录·卷下》)其实,荀子早就论到:"心之所可中理,则欲虽多,奚伤于治! 欲不及而动过之,心使之也。心之所可失

---

① 参见沈湘平、李松美:《超越"物是人非"的文明形态》,《南昌大学学报(人文社会科学版)》2023年第1期。

理，则欲虽寡，奚止于乱！故治乱在于心之所可，亡于情之所欲。"(《荀子·正名》)"人生而有欲，欲而不得，则不能无求，求而无度量分界，则不能不争。争则乱，乱则穷。先王恶其乱也，故制礼义以分之，以养人之欲，给人之求。使欲必不穷乎物，物必不屈于欲，两者相持而长，是礼之所起也。"(《荀子·礼论》)就个人而言，欲望要中理；就国家而言，要以礼养之、教之。对于常常被后人误解的"存天理、灭人欲"，朱熹的理解是：满足于正常需要都是天理，过分才是人欲。"饥食、渴饮是'天理'；穷口腹之欲便是'人欲'。"(《朱子语类》卷十三)王夫之更进一步说："饮食男女之欲，人之大共也"；"于天理达人欲，更无转折；于人欲见天理，须有安排"(王夫之:《读四书大全说·论语》)。后世鲁迅所谓"掊物质而张灵明"，毛泽东所谓"野蛮其体魄，文明其精神"，都是传统文化的继承。

第三，重情而喜乐。文化最内在的是一种心理结构，西方文化认为，人的心理是由理性、激情与欲望三者构成，但总体上把理性放在与欲望相对而又更根本的位置，激情则是理性和欲望的驱动力。事实上，就此角度而言，当今人类面临的困境正是西方文化主导下人类理性僭越、欲望膨胀的后果。中华文化认为人与动物的重要区别在于情，在人性结构中"情"甚至比"理""欲"更为根本——梁漱溟、林语堂、方东美、钱穆等都对此有过深刻揭示，李泽厚还提出了中华文化的"情本体"说。在中华文化的宇宙观中，人生天地间，但正如《老子》所云："天地不仁，以万物为刍狗。"天若有情天亦老，万物唯独人有情有爱可仁，所以"天地之性人为贵"(《孝经》)，所以张载才强调要"为天地立心，为生命立命"(张载《张子语录》)。天地万物是生生不息的，但人"可以赞天地之化育""可以与天地参矣"(《中庸》)。于是，整个世界因人因情而融合在一起，具有了人情味。情有"天情"之说——"喜、怒、哀、惧、爱、恶、欲七者，弗学而能"(《礼记·礼运》)，"好恶、喜怒、哀乐臧焉，夫是之谓天情"(《荀

▶ 良渚古城遗址宫殿区航拍

良渚古城遗址是见证中华5000多年文明的重要文化遗址，2019年列入《世界遗产名录》

| 图片来源：视觉中国

▶ 王宾中丁·王往逐兕涂朱卜骨刻辞

甲骨文既是中华民族珍贵的文化遗产，也是人类共同的精神财富，2017年成功入选《世界记忆名录》

| 图片来源：视觉中国

▶ 周代青铜器何尊

何尊铭文中的"宅兹中国"为"中国"一词最早的文字记载 | 图片来源：视觉中国

▶明版《孔子圣迹图》（局部）

　　孔子是中国传统文化的象征，孔子思想传到西方后在十八世纪的欧洲引起"中国热"

▶曲阜孔庙大成殿 ｜ 图片来源：视觉中国

▶ 两岸同祭人文始祖

中华优秀传统文化是两岸中国人共同的心灵根脉和归属｜图片来源：视觉中国

▶ "五星出东方利中国"汉代织锦护臂
发掘于新疆塔克拉玛干沙漠腹地的尼雅遗址,生动展示了中华文化的多元一体 | 图片来源:视觉中国

▶（唐）阎立本《步辇图》（局部）

该图记录了吐蕃王松赞干布迎娶文成公主入藏之事，是多民族交流交融、共筑中华大家庭的历史见证

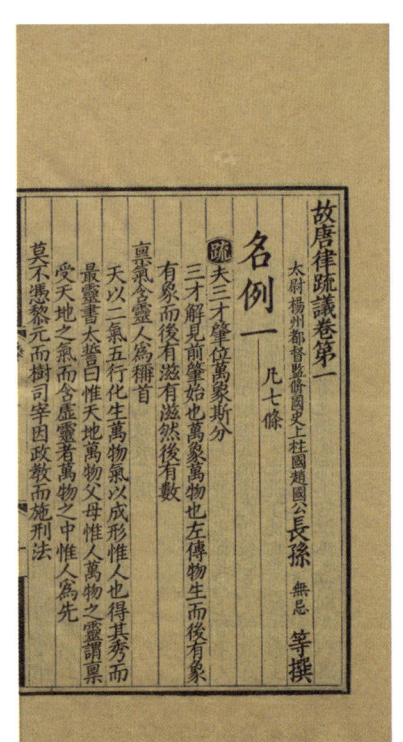

▶《唐律疏议》明代刊本

《唐律疏议》是中华法系的代表性法典

▶（宋）李嵩《丰年民乐图卷》（局部）

中国人崇尚一种享受生命的喜乐和愉悦，乐观、豁达而悦纳万物，甚至把能否收获一种愉悦心情作为事物价值判断的重要标准

▶（明）夏葵《婴戏图》

中国自古就是一个人口规模巨大的国家，人口多既是中华民族奋斗的结果也是中华文明先进的证明

▶（明）仇英《吹箫引凤图》

中华传统文化始终饱含着对和谐、美好生活的向往和礼乐教化、贯通天人的理想追求

▶ （明）戴进《春耕图》

中国古代有着世界上最发达的农业文明，以高度发达的农业文明为底蕴的中国传统实践理性在本质上就是"本天道为用""以人为本"的生存理性

▶《郑和航海图》(局部)

　　郑和下西洋始终秉持着和平友好的外交理念,成为后世备受追忆的和平之旅

▶(清)徐扬《日月合璧五星联珠图》(局部)

　　天人合一是中国传统文化最具标识性的观念。中国古人认为,天地人三才是统一的生命整体,天人一体、天人同构而且天人相感相通

▶ 《新青年》第1期（初名《青年杂志》）封面

1915年，《新青年》的创办标志着新文化运动的开端

▶ 鲁迅《狂人日记》

1918年鲁迅在《新青年》上发表《狂人日记》，加入《新青年》阵营，此后成为新文化运动的主将

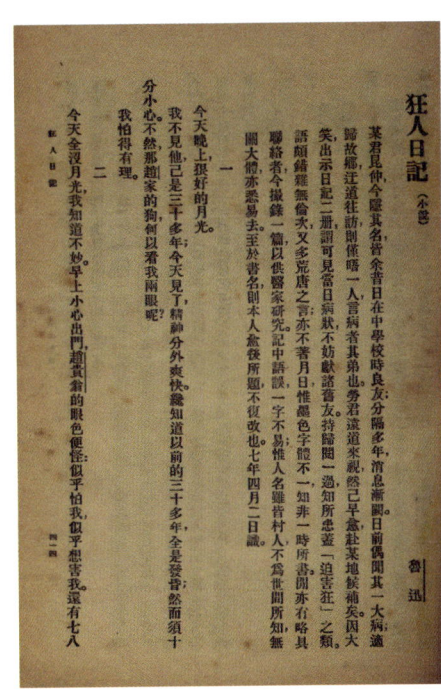

▶ 河南桃花峪黄河大桥麦田收割场景航拍

中国实施了一系列民生兜底工程，不仅以精准扶贫历史性地解决了绝对贫困问题，而且践行"全面建成小康社会，一个也不能少；共同富裕路上，一个也不能掉队"的理念，使得全体人民的生命健康和生活水平在现代化过程中有了极大提高

| 图片来源：视觉中国

▶湖南十八洞村俯瞰

十八洞村既是精准扶贫首倡地,也是全国"绿水青山就是金山银山"实践创新基地 | 图片来源:视觉中国

▶ 上海港鸟瞰

世界一流航运枢纽上海港拥有近 350 条国际航线，覆盖全球 200 多个国家和地区的 700 多个港口 | 图片来源：视觉中国

▶ 中欧班列

"一带一路"倡议的重要标志性成果 | 图片来源：视觉中国

子》),"人类含情而得生"①;也有"接物生情"之说——"夫喜、怒、哀、乐、爱、憎、惭、惧,凡此八者,生民所以接物传情"(嵇康《声无哀乐论》),"情也者,接于物而生也"(韩愈《原性》)。但共同之处是人人有之,且作为儒家认为"天下之大本"的"中"和"天下之达道"的"和"都要以情而论:"喜怒哀乐之未发,谓之中;发而皆中节,谓之和。"(《中庸》)所谓"文明以止",本质是"发乎情、止乎礼"。情不仅有情绪,还有情感、情怀、情谊、情义、情操、情理。西方文化讲究合理性,中国人也认同合理性的重要性,但更讲究态度和感受,讲求合理与合情的统一,而且是合理先要合情,"情缘理有,理依情生"(方东美),所谓"合情合理"者也。段玉裁在注《说文解字》之"理"时就说:"古人之言天理何谓也。曰理也者,情之不爽失也。未有情不得而理得者也。"在与人交往、相处时,中华文化注重与人为善、用心相交,喜欢推己及人,认为人同此心、心同此理。所谓全球伦理金规则"己所不欲,勿施于人",正是这样通情而达到的理。

确如李泽厚所揭示的,中华文化还是一种不同于西方"罪感文化"、日本"耻感文化"的"乐感文化"。我们经常说中国古代是礼乐文化,但《礼记》就明确把"乐"(yuè)与"乐"(lè)等同:"乐者乐也";"夫乐者乐也,人情之所不能免也。"中国人崇尚一种享受生命的喜乐和愉悦,乐观、豁达而悦纳万物,甚至把能否收获一种愉悦心情作为事物价值判断的重要标准。如"学而时习之,不亦说乎","知足常乐"。即便是面对陌生人,中华文化不仅热情好客,而且礼敬在先,甚至视之为亲,待之以亲,所谓"四海之内皆兄弟"者也;不计功利、实惠,"有朋自远方来,不亦乐乎"。在处理各种关系中,真正的中华文化总会透着一种热忱的情谊,带着一种积极的温度。"伦理情谊,人生向上",梁漱溟指出的这一中华文

---

① 《中国现代学术经典·方东美卷》,河北教育出版社1996年,第302页。

化特质非常精准。鲁迅说"无情未必真豪杰",我们也可说"有情才算好文明"。辜鸿铭曾说真正的文明既智慧也美好,"情深而文明"的中华文明正是这样的真正的文明,在"祛魅"的西方现代文明映衬下凸显出独特价值,恰恰能给现代化加魅,成就中国式现代化的特殊底蕴和独特魅力。

第四,遂民欲而彰教化。孔子的治国理政思想中有有名的"加减(去)"法。所谓加法就是庶、富、教的三部曲,所谓减法就是食、兵、信的三要素——"子贡问政。子曰:'足食,足兵,民信之矣。'子贡曰:'必不得已而去,于斯三者何先?'曰:'去兵。'子贡曰:'必不得已而去。于斯二者何先?'曰:'去食。自古皆有死,民无信不立。'"(《论语·颜渊》)这里可以看出,作为传统文化主干的儒家一方面强调要满足民欲——富、食,另一方面强调教化的重要性——教、信。《诗经》亦云:"饮之食之,教之诲之。"(《诗经·绵蛮》)管仲说"仓廪实而知礼节,衣食足而知荣辱",一方面强调了物质充盈的前提性,另一方面也表明,物质丰富与精神丰富两方面都需要。他说:"四维不张,国乃灭亡。""何谓四维?一曰礼,二曰义,三曰廉,四曰耻。"(《管子·牧民》)孟子更激进些,他认为"善政不如善教之得民也"(《孟子·尽心上》),"饱食、暖衣、逸居而无教,则近于禽兽"(《孟子·滕文公上》),是故圣人忧之而教以人伦。荀子认为,"不富无以养民情,不教无以理民性"(《荀子·大略》)。王廷相曰:"天下顺治在民富,天下和静在民乐,天下兴行在民趋于正。"(王廷相:《慎言·御民》)戴震则明确反对宋明理欲二分的观点,认为"理者存乎欲者也",情欲适当就是理。"天下必无舍生养之道而得存者,凡事为皆有于欲,无欲则无为矣;有欲而后有为,有为而归于至当不可易之谓理;无欲无为,又焉有理!""圣人治天下,体民之情,遂民之欲,而王道备。"(戴震:《孟子字义疏证》)总体上看,中国传统文化在文明境界的追求上重人重心,在治国理政上则是依然从以人为本的角度出发,既重视教化,也重视百姓物欲之满足。

从治国理政的角度看，教化之本在礼乐。"为政先礼。礼，其政之本与"（《礼记》）；"言政而不及化，是天下无礼也"（《文中子》）。孔子强调特别要富而无骄、富而好礼。作为隆礼之逻辑前提的是中华文明与西方理智主义传统区分得十分鲜明的厚德传统，厚德方能载物。即便与儒家思想有分歧甚至冲突的思想流派，本质上都强调德的极端重要性。墨子从"兼爱"角度强调："强不执弱，众不劫寡，富不侮贫，贵不敖贱，诈不欺愚。"（《墨子·兼爱》）老子也说："金玉满堂，莫之能守；富贵而骄，自遗其咎。"（《道德经·第九章》）作为当然，落实礼乐教化的实践之根本就在于修身。儒家的学问本质上是"为己之学"，即为了提升自己内圣境界的学问，内圣才能外王。孔子认为仁者无忧，君子坦荡荡而小人常戚戚，但同时他充满忧患，说："德之不修，学之不讲，闻义不能徙，不善不能改，是吾忧也。"（《论语·述而》）总之，在传统文化中，"自天子以至于庶人，壹是皆以修身为本"（《大学》），在价值和方法上都抓住了人、身这个根本，在遂民之欲的基础上更彰显了教化、精神文明建设的重要性。在20世纪20年代中国，作为新文化运动、五四运动的余绪，曾爆发过一场所谓"科玄论战"，其核心在于是重物质文明还是重精神文明。当年的陈立夫说过："有精神兼有物质的文明才是'生的文明'。"[1]60年后的邓小平明确提出两个文明一起抓。100年后，中国式现代化明确将"物质文化和精神文明相协调"作为自己的重要特色。

---

[1] 《中国现代思想史资料简编》第三卷，姜义华编，浙江人民出版社1983年，第743页。

四、"天人合一"而"人与自然和谐共生"

中国式现代化是人与自然和谐共生的现代化。"人与自然是生命共同体,无止境地向自然索取甚至破坏自然必然会遭到大自然的报复。我们坚持可持续发展,坚持节约优先、保护优先、自然恢复为主的方针,像保护眼睛一样保护自然和生态环境,坚定不移走生产发展、生活富裕、生态良好的文明发展道路,实现中华民族永续发展。"[①]人与自然和谐共生是中国式现代化的鲜明特点,相对于西方文化而言,中国传统文化崇尚包括人与自然关系在内的和谐共生的鲜明特质是公认的,人与自然和谐共生的中国式现代化特色无疑是从传统文化中"长"出来的。习近平论述其生态文明思想时多次明确突出了这样的传统文化源泉。他说:中华民族向来尊重自然、热爱自然,绵延5000多年的中华文明孕育着丰富的生态文化。《易经》中说,"观乎天文,以察时变;观乎人文,以化成天下","财成天地之道,辅相天地之宜"。老子《道德经》中说:"人法地,地法天,天法道,道法自然。"《孟子》中说:"不违农时,谷不可胜食也;数罟不入洿池,鱼鳖不可胜食也;斧斤以时入山林,材木不可胜用也。"《荀子》中说:"草木荣华滋硕之时,则斧斤不入山林,不夭其生,不绝其长也。"《齐民要术》中有"顺天时,量地利,则用力少而成功多"的记述。这些观念都强调要把天地人统一起来、把自然生态同人类文明联系起来,按照大自然规律活动,取之有时,用之有度,表达了我们的先人对处理人与自然关系的重要

[①]《习近平著作选读》第一卷,人民出版社2023年,第19页。

认识。① 习近平还指出,"生态环境没有替代品,用之不觉,失之难存。'天地与我并生,而万物与我为一。''天不言而四时行,地不语而百物生。'当人类合理利用、友好保护自然时,自然的回报常常是慷慨的;当人类无序开发、粗暴掠夺自然时,自然的惩罚必然是无情的。人类对大自然的伤害最终会伤及人类自身,这是无法抗拒的规律。'万物各得其和以生,各得其养以成'"②。习近平还直接从中华文明的高度指出:"道法自然、天人合一是中华文明鲜明内在的生存理念。"2021年更是明确说道:"中华文明历来崇尚天人合一、道法自然,追求人与自然和谐共生。"③的确,人与自然和谐共生,在传统文化视野中,就是基于天人合一的人与自然的相处之道。

1. 天人合一的宇宙观与价值观

人与世界的关系问题是哲学的基本问题,在西方体现为思维和存在的关系问题,在中国就体现为天人关系问题。中国传统思想流派众多,但天人合一是他们共同的也是中国传统文化最具标识性的观念。中国古人认为,天地人三才是统一的生命整体,天人一体、天人同构而且天人相感相通。"《易》无思也,无为也,寂然不动,感而遂通天下之故。"(《周易·系辞上》)董仲舒更是从"人受命乎天"出发,以人与天相比类,"于其可数也,副数;不可数者,副类",从人的生理构成、性情好恶方面系统论证了"人副天数""天人一也"(《春秋繁露·人副天数》)。同时,"同类相动"而"人生于天而体天之节",故有天人感应之说。董仲舒之说无疑牵强、穿凿,但其表达的天地密切相关的思想不仅影响深远而且很有启示。

---

① 参见习近平:《推动我国生态文明建设迈上新台阶》,《求是》2019年第3期。
② 《习近平谈治国理政》第三卷,外文出版社2020年,第360—361页。
③ 习近平:《共同构建人与自然生命共同体——在"领导人气候峰会"上的讲话》,《人民日报》2021年4月23日。

人副天数中的"副"也表明了天在本体上的第一性——人是天的副本。面对这个先在的,人可与之相通、感应的天,中国传统思想更加强调人应该感之、知之、应之、顺之。儒家乐天知命,孔子认为"不知命无以为君子"(《论语·尧曰》);孟子认为尽心知性则知天,"尽其心者,知其性也,知其性则知天矣"(《孟子·尽心上》);荀子强调明于天人之分、制天命而用之,最为激进。道家强调:"人法地,地法天,天法道,道法自然。"(《道德经·第二十五章》)当然,有关道家"自然"之义,后世争议很大,确实不能以今日之大自然的"自然"理解之,更多是"自然而然""本来的样子"之意。不过,无论如何,"道法自然"都有强调无为、非人力使然的意思。"因应物性"(《道德经·第二十九章》)、"辅万物之自然而不敢为"(《道德经·第六十四章》)正是此解。其实,最早明确提出天人合一思想的是庄子,他强调"天地与我并存,万物与我为一"(《庄子·齐物》);"以天为宗,以德为本,以道为门,兆于变化"(《庄子·天下》);"顺物自然而无容私焉"(《庄子·应帝王》)。《抱朴子·内篇》也有"任物自然"之训。知天、顺天最终追求的是天人和合。孔子"五十而知天命"后,"七十从心所欲而不逾矩",可谓臻于天(不逾矩)人(从心所欲)之境矣。后来,冯友兰谓人生有四境界:自然之境、功利之境、道德之境、天地之境,其"天地之境"即为天人合一、万物一体之最高境界。"大人者,以天地万物为一体者也。其视天下犹一家,中国犹一人焉。"(王阳明《大学问》)这是中国传统文化中人生也是人在天人关系中的最高价值追求。从这种万物一体、人与天同体的角度出发,天人合一更意味着一种责无旁贷的天下使命:"宇宙内事乃己分内事。己分内事乃宇宙内事。"(金缨《格言联璧·学问类》)

2. 应时用度

中国古代有着世界上最发达的农业文明,这种文明的生产方式就决定了人们十分注重人与土地、天象、气候、节气、时令的关系,特别强调天时地利,应"时"用"度",这是一种持续存在的生存理性与智慧。李泽厚就认为,"度"是中国传统文化精髓、本体之所在,在于掌握分寸,恰到好处,推动着人类的生存、延续和发展。根据《周礼》记载,中国古代很早就设置了从事自然资源管理的机构,如川衡、林衡、山虞、泽虞。《礼记·月令》详细描述了宇宙运动是由阴阳之气构成,且把五行与四季配合,构成一个有机整体的自然。孔子曰:"道千乘之国,敬事而信,节用而爱人,使民以时"(《论语·学而》),"子钓而不纲,弋不射宿"(《论语·述而》)。管子曰:"不务天时,则财不生;不务地利,则仓廪不盈。"(《管子·牧民》)孟子云:"不违农时,谷不可胜食也;数罟不入洿池,鱼鳖不可胜食也;斧斤以时入山林,林木不可胜用也。谷与鱼鳖不可胜食,材木不可胜用,是使民养生丧死无憾也。养生丧死无憾,王道之始也。"(《孟子·梁惠王》)文子说:"不竭泽而渔,不焚林而猎……草木未落,斤斧不得入于山林;昆虫未蛰,不得以火田;孕育不杀……故万物之发生若蒸气出。先王之所以应时修备……富国利民之道也。"(《文子·上仁》)荀子也强调:"圣王之制也,草木荣华滋硕之时,则斧斤不入山林,不夭其生,不绝其长也;鼋鼍、鱼鳖、鳅鳝孕别之时,罔罟毒药不入泽,不夭其生,不绝其长也;春耕、夏耘、秋收、冬藏四者不失时,故五谷不绝而百姓有余食也;污池渊沼川泽谨其时禁,故鱼鳖优多而百姓有余用也;斩伐养长不失其时,故山林不童而百姓有余材也。"(《荀子·王制》)总的原则就是应该"应时而使之"(《荀子·天论》)。《吕氏春秋》也云:"竭泽而渔,岂不获得?而明年无鱼;焚薮而田,岂不获得?而明年无兽。"司马谈《论六家要旨》曰:"夫阴阳、四时、八位、十二度、二十四节,各有教令,曰'顺之者昌,逆之者亡',未必然也。故曰使人拘而多畏。夫春生,夏长,秋收,冬藏,此天道之大经也,弗顺则无以为天下纲纪,故曰四时之大顺不可失也。"(《史记·太史公自序》)可见,应时用度这一今天可归为可持续发展思想的理念,是中国古代各门各派的重要共识,是中国人基因性的实践智慧。

3. 知足节俭

基于广土众民的现实和总体道法自然、应时用度的理念,中国传统文化十分崇尚节俭、强调知足。早在《尚书·大禹谟》中中国古人就倡导"克勤于邦,克俭于家"。儒家强调好学,而把节俭、知足作为好学与贤德的重要表现:"子曰:'君子食无求饱,居无求安,敏于事而慎于言,就有道而正焉。可谓好学也已'"(《论语·述而》);"饭疏食,饮水,曲肱而枕之,乐亦在其中矣"(《论语·学而》);"子曰:'贤哉回也!一箪食,一瓢饮,在陋巷,人不堪其忧,回也不改其乐。贤哉,回也!'"(《论语·雍也》)道家思想更强调道法自然、见素抱朴。老子认为自己从道中领悟到的三项宝贝,其一便是"俭":"我有三宝,持而保之;一曰慈;二曰俭;三曰不敢为天下先。"(《道德经·六十七章》)还强调圣人要"三去":"去甚、去奢、去泰。"(《道德经·二十九章》)老子更把"知足"上升到人生哲学的高度,提出"知足不辱,知止不殆,可以长久"(《道德经·四十四章》),认为"罪莫大于可欲,祸莫大于不知足,咎莫大于欲得。故知足之足,恒足矣"(《道德经·四十六章》)。正是从老子的这一思想中引申出了老百姓常说的一个金针式成语——"知足常乐"。墨家明确提出"节用"的主张,强调"俭节则昌,淫佚则亡"(《墨子·辞过》)。历代明君贤士都反对铺张浪费,主张"常将有日思无日,莫把无时当有时"(《增广贤文·上》);强调"取之有制、用之有节则裕,去之无制、用之不节则乏"(张居正《论时政疏》)。正如《尚书》"克勤于邦,克俭于家"所示,知足节俭总是与勤劳相关,"勤俭"不分家。李商隐的诗句"历览前贤国与家,成由勤俭破(败)由奢",成了千古箴言、警句。勤俭也成为传统中国人的重要精神标识。

中国传统文化中天人合一思想确实不仅是典籍里的精神，也不仅仅停留于精英分子的理想追求中，事实上它已经成为一种文化基因，在中国已经成为一种肉身化的存在。但是，值得指出的，由于广土众民以及农业技术长期未能取得突破，在传统社会末期确实非常"内卷"，"四海无闲田，农夫犹饿死"（李绅《悯农》）的状况也非罕见，于是在近代落后的情况下形成了一副令人百感交集的景象。德国哲学家赫尔曼·凯泽林叙述他1912年到中国见到的情境：当我穿行于中国的腹地之时，展现在我眼前的是我从来未曾见过的一幅令人难以忘怀的乡村生活图。每一方土地都是经过了开荒垦殖、精心施肥、科学耕作，一直绵延至山丘的坡顶。这些小山丘像极了埃及的金字塔，斜坡上修筑着人造梯田。黄土堆筑的村庄被黄土垒砌的围墙所环绕，在此种田园风光中更给人以自然的形式感：它们几乎无法从褐色的背景中跳跃出来。环顾四周，我看到农民们都在有条不紊地、细致周到地、心满意得地劳作着。正是这些农民赋予了这片广袤的平原以生命和活力。正如被精心耕作的绿色田野以及干涸的深黄色河床一样，他们身上的蓝色短褂也成为此幅乡村图画必不可少的要素之一。但倘若画面中缺少了这些黄皮肤的人，必然也是不可想象的。同时，这一片平野也是一片占地辽阔的墓地。几乎没有哪一块耕地上不是安放了无以计数的坟墓，以至于耕耘者不得一次又一次地在墓碑之间来回穿行。世界上没有任何其他国家的农民能够给人以如此绝对纯真且又如此执着地依附于土地的印象！在这里，在这块世代相传的土地上，见证了中国的农民生与死的全部过程。他们依附于土地，而不是土地附属于他们。不管怎样，土地永远也不会让它的子孙们弃它而去。无论这块土地养育的人们在数量上如何迅速增长，他们仍然附属于土地，以更为孜孜不倦的劳动从大自然身上榨取贫瘠的奉献。当他们死去的时候，他们又带着童稚般的信赖重新归于母亲的怀抱。……对他们而言，生活的这片土地散逸出其祖先的精灵，不仅对其辛勤劳动予以奖励，对其懈怠偷懒也会予以惩罚。因此，这世代相传的土地同时也是他个人的全部的历史、记忆和怀念。 正如同他不可能拒绝自己一样，他也不可能拒绝这片土地，因为他的个体已经融为土地的一分子。"①这是一种怎样动人心魄而又令人心酸的情境！ 类似的场景并未消失很远。 今天的中国式现代化是要激活天人合一的思想，但一定是基于现代文明成果在实践中实现创造性转化和创新性发展，完成一种否定之否定的使命，实现生产发展、生活富裕、生态良好的三"生"有幸（福），让人们过上人与自然真正和谐的美好生活。

---

① ［德］赫尔曼·凯泽林：《另眼看共和：一个德国哲学家的中国日记》，刘姝、秦俊峰译，福建教育出版社 2015 年，第 72—75 页。

五、"协和万邦"而"走和平发展道路"

中国式现代化是走和平发展道路的现代化。"我国不走一些国家通过战争、殖民、掠夺等方式实现现代化的老路,那种损人利己、充满血腥罪恶的老路给广大发展中国家人民带来深重苦难。我们坚定站在历史正确的一边、站在人类文明进步的一边,高举和平、发展、合作、共赢旗帜,在坚定维护世界和平与发展中谋求自身发展,又以自身发展更好维护世界和平与发展。"[1]走和平发展道路是中国式现代化的突出特征,爱好和平深深刻在中华民族的基因里,天下情怀是中华文化的重要特质。走和平发展道路是中国人从近代以后苦难遭遇中得出的必然结论,更是有着深厚的中华文明——和平性是中华文明的突出特性——渊源,是中华民族优秀传统文化的传承和发展。习近平反复指出,一个民族最深沉的精神追求,一定要在其薪火相传的民族精神中来进行基因测序。和平、和睦、和谐的追求深深植根于中华民族的精神世界之中,深深溶化在中国人民的血脉之中,是中华民族5000多年来一直追求和传承的理念。中国自古就提出了"国虽大,好战必亡"的箴言。"以和为贵""和而不同""化干戈为玉帛""国泰民安""睦邻友邦""天下太平""天下大同"等理念世代相传。中华文明历来崇尚"以和邦国",亲仁善邻、协和万邦是中华文明一贯的处世之道。中国《孙子兵法》是一部著名兵书,但其第一句话就讲"兵者,国之大事,死生之地,存亡之道,不可不察也",其要义是慎战、不战。几千年来,和

---

[1] 《习近平著作选读》第一卷,人民出版社2023年,第19页。

平融入了中华民族的血脉中,刻进了中国人民的基因里,具体体现在行动中。中国在历史上曾经长期是世界上最强大的国家之一,但中华民族的血液中没有侵略他人、称王称霸的基因,没有留下殖民和侵略他国的记录。我们坚持走和平发展道路,是对几千年来中华民族热爱和平的文化传统的继承和发扬。① 在很大程度上,中国式现代化是这种基因的继承和这种特质的现代性彰显。

1. 慎战而非攻

在古代社会,不同群体,如城邦、诸侯之间的矛盾冲突是在所难免的。在西方传统中,基于主客二分的冲突、征服思维根深蒂固,古罗马凯撒大帝那句名言"我来,我看,我征服"可谓是集中代表,战争也就成为解决矛盾的经常性手段。与之形成鲜明对比的是,中国传统文化中各家各派都对战争持一种慎重甚至反对的态度。孔子自况有"三慎"——"齐(通'斋'),战,疾"(《论语·述而》),而战居其一。老子强调:"以正治国,以奇用兵,以无事取天下。"(《道德经·五十七章》)"以道佐人主者,不以兵强天下。其事好远。师之所处,荆棘生焉;大军之后,必有凶年。善有果而已,不敢以取强。"(《道德经·三十章》)"夫唯兵者,不祥之器,物或恶之,故有道者不处。君子居则贵左,用兵则贵右。兵者不祥之器,非君子之器,不得已而用之,恬淡为上。胜而不美,而美之者,是乐杀人。夫乐杀人者,则不可得志于天下矣。吉事尚左,凶事尚右。偏

---

① 参见《习近平谈治国理政》第二卷,外文出版社2017年,第545页;《习近平谈治国理政》,外文出版社2014年,第265页;《习近平谈治国理政》第四卷,外文出版社2022年,第11页。习近平在2023年文化传承发展座谈会上再次强调:"中华文明具有突出的和平性。和平、和睦、和谐是中华文明五千多年来一直传承的理念,主张以道德秩序构造一个群己合一的世界,在人己关系中以他人为重。倡导交通成和,反对隔绝闭塞;倡导共生并进,反对强人从己;倡导保合太和,反对丛林法则。中华文明的和平性,从根本上决定了中国始终是世界和平的建设者、全球发展的贡献者、国际秩序的维护者,决定了中国不断追求文明交流互鉴而不搞文化霸权,决定了中国不会把自己的价值观念与政治体制强加于人,决定了中国坚持合作、不搞对抗,决不搞'党同伐异'的小圈子。"(参见习近平:《在文化传承发展座谈会上的讲话》,《求是》2023年第17期)

将军居左,上将军居右,言以丧礼处之。杀人之众,以悲哀泣之,战胜以丧礼处之。"(《道德经·三十一章》)墨子专门写有《非攻》篇。他说:"今万乘之国,虚数于千,不胜而入;广衍数于万,不胜而辟。然则土地者,所有余也;王民者,所不足也。今尽王民之死,严下上之患,以争虚城,则是弃所不足,而重所有余也。为政若此,非国之务者也。"主张兼相爱、交相利,"父爱人者,人必从而爱之";"使天下兼相爱,爱人若爱自身";"天下之人皆相爱,强不执弱,众不劫寡,富不侮贫,贵不敖贱,诈不欺愚"。即便是一般人理解为致力于以战争、军事制胜的兵家,也强调"先王之道,以和为贵;贵和重人,不尚战也"(李筌《太白阴经·贵和》)。作为兵家经典的《孙子兵法》,不仅开篇即亮出慎战之主旨,而且强调"百战百胜,非善之善者,不战而屈人之兵,善之善者也",主张"上兵伐谋,其次伐交,其次伐兵,其下攻城",反对穷兵黩武、涂炭生灵。清代赵藩为成都武侯祠所题对联之上联可以说浓缩了这些思想:"能攻心则反侧自消,从古知兵非好战。"这些思想主张一方面是中华民族独特品质的体现,同时又作为经典、格言塑造了我们的民族精神特质。罗素就认取中华民族是一个骄傲到不愿打仗的民族,他认为中国人至高无上的伦理品质中的一些东西正是现代世界所极需的,其中第一位的就是"和气",中国素来"以公理为基础而不是以武力去解决争端"①。

2. 王道而协和

中国传统文化之所以慎战、反战、非攻,与其推崇王道而非霸道有关。"王道"一词出于《尚书·洪范》:"无偏无陂,遵王之义;无有作好,遵王之道;无有作恶,遵王之路。无偏无党,王道荡荡;无党无偏,王道平平;无反无侧,王道正直。会其有极,归其有极。"实际上,"王道"乃

---

① [英]伯特兰·罗素:《中国问题》,秦悦译,学林出版社1996年,第167—168页。

是圣王从实际情况出发、没有偏私地以仁义进行政治统治。这样一种王道不仅体现在对内的治国理政,也体现为处理对外关系中。以"夷夏之辨""夷夏之防"为例,中心统治者心理层面对他者有差别、有警觉,甚至有防范,但总体上不意味着对他者的侵略、征服。面对差异造成的矛盾,希望通过一定努力,最终使他者变成可以和平照面的"你"。其中,最重要的努力是反求诸己,即提升自己的修养、境界来感化对方——"修己以安人""远人不服,则修文德以来之"——这在西方文化中几乎是不存在的。早在《尚书》中就记载尧"百姓昭明,协和万邦"(《尚书·虞书·尧典》)。《周礼》也强调"以和邦国,以统百官,以谐万民"。中国人信奉"四海之内皆兄弟",认为"志合者,不以山海为远;道乖者,不以咫尺为近。故有跋涉而游集,亦或密迩而不接"(葛洪《抱朴子·博喻》)。中西交流最早的代表性人物利玛窦记载:"虽然他们有装备精良的陆军和海军,很容易征服邻近的国家,但他们的皇上和人民却从未想过要发动侵略战争。他们很满足于自己已有的东西,没有征服的野心。在这方面,他们和欧洲人很不相同,欧洲人常常不满意自己的政府,并贪求别人所享有的东西……我仔细研究了中国长达四千多年的历史,我不得不承认我从未见到有这类征服的记载,也没听说过他们扩张国界。"①确实,正如习近平多次指出的,以理服人,以文服人,以德服人,是中华文化的生命禀赋和生存耐性,是中华民族的重要特点和民族精神。"古往今来,中华民族之所以在世界有地位、有影响,不是靠穷兵黩武,不是靠对外扩张,而是靠中华文化的强大感召力和吸引力。我们的先人早就认识到'远人不服,则修文德以来之'的道理。"②

---

① [意]利玛窦、[比]金尼阁:《利玛窦中国札记》,何高济、王遵仲、李申译,中华书局 2010 年,第 58—59 页。
② 习近平:《在文艺工作座谈会上的讲话》,《人民日报》2015 年 10 月 15 日。

3. 以天下观天下

古代中国协和万邦的思想与其天下的社会历史观直接有关。与西方古代的城邦、王国、帝国及近代以来的民族-国家观念相对，中国文化中自古就有超越国家之上的"天下"观念，有着深厚的天下情怀和宽广的天下视野。自《尚书》以来，中国思想百家争鸣但都遵崇"天下"之说，尤其是儒家关于修身、齐家、治国、平天下的次第功夫为人所熟知。尽管中国古人讲的"国""天下"并非就是今天理解的国家、世界，也非一个实质性的疆域概念，而是一种关于文明、道德秩序的文化想象，但"天下"观念确实打开了一种可能性，展现了一种超越的、普遍的维度，蕴涵着中国特色的世界主义思想。"天下为公""天下大同"直接成为中国人对理想的美好生活的畅想，"以天下为己任"也成为士人的立身传统。对于统治阶级和圣君而言，天下也成为一种治国理政的思想方法和基本方略。老子强调："以身观身，以家观家，以乡观乡，以邦观邦，以天下观天下。"(《道德经·五十四章》)管子则强调："以家为家，以乡为乡，以国为国，以天下为天下。"(《管子·牧民》)费孝通先生著名的"各美其美，美人之美，美美与共，天下大同"十六字箴言，赵汀阳在全球时代进行"托古改制"而提出了"天下体系"的全球政治秩序和世界制度的构想，都是对传统文化中天下思想的创造性发挥。在中国共产党的二十大报告中，"必须坚持胸怀天下"已经成为习近平新时代中国特色社会主义思想的立场观点方法之一。这无疑是马克思主义基本原理同中华优秀传统文化相结合，激活和实现中华优秀传统文化创新性发展的重要体现。坚持胸怀天下，走和平发展的道路，始终做世界和平的建设者、全球发展的贡献者、世界秩序的维护者，以自己的和平发展促进人类的和平发展，这是以传统文化为根基的中国式现代化的鲜明特色，必然道路越走越宽。

第五章

中国传统文化"中和位育,安所遂生"的理念与实践

中国式现代化深深植根于中华优秀传统文化,在以中国式现代化全面推进中华民族伟大复兴的进程中,必须守好中国式现代化的根。作为中国式现代化之根的传统文化本身博大精深而又长期以潜默方式存在,如何可操作地实现其自觉在相当长的时间内都是一项重大课题。金耀基曾有言,五四时期我们是"看不起"传统文化,后来很长一段时间是我们"看不到"传统文化。① 我们认为,今天我们已经比较普遍地重视传统文化,也渐渐处处都能看得见传统文化,却又面临一个"看不清"传统文化的问题。"看不清"哪些是真正的传统文化,哪些是优秀的传统文化,作为中国式现代化根基的中华优秀传统文化究竟该如何大道至简、提纲挈领地予以把握。

面对浩瀚而潜默的传统文化,习近平明确要求"把优秀传统文化的精神标识提炼出来、展示出来,把优秀传统文化中具有当代价值、世界意义的文化精髓提炼出来、展示出来"②。我们理解,前述无论是中国学者的长期探索,还是西方学者的"他者旁观",抑或我们基于中国式现代化之"中国特色"的底蕴揭示,都还需要一种总体性的提炼、凝练,标识性地表述出中国式现代化的传统文化根基。梁漱溟先生在谈到中国文化时说过:"假使中国的东西仅只同西方化一样便算可贵,则仍是不及人家,毫无可贵! 中国化如有可贵,必在其特别之点,必有特别之点才能见长!"③的确如此。我们在对中国式现代化的传统文化根基进行凝练的表述时,至少应该符合如下条件:(1)它在传统文化中本就处于精髓地位,能最大限度地浓缩地体现中华优秀传统文化的精华;(2)它具有鲜明的精神标识性,能与西方文化形成迥异的对比;(3)它对于解答主要由西方式现代化带来的人类整体危机具有普遍性启示和基本提示;(4)从"从后思索"的角度看,中国式现代化的特色与本质足以表明其确实继承和发展了它。根据这样的理解,我们认为,"中和位育,安所遂生"正是中国式现代化的传统文化根基的集中体现。

---

① 参见金耀基:《中国文化传统与发展》,《传统文化与现代化》1993年第3期。
② 习近平:《举旗帜聚民心育新人兴文化展形象 更好完成新形势下宣传思想工作使命任务》,《人民日报》2018年8月23日。
③ 《中国当代学术经典·梁漱溟卷》,河北教育出版社1996年,第23页。

一、"中和位育，安所遂生"的核心要义

众所周知，"致中和，天地位焉，万物育焉"，这是《中庸》中的名句。《中华思想文化术语》编委会将之理解为"治理者如果能够体认并达到'中和状态'，以此治理天下，天地万物就会处于端正、恰当的位置，和谐、有序，就可以实现彼此间的共同繁荣与发展"。并以如下英文翻译之："If a ruler can achieve balance harmony, both heaven and earth will be in their proper places, and all things will prosper and thrive."[①]在思想史上，人们对之的关注和解读不绝如缕，潘光旦先生则首次将这一思想概括为"位育论"。但潘先生没有留下对位育论的系统阐述，其思想散见于不同时期的多篇论文中。其中，在一篇题为《"位育"？》的短文中他对自己的洞见进行了最为简洁的专门介绍。他不仅指出，"位育"一词源于《中庸》中的"致中和，天地位焉，万物育焉"，还引用朱熹《中庸集注》中的"位者，安其所也；育者，遂其生也"说明之："所以'安所遂生'，不妨叫做'位育'"。他说，西洋演化论传入后，国人才明了生物界所谓 adaptation 或 adjustment 的现象，最早翻译为"适应"或"顺应"，而"适应的现象原有两方面，一是静的，指生物在环境里所处的地位；二是动的，指生物自身的发育。地位和发育的缩写，便是'位育'"[②]。在《中

[①] 参见《中华思想文化术语》编委会编：《中华思想文化术语4》，外语教学与研究出版社2017年，第151页。其将主语限制为"统治者（ruler）"，虽不算错，但也确实大大局限了这一思想的普遍意义。

[②] 《潘光旦文集》第8卷，北京大学出版社2000年，第439页。

国古典的精髓》一文中，辜鸿铭则事实上将"位育"理解为"秩序和进步"①。"位"与"秩序"、"育"与"进步"（辜有时也说"发展"），可谓是融通古今中西的"一种共识、各自表述"。

我们认为，虽然"安所遂生"源于朱熹对"位育"的解释，但一如后文将要揭示的，"中和位育"更侧重于本体、规律的揭示，而"安所遂生"更侧重于价值、方法的追求；"位"与"所"、"育"与"生"的内涵也不完全一样。因此，"中和位育、安所遂生"的表达更为直接和完整。其实，"中和位育、安所遂生"的思想早在《周易》中就已经奠定了。《周易》的世界观是天地人三才，其中乾坤两卦象征天地："天行健；君子以自强不息"（《周易·乾卦第一》）；"地势坤；君子以厚德载物"（《周易·坤卦第二》）。天刚健有为，运动不已；地厚重宽广，容养万物。"夫《易》，圣人所以崇德而广业也。知崇礼卑，崇效天，卑法地。天地设位而《易》行乎其中矣。成性存存，道义之门。"（《周易·系辞上传》）人生天地间，天地设置了人的"位"，按照《周易》的道理修养和涵存自己的德性，才是人生、社会的真谛所在。"天地设位"于前，人效法天地以"自强不息""厚德载物""成性存存"于后，前者为"位"，后者为"育"，可谓位育思想之内核已然清晰明确。《周易》还有云："乾道变化，各正性命，保合太和，乃利贞。"（《周易·乾卦第一》）天道变化，生育万物，每一事物都有其独特的生命与本性、位置和存在的价值，若能协调并济，形成最高的和谐状态，就能大吉大利。""正""性命"而"保合太和"乃"利"，也在本体的意义上几乎点出了位育论的全部思想。

在综合朱熹、辜鸿铭、潘光旦等先贤论述的基础上再加以研究，我们认为，完整理解"中和位育、安所遂生"的理念，至少要把握如下核心要义。

---

① 《辜鸿铭文集》（下册），海南出版社1996年，第328页。

1. 天地乃生命之本体

确如牟宗三指出的，与西方文化及其哲学关心自然相比，中国文化及其哲学所关心的是生命，儒道释三家所阐发的性理、玄理、空理都是生命的学问①。中国的本体论即道论是一种生命本体论。首先，生命本源于天地。正如荀子所论："天地者，生之本。"(《荀子·礼论》)《礼记》亦曰："万物本乎天。"(《礼记·郊特牲》)《周易·序卦传》有云："有天地然后万物生焉。"其次，"天地之大德曰生"(《周易·系辞下传》)，"生生之谓易"(《周易·系辞上传》)。"生"既意谓产生，也意谓发展，总起来是包括人在内的宇宙万物是一个不断生成变化的过程——正如安乐哲所洞见的，就人而言，中国传统文化所理解的人不是西方式的 human being，而是 human becoming②。天地运行的最大恩德、功德就是使万物生③。再次，天地运行规律"一阴一阳之谓道"，这个道"显诸仁，藏诸用，鼓万物而不与圣人同忧"(《周易·系辞上传》)；天地虽无言，但"四时行焉，百物生焉"(《论语·阳货》)。天地运行的终极规律与最大恩德、功德是一切生

---

① 牟宗三：《中西哲学之会通十四讲》，上海古籍出版社 2007 年，第 21 页。他还指出："以西方哲学为标准，来在中国哲学里选择合乎西方哲学的题材与问题，那将是很失望的，亦是莫大的愚蠢与最大的不敬。"(牟宗三：《中国哲学的特质》，上海古籍出版社 1997 年，第 7 页）著名心理学家荣格也表达了类似观点："即使是一个具有理智批判的人，倘若他胆敢对伟大的东方人极为微妙的心灵体验进行理性讨论，他也会感觉自己是带着可笑的自命不凡在说话，甚至是满口胡言。"([瑞士]荣格、[德]卫礼贤：《金花的秘密：中国的生命之书》，张卜天译，商务印书馆 2016 年，第 28 页）美国学者白璧德（Babbitt）认为："在探寻自然之道的真理的过程中，欧洲人忽略了谦逊的真理——内在生命的真理。它失去了方向（对东方的向往），因为它最初是从东方获得这些真理。"(何兆武、柳卸林主编：《中国印象：外国名人论中国文化》，中国人民大学出版社 2011 年，第 452 页）
② 参见安乐哲：《生生论（Zoetology）：一种传统思维方式的新名称》，秦凯丽、关欣译，《周易研究》2023 年第 1 期。
③ 《中华思想文化术语》编委会将"生生"理解为"生生不息的变化"，英译为"perpetual growth and change"。参见《中华思想文化术语》编委会编：《中华思想文化术语 4》，外语教学与研究出版社 2017 年，第 99 页。方东美认为："生含五义：一、育种成性义；二、开物成务义；三、创进不息义；四、变化通几义；五、绵延长存义。故《易》重言之曰生生。"见《中国现代学术经典·方东美卷》，河北教育出版社 1996 年，第 315 页。

命得以可能的根据,那便是为万物和人类提供生生不息的环境——"天地设位",让各类生命各得其所。 最后,"上天有好生之德"(《论语》)而"好生之德,洽于民心"(《尚书·大禹谟》)。 生命本乎天,但中心始终在人、在民,民好生、乐生,以安生为欲。

当然,"生"不仅是自然意义的生(自然生命),而且有社会意义的生(社会生命)和价值意义的生(价值生命)——老子曰"死而不亡者寿"(《老子·第三十三章》),死是自然生命的失去,而亡才是价值生命的终结。《左传》所谓"三不朽"——"'太上有立德,其次有立功,其次有立言。'虽久不废,此之谓不朽",都是就社会生命和价值生命而言的。 生也意味着一种创新,方东美就认为,《周易》所谓"生生"意为"生之又生或创造再创造",用怀特海的"creative creativity"翻译比较精准①。 习近平甚至认为,创新性乃是中华文明的突出特性,中华民族一直传承着"苟日新,日日新,又日新"(《大学》)的精神,创新"也是中华民族最深沉的民族禀赋"②。 还有,生命的欲望也不仅在于"生",而且在于在生的基础上追求好生活(goodlife,美好生活)。

2. 人与万物共生、并育

西方文化在根基处不仅是无机、机械的宇宙观,而且是原子论的冲突观,最终各个人的自利追求造成"人对人像狼对狼一样"的残酷境况,自我对待他者往往是一种征服、收编,使之同一化(所谓"普世化")的方式。 中华传统文化则完全不同,其强调的"生"不只是个体的生,而是整体的生,即在家、国、天下中与他人共生,进而是"民吾同胞,物吾与也"(张载《西铭》),"天地与我并生,万物与我为一"(《庄子·齐物》),与万物共生。 而且,其中的"同""与""齐""一"并不是同一、一样的意思,

---

① 参见《中国现代学术经典·方东美卷》,河北教育出版社 1996 年,第 112 页。
② 《习近平谈治国理政》,外文出版社 2014 年,第 59 页。

而是重在"共""并",中华传统文化强调的"共生"是差异性共生,尊重和包容基于不同历史条件"生长"出来的多样性、差异性。或者可以反过来说,中华文化蕴含着这样的一种观念:多样性、差异性是生命永续的前提和基础——"物之不齐,物之情也"(《孟子·滕文公上》)。至于不同群体的种种不同生活方式、礼俗,"此上以为政,下以为俗,而未足为异也"(《列子·汤问》),没什么大不了的,不求一律。包容性是中华文明的又一突出特性。

更为重要的是,中国传统文化认为这些差异不仅可以不相互妨碍、伤害,而且相互依存,能互相成就。郭象《庄子注》云:"天下莫不相与为彼我,而彼我皆欲自为,斯东西之相反也。然彼我相与为唇齿,唇齿未尝相为,而唇亡则齿寒。故彼之自为,济我之功弘矣,斯相反而不可以相无者也。"既承认人有"彼我"之分,但更强调唇齿相依的共在关系。儒家倡导"和而不同",反对"同而不和",但人们往往把理解的重点放在了"和"上,其实本来强调的重点是在"不同"上,"君子和而不同"即君子不仅能与他者保持和谐关系,而且能始终保持自己的差异性、个性。作为一种理想状态的"和"与"不同"等价,只有和且不同才能生生不息,故曰"和实生物,同则不继"(《国语·郑语》)。"万物各得其和以生,各得其养以成。"(《荀子·天论》)在理想的中和状态下,"万物并育而不相害,道并行而不相悖"(《中庸·第三十章》),人与人之间、物与物之间、人与物之间都可以相互成就,彼此获得发展,不是此长彼消、零和博弈,更不是你死我活、不共戴天。

3. 安所、守位方能并育、遂生

人生天地间,不仅有"生"的本能欲望,而且效法"生"这一天地之大德——"夫'大人'者,与天地合其德"(《周易·乾卦第一》)。何以并育、遂生? 道法天地的结论就是安其所、守其位。故"天地之大德曰生,圣人之大宝曰位"(《周易·系辞下传》)。当然,"所""位"也有自然、社会、精神的层次差异。"所"不仅是安身之所,而且是安心(立命)之所,从根本上说是安生之所。位亦如此。有所有位方能安其生。儒家思想重学,但历来主张"为己之学",而反对"为人之学",认为社会的"位""所"是为己之学——精神"位""所"——水到渠成的结果,即所谓"学而优则仕"。孟子更是明确了天爵与人爵之别。他说,"仁义忠信,乐善不倦,此天爵也。公卿大夫,此人爵也"(《孟子·告子上》),强调"夫仁,天之尊爵也,人之安宅也"(《孟子·公孙丑上》),天爵高于人爵。他赞赏"修其天爵而人爵从之"的理想状态,抨击"修其天爵以要人爵"的丑陋现实,并警告道:"既得人爵而弃其天爵,则惑之甚者也,终亦必亡而已矣。"(《孟子·告子上》)可见,"位""所"之重要。

于是,"何以守位""何以安所"就成为关键,成为道之所在。对于整个人类而言,在终极的意义上,只有安于天地设置的所、守住天地赋予的位,才能生存发展。逆天而行、越位、肆意造作都是作死、非生的无道行为。对于每个个体而言,首先必须有所可安、有位可守——这些主要由社会提供和保障;其次必须心有所属、心有所安、心有所守——君子则"修身以俟之"(《孟子·尽心上》),孟子所谓修天爵者,此之谓也。否则,就会严重"内卷""内耗",不能"生""育"。对于执政者而言,"守位"就成为治国理政之首要。一方面,"守位"先要"合天地之德"而为天下设位:"惟王建国,辨方正位,体国经野,设官分职,以为民极。"(《周礼·天官冢宰第一》)另一方面,"何以守位?曰仁"(《周易·系辞下传》),而仁者爱人,故其"位"即执政的合法性就来自是否能让百姓有所可安、有位可守,能否安所遂生。马一浮在解释张载之"为生民立命"时就说:"儒者立志,须是令天下无一物不得其所,方为圆成。"[①]还有一点是十分明显

[①] 《中国现代学术经典·马一浮卷》,河北教育出版社1996年,第7页。

的,那就是在中国传统文化中,伦理道德始终是底色,从来不存在价值无涉、道德无关的位、所。毋宁说,位、所涉及的都是一种差序格局为基础的伦理秩序:"有万物然后有男女,有男女然后有夫妇,有夫妇然后有父子,有父子然后有君臣,有君臣然后有上下,有上下然后礼义有所错。"(《周易·序卦传》)因此,安所、守位方能并育、遂生,其实就是:"只有先确立秩序——道德秩序,然后,社会的发展就会自然地发生,在无秩序——无道德秩序的地方,真正的或实际的进步是不可能有的。"①

4. 致中和而参赞化育是人的最佳选择

天地设位而人类必须安所、守位才能遂生,但绝不意味着人在天地之间是完全被动、没有主体性的。事实上,最高的能动性、主体性恰恰是基于对受动性的深刻认识,建立在对天地本体之性充分领悟的基础上,其发窍之处则在于"诚"。"唯天下至诚,为能尽其性;能尽其性,则能尽人之性;能尽人之性,则能尽物之性;能尽物之性,则可以赞天地之化育;可以赞天地之化育,则可以与天地参矣。"(《中庸·第二十二章》)以诚尽性而致中和,"中也者,天下之大本也;和也者,天下之达道也。致中和,天地位焉,万物育焉"(《中庸·第一章》)。董仲舒释云:"中者,天下之终始也;而和者,天地之所生成也。夫德莫大于和,而道莫正于中。中者,天地之美达理也,圣人之所保守也……是故能以中和理天下者,其德大盛;能以中和养其身者,其寿极命。"(《春秋繁露·循天之道第七十七》)朱熹作注曰:"大本者,天命之性,天下之理皆由此出,道之体也。达道者,循性之谓,天下古今之所共由,道之用也";"自戒惧而约之,以至于至静之中,无少偏倚,而其守不失,则极其中而天地位矣。自谨独而精之,以至

---

① 《辜鸿铭文集》(下册),海南出版社1996年,第328页。

于应物之处，无少差谬，而无适不然，则极其和而万物育矣"①。 王阳明引《周易》"穷理尽性，以至于命"而述，认为"中和位育便是尽性至命"②。 康有为研究认为，中和乃"孔子大道之本，养身参天皆在此矣"③。 辜鸿铭将之解释为："文化的目的，不仅在于人类，而且在于使所有被创造的事物都能得到充分地成长和发展"④。 基于此，人在天地间中的正确站位及发挥主观能动性的合理方式，也是最文明、智慧、美好的方式——辜鸿铭认为中国语言中"文明"从其文字构成来看，是由"美好和智慧"组合而成，"即美好和智慧的东西就是文明"⑤，就在于赞助而非设计性地改造世界。

对于理解"中国""中华"而言，其何以为"中"是关键；在"中""和"这一"大本"与"达道"中，"中"是根本。 然而，《故训汇纂》中"中"字竟有528条之多！ 可见其含义之广泛与繁复。 就文物而言，目前可见最早的是周代的何尊，其铭文有"宅兹中国"字样。 就典籍思想而言，则最早见于《尚书·大禹谟》所载"人心惟危，道心惟微，惟精惟一，允执厥中"，传为尧舜禹之相授，被称为中华传统文化的十六字心法。"惟精惟一"与《中庸》中的"诚"一致。 全句大抵意思是：人心多变难测，道心微妙幽微，只有精心体察、一心一意，精诚恳切，才能坚持正确的中道。 那么何为中道？ 孔子对之进行了经典性的阐发。《论语·尧曰》也有"允执其中"之语，孔子从尧舜学到的是"执其两端，用其中于民"，反对

---

① 朱熹：《四书章句集注》，中华书局2012年，第18页。 朱子解释"喜怒哀乐之未发，谓之中，发而皆中节，谓之和"时说："喜、怒、哀、乐情也。 其未发，则性也，无所偏倚，故谓之中。 发皆中节，情之正也，无所乖戾，故谓之和。"(同上，第17、18页)
② 《王阳明全集》(上册)，上海古籍出版社2012年，第34页。
③ 《中国现代学术经典·康有为卷》，河北教育出版社1996年，第260、261页。
④ 《辜鸿铭文集》(下册)，海南出版社1996年，第328页。 冯友兰也认为，致中和的最高境界乃是"万物各得其所"或"无一物不得其所"的太和境界，太和不仅包括所有人，还包括所有物。 参见《中国现代学术经典·冯友兰卷》(上)，河北教育出版社1996年，第461页。
⑤ 《辜鸿铭文集》(下册)，海南出版社1996年，第330页。

过与不及，并将之上升到一般的方法论："吾有知乎哉，无知也，有鄙夫问于我，空空如也，我叩其两端而竭焉。"(《论语·子罕》)朱熹在注孔子之"允执其中"的"中"时说"中者，无过不及之名"，在解《中庸》题名时曰"中者，不偏不倚、无过不及之名"，在释"喜怒哀乐之未发，谓之中"时说"无所偏倚，故谓之中"①。王阳明则认为："中和一也。内无所偏倚，少间发出，便自无乖戾。本体上如何用功？必就他发处，才著得力。致和便是致中。万物育，便是天地位。"②总体看来，"中"的核心含义在于不偏不倚、无过不及。千百年来，这已成为中国人修身处世之金针，治国理政之妙道，也成为中国人日用而不觉的思维方式、价值取向，最终积淀为中华民族独特的生存智慧与精神标识。方东美尝言："中国人顶天立地，受中以生，相应以和，必履中蹈和，正己成物"；"中和之理实为吾国哲学甚高甚深极广极大之妙谛。故易尚中和，诗书礼乐尚中和，修齐治平亦莫不尚中和。不偏为中，相应为和"；"中国人深契'非彼无我，非我无所取'之理，然后乃能尽生灵之本性，合内外之圣道，赞天地之化育，参天地之神功，完成其所以为人之至德"。而且，"中国历代圣王明君，建国治人，立政教众，必尚中和。自唐尧以降，内之平章百姓，外之协和万邦，皆允执厥中，保合太和，顺天应人之道本为矩矱。易所垂诫，诗所歌咏，书所诏诰，礼所敷陈，以及春秋之训示，诸子之阐述，莫不以中和建国者为盛德，其故盖可知矣"③。

梁漱溟在《东西文化及其哲学》中曾经有个著名的说法："所有人类的生活大约不出这三条路径样法：(一) 向前面要求；(二) 对于自己的意思变换、调和、持中；(三) 转身向后去要求；这是三个不同的路向。这三

---

① 朱熹：《四书章句集注》，中华书局 2012 年，第 194、17、18 页。
② 《王阳明全集》(下册)，上海古籍出版社 2012 年，第 966—967 页。
③ 《中国现代学术经典·方东美卷》，河北教育出版社 1996 年，第 309、316—317、309 页。习近平也明确指出过，"执两用中、守中致和的思维方法"是塑造中华文明突出特性的中华优秀传统文化重要元素之一。参见习近平：《在文化传承发展座谈会上的讲话》，《求是》2023 年第 17 期。

个不同的路向,非常重要,所有我们观察文化的说法都以此为根据。""西方文化是以意欲向前要求为根本精神的。""中国文化是以意欲自为调和、持中为其根本精神的。 印度文化是以意欲反身向后要求为其根本精神的。"① 也就是说,中国传统文化介于"向前要求"与"向后要求"两个极端之间,尤其是相对于西方文化来说,这种执中的态度十分明显,与西方迥异。 荣格揭示了"金花的秘密",指出"中国人对于生命的悖谬和极性一直都有清醒的认识。 对立双方总能保持平衡——这是高等文化的标志;而片面性(Einseitigkeit)虽然总能提供动力,却是野蛮的标志"②。 马克斯·韦伯曾在其《儒教与道教》中指出,以儒家思想和基督教思想为代表的东西文化都是理性主义,但根本区别在于:"儒教理性主义意味着理性的适应世界;清教理性主义则意味着理性地把握世界。"③对世界的理性适应而非彻底征服、控制和改造,正是"中和位育、安所遂生"最为紧要的内涵所在。 帕森斯在其名著《集体行动的逻辑》中,曾将阿基米德"给我一个支点,我将推动地球"的名言作为西方文明对世界进行理性控制的代表,而认为儒家伦理根本就没有这样的想法。"非典型"汉学家弗朗索瓦·于连致力于通过中国文化迂回地对隐藏于欧洲理性中的成见进行质疑,他发现,以古典物理学为代表的西方文化,采取实验其实是"强迫自然"的方式,"不是与具体事物联系,而是根据自己的意图进行操作……就是它的造物主的操作状态";相反,中国传统文化对待自然的态度就在于"顺"(épouser):"顺其自然,或更确切地说是……'顺着事物的过程'——即道"④。

---

① 梁漱溟:《东西文化及其哲学》,商务印书馆 2005 年,第 61、63 页。
② [瑞士] 荣格、[德] 卫礼贤:《金花的秘密:中国的生命之书》,张卜天译,商务印书馆 2016 年,第 19 页。
③ [德] 马克斯·韦伯:《儒教与道教》,王容芬译,商务印书馆 1995 年,第 299 页。
④ [法] 弗朗索瓦·于连、狄艾里·马尔塞斯:《(经由中国)从外部反思欧洲——远西对话》,张放译,大象出版社 2005 年,第 226 页。

5. 生而有道则存之

生命的欲望不仅在于"生",而且在于"存",也就是可持续地生,而且在生存的基础上追求终极的幸福、美好生活。所有这一切要成为可能,前提是持续保障位和所,根本上讲是要依道而行。"存在得道,而不在于大也;亡在失道,而不在于小也。"(《淮南子·氾论训》)"天下之理得,而成位乎其中矣。"(《周易·系辞上传》)道、理从何处得? 得靠自己的修养和领悟。"天地之大德曰生,圣人之大宝曰位。生不可以无宰,俟有道以存之;位不可以无寄,□有德以尊之。"①天地设置了位,个人领有了所,如果能务天下之大本(中),致天下之达道(和),合天地之大德(生),就能以身为心,立于天地之间而赞天地之化育。

人和物的存在都不可能离开位、所,但万事万物都是流变的,也"不可以久居其所"(《周易·序卦传》),故求位育、得位育以及安所遂生从来不是一蹴而就、一劳永逸的,而是一个持续的或需要不断"再生产"的过程。在此流变的历史中,这种"存"也不应该是刻舟求剑地安于原来的"所"、守其原来的"位",一切都要因时而变。君子总是"时中","以茂对时育万物"(《周易·无妄卦第二十五》)——在动态中求得一种有机的平衡。正所谓"一阴一阳之谓道。继之者善也,成之者性也";而"成性存存,道义之门"(《周易·系辞上传》)。孔子曾经讲到学道立权四种境界:"可与共学,未可与适道;可与适道,未可与立;可与立,未可与权。"(《论语·子罕》)权是比道还高的境界。即便是对于中道之"允执其中",孟子也告诫我们:"执中无权,犹执一也。所恶执一者,为其贼道也,举一而废百也。"(《孟子·尽心》)也就是说,执中如果没有"权",就还是执着于一点,还是一端,这样还是损害了道("贼道")。中庸、道

---

① 苗神客:《大唐故右虞候副率检校左领军卫将军上柱国乙速孤府君碑铭并序》,见周绍良主编《全唐文新编》第1部第4册,吉林文史出版社2000年,第2282页。"□"为缺字。

并不是一劳永逸地达到、执守的，而是动态的，永远需要反思性地寻找和操持，时时维新。"权"就是儒家达到和保持中庸、道、动态平衡的一个重要途径和方法。没有"权"就会丧失道。事实上，在孔子看来，处于"学"与"权"之间的"道"还是一种初级的道，有类如一种理论理性，更高层次的道是基于"权"的实践理性。故荀子有云："道者，古今之正权也。"（《荀子·正名》）而《春秋公羊传》中的"权者，反于经然后有善者也"，明确点出了"经"与"权"这一对中国哲学的重要范畴。儒家所谓的"经"主要就是纲常名教，"经"的特点是恒常不变，是为"经常"；"权"则是"反于经"的，"权"的特点是变，是为"权变"。作为"反于经"的"权"之为"权"及其合法性在于"有善者"。这段话不仅强调了"权"的反常，而且强调了"权"的目的在于善。《论语·子路》中孔子说："言必信，行必果，硁硁然小人哉。"很多人觉得费解，甚至认为是文字有误，大多数人则干脆只引前六个字且加以肯定，结果意思刚好相反。事实上《孟子·离娄》中对此作了最好的解释："大人者，言不必信，行不必果，惟义所在。"这就是"权"及其所宗之旨的生动体现。"权"不是任意、任性，"权"反于经的目的恰恰在于善、义、道，所谓"反经合道""反常合道"、离经而不叛道者，此之谓也。

与反经合道、反常合道相关的是，作为一种实践智慧，中国传统文化始终有一种恒常的忧患意识、逆向思维以对"生"进行动态的"反思性监控"（reflexive monitoring）。作为群经之首、传统文化思想核心理念之渊薮的《周易》有云："作《易》者，其有忧患乎？"（《周易·系辞下》）孔子回答弟子之问而说"未知生，焉知死"（《论语·先进》），一方面成为中国传统文化厚生、重生的重要理据，另一方面也有不少人将之与西方哲人如认为"学习哲学就是练习死亡"的苏格拉底、提出"向死而生"的海德格尔进行比较，认为没有后者深刻。事实上，传统文化包括儒家文化都很重视生死问题。《庄子·德充符》记载，"仲尼曰：'死生亦大矣'"。儒家是立足于生，以反思方式始终维护生，进而也维持使生成为可能的东西，例如位、所、纲常。故"君子不立危墙之下"，是为了"防祸于先而不致于后伤情"（《论语·卫灵公》）。君子戒慎恐惧、如履薄冰、如临深渊，不是一般的患得患失，而是防止自己"须臾"离道。在有类如量子纠缠的辩证思虑中，无论人生还是治国，见正知反、知而慎行也成了一种极其宝贵的民族文化基因。《周易》中的一段话可谓是最经典的论述："危者，安其位者也；亡者，保其存者也；乱者，有其治者也。是故君子安而不忘危，存而不忘亡，治而不忘乱。是以身安而国家可保也。"（《周易·系辞下传》）

孟子有云："居天下之广居，立天下之正位，行天下之大道。"（《孟子·滕文公下》）大丈夫浩气所由在于仁（广居）、礼（正位）、义（大道），但对此也可以作出更为广义的理解，广居、正位者，极言所、位之广大、中正者也，超越洞穴格局而以天下为所位则必得天下之大道，这便是生而有道的大道。

二、"中和位育，安所遂生"的历史实践

"中和位育、安所遂生"的理念在中国古代绝不仅仅是文本典籍意义上的，而是成了一种民族文化基因、社会政治理想和统治者的政治哲学。中国古人的政治理想或曰"理想国"可以从"小康""大同"中看出来，这在《礼记·礼运》中有详细的描述：

"大道之行也，天下为公。选贤与能，讲信修睦，故人不独亲其亲，不独子其子，使老有所终，壮有所用，幼有所长，矜寡孤独废疾者，皆有所养。男有分，女有归。货，恶其弃于地也，不必藏于己；力，恶其不出于身也，不必为己。是故，谋闭而不兴，盗窃乱贼而不作，故外户而不闭，是谓大同。""今大道既隐，天下为家，各亲其亲，各子其子，货力为己，大人世及以为礼。城郭沟池以为固，礼义以为纪；以正君臣，以笃父子，以睦兄弟，以和夫妇，以设制度，以立田里，以贤勇知，以功为己。故谋用是作，而兵由此起。禹汤文武成王周公，由此其选也。此六君子者，未有不谨于礼者也。以著其义，以考其信，著有过，刑仁讲让，示民有常。如有不由此者，在执者去，众以为殃，是谓小康。"

虽然层次、境界不同，小康、大同都是以一种伦理秩序来保障人民安所遂生。在一个被称为具有"超稳定结构"的社会，中国的民众自古重土安迁，追求国泰民安，着意于过自己的好日子。从君子自强不息、精英讲究"生活的艺术"，到市井"好死不如赖活"，中国人从来就有好生、乐生的特质，甚至强调生活要"因其固然""依乎天理"（《庄子·养生主》），

乐天、知命以安生，追求"长生久视之道"(《老子》)，形成了独特的养生文化。中华文化也以一种悲悯、慈悲的情怀看待万物，还把一切能使之生、利于生的事物都看成好的、有价值的，相反则是不好的、厌恶的。相传成书于周代的玄学典籍《奇门遁甲》有"八门"之说，其中生门属土，土生万物，是大吉大利之门，对中国民间文化产生深远影响。

作为统治阶级的政治哲学，"中和位育，安所遂生"在其实际的治国理政和对外交往中得到了检验。或者说，中国历史自身就已经证明，凡是自觉遵循这些洞见的时代，就是中国最为光辉的时代；凡是有违这些洞见的时代，就是中国比较低落的时代。

从对内的治国理政来说，有两块作为见证的古碑特别值得了解：《混元三教九流图赞碑》和《大秦景教流行中国碑》。

《混元三教九流图赞碑》(1565年)现藏于河南少林寺，图文皆出自明代皇胄朱载堉。所谓三教，即儒释道三教；所谓九流，指先秦诸子百家时期最有影响力的九大学术流派。其图脱胎于整整100年前明成化皇帝朱见深所绘《一团和气图》(1465年)，其图以巧妙的方式把儒释道三圣形象合于一体。成化皇帝在《一团和气图》图赞中有曰："嗟世人之有生，并戴天而履地。既均禀以同赋，何彼殊而此异？……合三人以为一，达一心之无二。忘彼此之是非，蔼一团之和

▶ 混元三教九流图赞碑

气。噫! 和以召和,明良其类。以此同事事必成,以此建功功必备。岂无斯人,辅予盛治?"从"有生"出发,强调三教合一,和以求治。《混元三教九流图赞碑》在《一团和气图》"三教合一"的基础上又增加了"九流同源"之意,强调各种思想主张共处共存,相辅相成。其图赞在扼要阐明三教、九流之要旨和特质后,强调"为善殊途,咸归于治,曲士偏执,党同排异。毋患多歧,各有所施,要在圆融,一以贯之。三教一体,九流一源,百家一理,万法一门"。集中体现了尊重多元、圆融和合、终归于治的思想格局与智慧。中国古代所重之"治"本就是太平、安定之意。段玉裁注《说文解字》之"治"曰"盖由借治为理",而注解"理"时又说"凡天下一事一物,必推其情至于无憾而后即安。是之谓天理,是之谓善治"。因此,求治本质上都是以和求安以遂生。

在唐代,中国文化宽容多元,不仅儒释道三家并立,而且伊斯兰教、犹太教、基督教在中国都有传播。其中,作为当时基督教一支的景教(基督教聂斯脱里派)兴盛一时。今保存于陕西西安碑林博物馆中的《大秦景教流行中国碑》(781年),记载了基督教的基本教义、在中国的传播情况,以及唐代皇帝对待这件事的态度。唐太宗说:"道无常名,圣无常体。随方设教,密济群生。"认为基督教"济物利人,宜行天下"[①]。可见,"密济群生""济物利人"即"遂生"是其目的和标准。关于《大秦景教流行中国碑》,还有四个有意思的细节值得注意:一是碑文有"宗周德丧,青驾西升。巨唐道光,景风东扇"之说,即把老子西出与景教东来进行类比,视其为国家兴衰的表征。二是碑文记载,太宗、玄宗都曾赠送皇帝画像悬挂于基督教教堂之中,可见政教和谐,并无后来的礼仪之争。三是碑额上部,十字架下部的典型的佛教莲花瓣朵,寓意景教开出的是中土佛教之

---

① 赵力光编:《大秦景教流行中国碑》,上海古籍出版社2012年,第12—13页。

"花",结出的是基督教之"果"。四是全文用中国传统的用典、对仗等修辞手法写作,实现了两种不同语言的完美公度。从这四个细节都看到了唐代对他者的开明、宽容和当年基督教竭诚融入中国文化的努力,这也是唐之兴盛、当年景教"流行中国"的重要原因。同时,这些也都是"中和位育,安所遂生"理念对象化的生动见证。

在处理对外关系上的生动体现则莫过于郑和下西洋的动机及其历史效应。在哥伦布开启大航海时代之前中国明代的郑和已经下西洋,但是两者的历史效果迥然有异。前者事实上开启了西方殖民侵略东方的历史,而后者则成为后世备受追忆的和平之旅。差别的原因何在?我们至少可以从哥伦布和郑和航海各自的初衷窥见一二。1492年4月17日这天,西班牙国王和哥伦布签订了著名的"圣塔非协定",事先封哥伦布为将要发现的土地的统治者;哥伦布有权把新土地上总收入的二十分之一

▶ 大秦景教流行中国碑

留为己有。同一天,国王为哥伦布签署通行证,其中写道:"我等现派遣克里斯托巴尔·阁龙(Cristóbal Colón,即哥伦布——译者)率快帆艇三艘,取海路驶向诸印度地域,以尽效劳天主之职,宣扬天主教之教义及商讨对

我等有利之事与公共之事业等问题。"①成为殖民地的统治者、获得利益，同时"以尽效劳天主之职""宣扬天主教之教义"，这样"神圣"与世俗的动机与郑和下西洋的动机形成鲜明对比。郑和下西洋所携带的明成祖敕谕曰："朕奉天命君主天下。一体上帝之心，施恩布德。凡覆载之内日月所照、霜露所濡之处，其人民老少，皆欲使之遂其生业，不至失所。今遣郑和赍敕普谕朕意。尔等祇顺天道，恪守朕言，循理安分，勿得违越；不可欺寡，不可凌弱；庶几共享太平之福。"②无疑，由于历史的局限性，帝国的自负、傲慢十分明显，"欲耀兵异域，示中国富强"③之心也昭然若揭。但"其人民老少，皆欲使之遂其生业，不至失所"的出发点与其对内治国理政的根据是一致的，其下西洋的实际行动也与其出发点是一致的。"遂其生业，不致失所"就是安所遂生。这也是中国古代"不征诸夷""厚往薄来"的朝贡体系与西方侵略、掠夺的殖民体系相区别的本质所在。

反过来，翻开中国历史上几乎每个王朝末年的篇章，大抵都会出现百姓"流离失所""民不聊生"的雷同记载，甚至会发生"民不知有国"的景象。例如，1840 年鸦片战争中，当英国舰队突破虎门要塞，沿着珠江北上时，两岸聚集了数以万计的当地居民，冷漠地看着朝廷与外族的战事，当挂着青龙黄旗的官船被击沉、清军纷纷跳水时，居民竟然发出像看马戏看到精彩处的嘘声。再如，1900 年八国联军进攻紫禁城时，有中国人主动给联军带路，更有老百姓推着独轮车帮助联军运送物资，架设云梯攻城。这会让我们想起马克思 1853 年描写当时亚洲民众的一段话："他们把全部注意力集中在一块小得可怜的土地上，静静地看着一个个帝国的崩溃、各种难以形容的残暴行为和大城市居民的被屠杀，就像观看自然现象那样无动于衷；至于他们自己，只要哪个侵略者肯于垂顾他们一下，他们就成为这

---

① 张至善：《哥伦布首次西航时所带致大汗的国书初探——阿拉贡王室档案馆收藏的通行证书和介绍公函》，《北京师范大学学报（社会科学版）》1994 年第 1 期，第 92 页。
② 李士厚：《郑和家谱考释·故马公墓志铭》，云南正中书局民国 26 年（1937 年），第 4 页。
③ 张廷玉等撰：《明史》第 26 册，中华书局 1974 年，第 7766 页。

个侵略者的驯顺的猎获物。"①造成这样的悲剧性事实的原因很多,而"民不知有国"的根本原因在于"国不知有民",统治者未能使百姓安所遂生,从而其自身也就失去了"位"即统治的合法性。

总之,"中和位育,安所遂生"在中国传统文化中,不仅仅是一种理念,而且经由了实践检验。其不仅仅是一种可资分析社会的社会哲学或社会学,而且是基于生命的本体论、认识论、价值论的统一,体现了中国特色的宇宙观、发展观、实践观、人本观,强调以人为中心的整体系统,强调自然协调、相互成就、中正和谐、适所宜人和永续发展。这一理念奠基于《周易》,阐明于《中庸》并成为其核心思想,是作为传统文化主干的儒家文化的统摄性思想,涵盖传统文化的方方面面,集中体现了"中国文化的精髓"②。梁漱溟曾指出,中国古人"以人为中心的整个宇宙是和谐的(所以说'致中和天地位焉,万物育焉','赞天地之化育,与天地参'等等)。儒家对于宇宙人生,总不胜其赞叹;对于人总看得十分可贵;特别是他实际上对于人总是信赖,而从来不曾把人当成问题,要寻觅什么办法"③。在陈来看来,"与西方近代以来的机械论的宇宙观相比,古典中华文明的哲学宇宙观是强调连续、动态、关联、关系、整体的观点,而不是重视静止、孤立、实体、主客二分的自我中心的哲学。从这种有机整体主义出发,宇宙的一切都是互相依存、相互联系的,每一事物都是在与他者的关系中显现出自己的存在和价值,故人与自然、人与人、文化与文化应当建立共生和谐的关系"④。雅斯贝尔斯在《大哲学家》中曾指出,"中国既

---

① 《马克思恩格斯文集》第 2 卷,人民出版社 2009 年,第 683 页。
② 《辜鸿铭文集》(下册),海南出版社 1996 年,第 328 页。
③ 《中国现代学术经典·梁漱溟卷》,河北教育出版社 1996 年,第 357 页。
④ 陈来:《中华文明的核心价值:国学流变与传统价值观》,生活·读书·新知三联书店 2015 年,第 4 页。19 世纪中叶的英国学者威尔逊(Wilson)就认为:"中国人信仰一条基本的原则,他们整个的政治和社会的组织系统都是建立在这条原则基础之上的。首要的原则是认为宇宙中间有一种极美好的和谐,这种和谐影响着人类与之接触的现存对象……和谐是支配中国人行为的基本的和主导的思想。"参见[美]M. G. 马森:《西方的中华帝国观》,杨德山译,时事出版社 1999 年,第 94 页。

没有印度人以及西方人在世界历史中的存在观,也缺乏非自然和不合理的东西,就好像这些早期的中国人很幸运,逃脱了恐怖幻想诸形态的摆布,而这些幻想是可能在中国人自然性的范围之中得以表现的"(也有版本译为"生存于一种中和的自然形态中"。——引者注)。① 雅斯贝尔斯也许没有意识到,这正是中国人天人之际的存在哲学。"中和位育,安所遂生",这一经过中华民族漫长历史实践检验的理念,曾经是中国精英分子的自觉遵循和"百姓日用而不知"的文化本能,是中华民族哲学意义上的重要精神标识。李大钊先生更是如此释我"中华":"中者,宅中位正之谓也";"华者,文明开敷之谓也"②。开敷即繁荣兴盛之意。中华中华,以中而华。原来,"中华"这一我们民族的自我指称已经以最浓缩的方式表达了"中和位育,安所遂生"核心要旨。

---

① [德]雅斯贝尔斯:《大哲学家》,社会科学文献出版社2005年,第844页。
② 《李大钊全集》第一卷,人民出版社2013年,第313、314页。

三、"中和位育,安所遂生"的人类普遍性

毫无疑问,从发生学意义上说,"中和位育,安所遂生"是中华民族先民在中华大地上领悟到的生存智慧。但是,立足今天人类社会特别是现代化和文明发展的现实,它又不仅仅是中国人前现代的民族性理解和地方性知识,而是具有人类的普遍性价值。

在最基础的意义上,任何民族性的独特贡献就是对人类普遍性的促进。在真实的世界历史中,"每一个国家的过去也就成了其他国家的历史……所有的过去都是'我们的'"①,成为全人类的共同财富。马克思曾深刻指出:"凡是民族作为民族所做的事情,都是他们为人类社会而做的事情,他们的全部价值仅仅在于:每个民族都为其他民族完成了人类从中经历了自己发展的一个主要的使命(主要的方面)。因此,在英国的工业,法国的政治和德国的哲学制定出来之后,它们就是为全世界制定的了。"②世界历史发展总是不平衡的,人类发展进步确如黑格尔所谓"理性的狡计",需要各民族各有侧重、各有时机地贡献其所长。人类不是抽象的空集,而是由具体的各民族组成的,人类不断生成的普遍性也总是需要借助"世界历史民族"具体体现出来,世界历史舞台持续上演着接力赛,特定的世界历史民族和国家在特定阶段承担着特定的世界历史任务,开创

---

① [美]列文森:《儒教中国及其现代命运》,郑大华、任菁译,中国社会科学出版社2000年,第382页。
② 《马克思恩格斯全集》第42卷,人民出版社1979年,第257页。

世界历史纪元。作为世界上唯一至今没有中断的文明,中华民族在 16 世纪以前长期无可争议地处于世界领先位置。在那个时期,不少时候中华文明就代表着人类文明的高度,甚至可以说,中华文明的每一小步,就可能是人类文明一大步。作为这样文明的思想文化精髓也是如此。在五千多年文明发展史中,中华民族在自然、知识、科学方面亦有突出贡献,但相对于西方文明特别是西方近现代文明而言,却并非其优势所在。确如梁漱溟所说,西方文明擅长的是处理人与物的关系,中华文明擅长的是处理人与人的关系,五千多年中华文明在社会、生命、伦理、人文等方面的发现是世所公认的。"大德者必受命。"(《中庸》)从某种意义上说,古代中华民族正是做了自己应该做的,同时也是以不自觉的"分工"为人类而做的。

任何语言表达及至概念的使用,都内蕴着某种普遍性的诉求,而自觉"赋予自己的思想以普遍性的形式"从来是任何一个族群的本能①。问题只在于真正的普遍性一定是包含着特殊性的普遍性,而不是语不征实的、抽象的普遍性。中华民族不仅以五千多年没有中断的历史实践证明其所秉持的核心思想理念的有效性,而且自中原而外,通过一种文明"涡旋"方式不断化"夷"为"华",使得多民族、多地域变成多元一体,形成"九州共贯、六合同风"的格局,进而通过与西方殖民方式完全不一样的朝贡体制辐射周边,形成了至今仍然实实在在的中华文化圈。的确,古往今来,中华民族之所以在世界上有地位、有影响,不是靠穷兵黩武,不是靠对外扩张,而是靠中华文化自身以德服人、以文化人的强大感召力和吸引力。也正是几千年内外实践表明,中国传统文化的精髓已经具有实际的、不断生成(becoming)的普遍性。进而言之,在人类众多文明中,不仅在很长的历史时期内中华文明作为最繁荣、最强大的文明体而屹立于世,而且迄

---

① 《马克思恩格斯文集》第 1 卷,人民出版社 2009 年,第 552 页。

今只有中华文明曾经生动地实践过不同族群、文化、文明的理性相处之道。正如汤因比指出的,就中国人来说,"几千年来,比世界任何民族都成功地把几亿民众,从政治文化上团结起来。他们显示出这种在政治、文化上统一的本领,具有无与伦比的成功经验"①。中华文明不只是一个民族、国家的文明,而是"以天下观天下"的拟人类文明或人类公共文明,它以"知白守黑""和光同尘",为"天下谷"的方式包容其他文明——"中华文明从来不用单一文化代替多元文化,而是由多元文化汇聚成共同文化,化解冲突,凝聚共识……中华文明的包容性,从根本上决定了中华民族交往交流交融的历史取向,决定了中国各宗教信仰多元并存的和谐格局,决定了中华文化对世界文明兼收并蓄的开放胸怀"②。卫礼贤曾经指出,儒家认为人类社会发展分个人、家庭、国家、人类四个阶段,比较而言,"国家与个人成为欧洲发展的两个中心,与此相对的是人类大大退居次要地位。在欧洲,为了不被当成空谈家或傻瓜,人们有时几乎不敢提及'人类'这一概念。在欧洲人看来,人类只是一个名词,一个没有任何真实内容的字母组合,对他们来说最终有意义的只是国家、民族";西方社会是一个"严密的国家机械体",而东方社会是一个"巨大的人类有机体"③,在某种意义上可以说就是具体而微的人类。

立足于今天,我们看一种思想是否具有人类普遍性,就在于其是否能彻底、系统地说明今日人类面临的困境以及提示人类解决这一困境的正确路径。从现代化的角度上说,就是要从根本之处提示"什么样的现代化才是好的现代化"。马克思有句名言:"理论只要彻底,就能说服人。所谓彻底,就是抓住事物的根本。而人的根本就是人本身。"④相较于其他文

---

① [英]汤因比、[日]池田大作:《展望二十一世纪:汤因比与池田大作对话录》,荀春生、朱继征、陈国梁译,国际文化出版公司1985年,第283—284页。
② 习近平:《在文化传承发展座谈会上的讲话》,《求是》2023年第17期。
③ 《东方之光——卫礼贤论中国文化》,蒋锐编译,外语教学与研究出版社2007年,第224、225页。
④ 《马克思恩格斯文集》第1卷,人民出版社2009年,第11页。

化特别是西方文化,中国传统文化从一开始就紧紧扭住了"人本身"这个根本,作出了我们今天可以哲学地称之为生存论的阐释。而且,不同于西方原子论、分析的思维方式(庄子当年在《天下》篇中的感慨很符合对西方思维及其历史效果的描述:"天下之人各为其所欲焉以自为方。悲夫!百家往而不反,必不合矣!后世之学者,不幸不见天地之纯,古人之大体。道术将为天下裂!"),中国传统文化将整个世界理解为一个生命的有机整体。如果说,现代性是一种以西方为主导的思维方式超越了以中国传统文化为典型代表的前现代思维方式,那么在现代性遭遇整体性危机之时,历史就进入否定之否定阶段,所谓的"前现代"的中国传统文化思想恰恰因为立于"天地之纯",抓住"大体"和"根本",而成为独一无二的甚至是无可替代的"普遍性"资源。

按照逻辑在先的理解,"中和位育,安所遂生"的中国传统文化精髓揭示了人类文明的本体性理解和本质性追求——西方现代性的理解甚至只构成其一种特殊的方式,也蕴含着解答今日人类困境的基本提示。事实上,正如列文森曾谈到的,在西方迈向现代化的 18 世纪形成的中国热中,西方对中国传统文化的兴趣已经超越了所谓汉学的实质,而正是在寻求普遍性问题的答案。①

正如荀子所言:"人伦并处,同求而异道,同欲而异知,生也。"(《荀子·富国》)安所遂生是人之大欲、同欲同求,这是包括东西文明在内的所有人类文明的原初动力和本质追求,也是一切人类社会秩序、生活样式之合法性的终极根据。即便是西方首先开创的现代性,无非是以一种"发展""进步"——"育"——的方式满足存在(being)与好存在(well-being)——"生"的欲望。不同文化、文明乃至不同时代和理论对这种

---

① 参见 [美] 列文森:《儒教中国及其现代命运》,郑大华、任菁译,中国社会科学出版社 2000 年,第 382 页。

"同求""同欲"的理解、描述上的差异，不过是中西"异道"、古今"异知"罢了。较之西方浩瀚的相关论说，中国古人的洞见确实可谓"大道至简""美备精切"。学贯中西的辜鸿铭干脆在将《中庸》标题翻译为英文时就写为 The Universal Order，即普遍的秩序①，就是意在强调中国传统文化精髓的普遍性。陈来也认为："中是中道平衡原理，和是和谐原理，平衡与和谐不仅仅具有人类的意义，更是宇宙普遍的法则，人必须与宇宙一致，奉行平衡与和谐的原则，其结果将不仅是人类社会的繁荣，也必将促进宇宙的发育和秩序。"②在李泽厚看来，"中""和"的本义在"度"，"度"是"中""和"的实践行动；所谓"度"就是"掌握分寸，恰到好处"；"人类（以及个人）首先是以生存（族类及个人）为目的。为达到生存目的，一般说来，做事做人就必须掌握分寸、恰到好处"。而这一看似朴素的真理却是中国古人最精准、真切地把握到的。③不少国外学者也表达过类似的意思："儒学中心思想之一是中庸之道，世界所有社会大都是矫枉过正，只有儒学才创造一种平衡机制，使社会温和适中，保持一种平衡状态，因而使社会得以生存，甚至衰而复生。"④

毋庸赘言，当今人类面临着人与自然、人与社会、人与自身关系的总体性困境与危机。环境污染、气候变化、战争危险、恐怖主义、疫情灾害等等，都不过是这种总体性危机的具体表现罢了。这种总体性危机可以概括地称之为"生化危机"。当然，这里的"生化"不是指生物化学，而是指生命、生存和教化、化育。一方面，从最彻底、最根本的意义上说，当前人类面临的总体性危机是马克思所说的人类历史"第一个前提"的危机——"全部人类历史的第一个前提无疑是有生命的个人的存在"，亦即本

---

① 《辜鸿铭文集》（下册），海南出版社 1996 年，第 526 页。
② 参见陈来：《中华文明的核心价值：国学流变与传统价值观》，生活·读书·新知三联书店 2015 年，第 71—72 页。
③ 参见李泽厚：《人类学历史本体论》，天津社会科学院出版社 2008 年，第 61—63 页。
④ ［澳］李瑞智、黎华伦：《儒学的复兴》，范道丰译，商务印书馆 1999 年，第 90 页。

质上是人类的生存危机。造成当代人类危机的西方现代文明本质上是一种"遗忘存在"、存在无忧的文明。另一方面，西方近代以来的天赋人权观念逐渐演化为一种所谓尊重人性的政治正确，这里理解的人性实际上只是原始的、感性的欲望和本能。资本乃至权力最懂得这种人性，把对所谓人性的满足、迎合作为技术创新的标尺，一切工具合理性似乎都指向和服务于人性。现代技术的进步能够满足人性（心理—人欲—人心），却未必能够带来人性的解放（心灵—天理—道心），事实正在走向反面。借用尼采的说法，人们面临的问题恰恰是所谓的"人性的，太人性的"悖论。在此意义上，现代教育和文化似乎已经走向"历史的终结"，可能培养某种技能，但在自以为是中告别了崇高和自我境界的提升——伽达默尔曾结合黑格尔的思想指出，"人类教化的一般本质就是使自身成为一个普遍的精神存在。谁沉浸于个别性，谁就是未受到教化的"；"教化作为向普遍性的提升，乃是人类的一项使命。它要求为了普遍性而舍弃特殊性。但是舍弃特殊性乃是否定性的，即对欲望的抑制，以及由此摆脱欲望对象和自由地驾驭欲望对象的客观性"①。正因为如此，很多人要么认识不到人类业已深重的整体性危机，要么知悉了这种危机并不认为自己需要付出某种努力，而是沉浸于"今朝有酒今朝醉"的个人碎屑兴趣之中……遭遇生存危机，却麻木到不事拯救，这是怎样的一种末世景象？！当年荷尔德林曾发问："在一个贫乏的时代，诗人何为？"确实，在这样的时代，无远弗届的西方现代化使人涵于算计，而运思的人越来越稀少，写诗的人也就越来越寂寞，或者诗已经丧失诗的本质。而中国传统文化恰恰是一种诗性智慧，其不仅宇宙论、人生论是合一的，而且其崇生与厚德、礼赞生命与隆昌教化是合一的。例如，中国传统的天人合一思想中就把对自然的认知与人生

---

① ［德］汉斯-格奥尔格·伽达默尔：《诠释学Ⅰ：真理与方法》，洪汉鼎译，商务印书馆2010年，第33—34页。

修养的提高高度结合，也就是说"生"与"化"是完全统一的。今天整个人类正需要拥有这样的思想资源和智慧。

以中国传统文化观之，今日人类之困境或西方现代化的问题归根结底是丧失本体性安全（ontological security）而"不得安生"、行将"不育"、于人"不利"，原因则在于其现代化理论未能"生而有道"，导致"位育失当"而精神上"流离失所"。换而言之，由于固有思维模式的限定，工具理性、科技发展只是遵循一种欲望占有逻辑，而在领悟存在之道上乏善可陈，其走向穷途末路是势所必然①。解决问题、化解危机的出路就在于开创出一条真正"中和位育，安所遂生"的现代化新道路。面对使世界祛魅的西方现代化，海德格尔曾断言，这是进入诸神退位的"世界之夜""贫乏的时代""没有基础出现的时代"，时代的转折并非依靠旧神的复活或新神的诞生，而在于寻找消失了的神（存在）的踪迹，"在非神性之中歌唱着福祉的整体"②。如果以文化传统论，情本、诗性的中国传统文化就是承担着这个贫乏时代的世俗解救功能。赵汀阳曾对中国传统文化中的山水渔樵现象进行研究，指出"山水是大地的超越之地"，而渔樵"与山水有着纯粹的切身存在关系"，其质朴的"山水智慧"几可入道：他们"借得山水的超越尺度而得以发现历史中的超越的历史性"③。在西方率先进入现代化的相当长的时间内，以农业文明为特色的中国曾被定位为山水之远的神秘东方（远东）。殊不知，这样的农业文明恰恰有着与大地不被遮蔽的切身存在关系，并能以诗性、禅机的方式展现出来。

---

① 方东美力呈西方智慧之诸多弱点，首要的就是"一切思想问题之探讨，义取二元或多端树敌，如复音对谱，纷披扎陈，不尚协和。举一内心而有外物与之交讧，立一自我而有他人与之互争，设一假定而有异论与之抵触，建一方法而有隐义与之乖违。内在矛盾不图根本消除，凡所筹度，终难归依真理"。见《中国现代学术经典·方东美卷》，河北教育出版社1996年，第314页。
② ［德］M.海德格尔：《诗·语言·思》，彭富春译，文化艺术出版社1991年，第128页。
③ 赵汀阳：《历史、山水及渔樵》，《哲学研究》2018年第1期。其实，海德格尔所谓懂得"林中路"的伐木人和管林人（参见［德］海德格尔：《林中路》，孙周兴译，上海译文出版社1997年，扉页），亦与中国古代"惯看秋月春风"的渔樵有着异曲同工之妙。

季羡林在 20 世纪 90 年代多次重申"三十年河东，三十年河西""西方不亮东方亮"的主张，认为昌盛了几百年、极大推进人类进步的西方文化今天"已经逐渐呈现出强弩之末的样子，大有难以为继之势了。具体表现是西方文化产生了一些威胁人类生存的弊端……这些弊端的原因，是根植于西方的基本思维模式。因为思维模式是一切文化的基础，思维模式的不同，是不同文化体系的根本不同"。"只有中国文化、东方文化可以拯救世界。"① 这是一种很有预见的代表性观点。因为古今、中外的"异道""异知"，人们对于当前人类困境解答的出路一定会有不同的表述。但是，无论从什么角度去思考人类问题的出路，其核心应对之策最终都逃不出"中和位育，安所遂生"的实质内涵②。卫礼贤认为，西方在主要向外界和表面扩张的过程中迷失了自我，"成了自己所召唤出来的幽灵的奴隶"，因而很有必要学习中国智慧特别是有机生命观，从而获得与世界的另一种关系："世界不再是我们试图按照自己的意志和目的进行占有和统治的对象，而是我们应当去适应的伟大生命联系。每一个认识到自己这种地位的人，都会找到自己获得幸福以及获得生存所必需的一切的位置……生命才得以延续。"③ 的确，问题在于实质，至于是否以这样的表达则是另外一回事。这条新道路的现实版本正是以中华优秀传统文化为根基的中国式现代化道路，而"中和位育，安所遂生"的理念也再一次以现实的普遍性绽放出跨越时空的光彩。

---

① 参见季羡林：《季羡林谈东西方文化》，浙江人民出版社 2016 年，第 199、9 页。
② 美国建设性后现代主义基于全球性问题既批判现代性思想，也批判一般的后现代思想，其代表人物菲利普·克莱顿曾说："中国传统无论新旧，用后现代术语进行重构，应用到当前的全球化形势下，能够提供最好的指导框架"；"这种研究政治和社会的新方法自然地产生于中国历史和文化"。[美]菲利普·克莱顿、贾斯汀·海因泽克：《有机马克思主义：生态灾难与资本主义的替代选择》，孟献丽等译，人民出版社 2015 年，第 8 页。
③ 《东方之光——卫礼贤论中国文化》，蒋锐编译，外语教学与研究出版社 2007 年，第 61、223 页。卫礼贤的挚友心理学家荣格说："面对着东方更为普遍、更为温和的本性，西方意识的尖锐及其严峻问题必须变得柔和，西方的理性主义及其片面的区分也必须让位于东方的宽广和质朴。"[瑞士]荣格、[德]卫礼贤：《金花的秘密：中国的生命之书》，张卜天译，商务印书馆 2016 年，第 13 页。

长期以来,率先进行现代化的西方以自己为世界,代表着普遍性,并以此来衡量、规范包括中国在内的非西方。以这种态度对中国进行研究,被日本学者沟口雄三称为是以中国为"目的"的,也就是"把世界作为方法来研究中国","即以世界为标准来衡量中国……这里的世界只不过是作为标准的观念里的'世界'、作为既定方法的'世界'……这样的'世界'归根结底就是欧洲……世界对中国来说是方法,是因为世界只不过是欧洲而已,反过来说,正因为此,世界才能够成为中国的方法"①。方法(method)者,达到目的的途径、办法也。在哲学社会科学研究中,以何者为目的、以何者为方法是一个全局性的问题,决定着理论的总体气象和合理性、合法性。沟口在20世纪80年代末就针对之前的西方中心主义的所谓"以世界为方法",提出了"以中国为方法"的思想,并断言,"把中国作为方法,就是要迈向原理的创造——同时也是世界本身的创造"②。汪晖研究指出,沟口雄三等的"作为方法的中国",是"从'能动的政治主体及其相互运动'的视野展开历史运动的实态和方向。这种方法要求认识者将自身转化为一个'能动的主体',即将自身或自身所代表的利益关系置于政治分析的棋局之中,进而产生出政治性的召唤"。"它并不试图以边缘回应中心,而是酝酿着一种强烈的普遍性关怀。"③在我们看来,立基于五千多年的历史文化,有马克思主义的指导,而且传统文化与马克思主义相互成就,我们完全应该有一种文化自信,经过传统文化的创造性转化、创新性发展,不仅仅是自己要"自作主张"、增强文化主体性,而且是要为人类代言,引领人类进步潮流。因此,"以中国为方法",不应该走向一种本能的、低级的民族主义,而是自觉加强基于人类性的民族性提升,实现更高

---

① [日]沟口雄三:《作为方法的中国》,孙军悦译,生活·读书·新知三联书店2011年,第130、131页。
② [日]沟口雄三:《作为方法的中国》,孙军悦译,生活·读书·新知三联书店2011年,第133页。
③ 汪晖:《"亚洲"作为新的世界历史问题——汪晖再谈"亚洲作为方法"》,《电影艺术》2019年第4期。

层次的民族性与人类性的统一。或者说,以中国为方法的最高境界乃是自觉地以人类为目的和方法①。在以人类为目的和方法的自觉视域中,以"中和位育,安所遂生"为精髓的中华优秀传统文化,就能更好彰显其蕴含的人类普遍性,并在把握时代中获得尽可能深刻的现实性。

---

① 参见沈湘平:《作为目的和方法的人类》,《哲学动态》2023 年第 1 期。

第六章

中国式现代化继承发展"中和位育,安所遂生"理念

现代化之于中国,有"现代化到中国""现代化在中国"和"中国式现代化"之分。应该说,1840年西方船坚炮利洞开中国国门之际,就标志着现代化正式到了中国,"现代化到中国"是近代以来中国社会历史的长期底色,而洋务运动则标志着"现代化在中国"的开始,仁人志士们开始了中国现代化(而非中国式现代化)的苦苦求索和各种尝试。但是,这些求索和尝试总体上是失败的,或者说是不太成功的,探索中国现代化道路的重任最终历史地落在了中国共产党身上。中国在中华民族生死存亡之际遇到了马克思主义,最开始很多中国人对共产主义的理解也大多以传统文化"大同"理想比附之——1925年,当时尚未加入中国共产党的郭沫若就发表过《马克思进文庙》一文,以幽默的方式表明马克思主义与儒家思想之会通。中国共产党出场的直接目的可以说就是要以道图存:以马克思主义为道,结束混乱、创造秩序,使民族自立于世界之林("站起立"),追求进步、以发展"赶上时代"("富起来""强起来"),使中华民族和中国人民能安所遂生。

在新中国成立以来特别是改革开放长期探索和实践基础上,通过新时代的理论和实践创新突破,中国式现代化才得以真正成型。中国共产党在总结自己百年奋斗的成就时有一段这样的表述:"仅用几十年时间就走完发达国家几百年走过的工业化历程,创造了经济快速发展和社会长期稳定两大奇迹。"[①]在谈到新时代以来的成绩时,强调"改革开放和社会主义现代化建设深入推进,书写了经济快速发展和社会长期稳定两大奇迹新篇章"[②];"我国社会建设全面加强,人民生活全方位改善,社会治理社会化、法治化、智能化、专业化水平大幅度提升,发展了人民安居乐业、社会安定有序的良好局面,续写了社会长期稳定奇迹"[③]。这里创造和续写的所谓"社会长期稳定"和"经济快速发展"的两大奇迹,分别侧重的其实就是"中和位育"中的"位"和"育",所谓两大奇迹其实是"中和位育"的奇迹,所谓"人民生活全方位改善""人民安居乐业、社会安定有序"其实就是当代中国人民实现"安所遂生"的写照。

从"从后思索"的角度看,中国式现代化深深植根于中华优秀传统文化,同时作

[①] 《中共中央关于党的百年奋斗重大成就和历史经验的决议》,人民出版社2021年,第63页。
[②] 《习近平著作选读》第一卷,人民出版社2023年,第13页。
[③] 《中共中央关于党的百年奋斗重大成就和历史经验的决议》,人民出版社2021年,第50页。

为指导思想的马克思主义,"以真理之光激活了中华文明的基因,引领中国走进现代世界,推动了中华文明的生命更新和现代转型。从民本到民主,从九州共贯到中华民族共同体,从万物并育到人与自然和谐共生,从富民厚生到共同富裕,中华文明别开生面,实现了从传统到现代的跨越,发展出中华文明的现代形态"①。其实,这在很大程度上可以说是既继承也发展了中华优秀传统文化"中和位育,安所遂生"的思想基因。"中国式现代化蕴含的独特世界观、价值观、历史观、文明观、民主观、生态观等及其伟大实践,是对世界现代化理论和实践的重大创新。"②这些理论和实践创新都是马克思主义同中华优秀传统文化相结合的产物,都生动地体现着"中和位育,安所遂生"的精髓要义。

---

① 习近平:《在文化传承发展座谈会上的讲话》,《求是》2023年第17期。
② 《习近平在学习贯彻党的二十大精神研讨班开班式上发表重要讲话强调正确理解和大力推进中国式现代化》,《人民日报》2023年2月8日。

一、"生"：生命至上和美好生活

关于现代化道路、模式的选择的探讨，本质上是一个"什么样的现代化是好的现代化""现代化如何是好"的反思性问题。这也意味着，有关现代化的探讨本质上具有政治哲学的性质。众所周知，近代以来的政治哲学基本上将政治的本质理解为权利政治（以公民的自由、民主的权利为核心）的权力配置。不过，近些年来福柯等人如下生命政治洞见为人们所注意：当代社会，生命而不是权利成了政治斗争的目标，现代国家越来越将生命国家化，主动负担起了生命的责任，积极对生命进行整体调节，保障生命安全、健康、质量成为生命权力的重要出发点。"好，一切从生存到生存得舒适，一切能够在生存之外引出生存得舒适的东西，让个人生存得舒适成为国家的力量。"①生命政治理论本是对西方（资本主义）现代性的一种批判，更多从国家治理术的角度而未从生存本体论和当代人类危机现实的角度进行理解。相反，在中国，不仅以生命调节和照看的国家治理术已经存在几千年，而且从一开始就不止是一种术，而是基于生命的宇宙观、本体论、存在论的一种道。这正是"中和位育，安所遂生"的彻底性所在。在当代中国，积极意义的生命政治恰恰是其政治哲学自觉彰显的价值体现，也是其政治哲学奠基于生存本体论的彻底性体现。马克思主义是从

---

① ［法］福柯：《安全、领土与人口》，钱翰、陈晓径译，上海人民出版社2010年，第292页。

"有生命的诸个体"①这一"全部人类历史的第一个前提"出发的。"诸个体"就意味着人的存在一定是共在,"有生命的诸个体"意味着生存也一定是共存,这与中国传统文化的崇生、并育思想高度甚至可以说是完全契合。

正是基于马克思主义人民史观和中国传统文化民本思想,中国共产党才坚守人民至上理念,突出现代化方向的人民性,强调人民是历史的创造者,是推进现代化最坚实的根基、最深厚的力量。在中国共产党看来,现代化的本质是人的现代化,现代化的最终目标是实现人自由而全面的发展。现代化道路最终能否走得通、行得稳,关键要看是否坚持以人民为中心。而且,"什么样的现代化最适合自己,本国人民最有发言权"②。这种以人民为中心、以人为本、民本的思想,首要的是要保证人民"有生命"——人权首先是生存权,把人民生命安全和身心健康放在第一位。"现代化不仅要看纸面上的指标数据,更要看人民的幸福安康……锚定人民对美好生活的向往,顺应人民对文明进步的渴望,努力实现物质富裕、政治清明、精神富足、社会安定、生态宜人,让现代化更好回应人民各方面诉求和多层次需要。"③为此,中国实施了一系列民生兜底工程,不仅以精准扶贫历史性地解决了绝对贫困问题,而且践行"全面建成小康社会,一个也不能少;共同富裕路上,一个也不能掉队"④的理念,使得全体人民的生命健康和生活水平在现代化过程中有了极大提高——2014年起中国人均预期寿命均超过美国。特别是在抗击新冠疫情中明确了人民至上、生命至上的价值原则,甚至认为"现代化最重要的指标还是人民健康,这是人民幸

---

① 《马克思恩格斯文集》第1卷,人民出版社,2009年,第519页。原译文中"个人"的德文原文为Individuen,是复数形式,译为"诸个体"更恰当。
② 习近平:《携手同行现代化之路——在中国共产党与世界政党高层对话会上的主旨讲话》,《人民日报》2023年3月16日。
③ 习近平:《携手同行现代化之路——在中国共产党与世界政党高层对话会上的主旨讲话》,《人民日报》2023年3月16日。
④ 《习近平谈治国理政》第三卷,外文出版社2020年,第66页。

福生活的基础"①。这些并非如福柯等人从生命政治角度理解的简单的国家治理术，而是与执政党的世界观、价值观和立党初心完全一致。如前已及，生命的欲望不仅在于生而存之（being），而且在于在生存基础上追求幸福美好（well being）的生活，而马克思主义所奋斗的一切是为了全人类的解放与幸福。中国共产党始终将为人民谋幸福作为自己最根本的初心和使命，始终将实现人民对美好生活的向往作为自己的终极奋斗目标。当然这也与中华优秀传统文化五千多年的基因与精髓完全一致——从"生"的宇宙观出发最终追求"遂生"。也可以说，基于马克思主义与传统文化的结合，中国共产党的政治哲学把人民的生命——共在——作为底线，将人民的生命的理想状态——美好生活或幸福——作为终极目的，而将其他一切都视为手段。这与西方崇尚个人自由至上是很不相同的。

在立足点、格局上，中国式现代化以马克思主义的世界历史视野和中国传统文化的天下情怀，超越西方民族-国家"优先"的狭隘眼光。在西方，"人的多样性被融合于同一的人类个体（one human individual）之中"②，即人是原子式个人，这是其市民社会的基础。与之相应，迄今西方的政治哲学尽管也存在某些世界主义的元素③，但在其根基处总体上首先假定了一个民族-国家的边界，其所说的社会、政治乃是指一个国家单元内部的社会、政治，政治哲学事实上就长期表现为一种国家哲学。正如汤因比晚年指出的，"罗马帝国解体后，西方的政治传统都是民族主义的，而不是世界主义的"④。马克思主义的政治哲学不是同这种自由主义政治哲学的后果处于对立，而是同自由主义政治哲学的立脚点处于对立——"旧

---

① 《为中华民族伟大复兴打下坚实健康基础——习近平总书记关于健康中国重要论述综述》，《人民日报》2021年8月8日。
② [美]汉娜·阿伦特：《政治的应许》，张琳译，上海人民出版社2016年，第94页。
③ 参见[澳]兹拉特科·斯科瑞比斯、伊恩·伍德沃德：《世界主义：观念的使用》，张进、聂成军译，知识产权出版社2021年。
④ [英]汤因比、[日]池田大作：《展望二十一世纪：汤因比与池田大作对话录》，国际文化出版公司1985年，第278页。

唯物主义的立脚点是'市民'社会；新唯物主义的立脚点则是人类社会或社会化的人类"①。本质上说，马克思主义政治哲学应该是以人类社会为基础、以人类解放为旨归的世界政治哲学、全球政治哲学或人类政治哲学。这与中国传统文化"以天下观天下"（《老子·第五十四章》）、"以天下为天下"（《管子·牧民》）的追求高度一致。中国共产党明确了"必须坚持胸怀天下"的立场观点方法，自觉提出和回答"世界怎么了，我们怎么办"即"人类社会何去何从""人类往何处去"的世界之问、时代之问，强调不仅为中国人民的美好生活奋斗，而且为全世界人民的美好生活奋斗，在尊重各民族、国家文化差异的基础上揭示出全人类共同价值，倡议和推动构建人类命运共同体。中国式现代化不仅为民族谋复兴，而且为人类谋进步、为世界谋大同，为解决人类生存危机贡献智慧，最终指向就是让全人类中的诸国家、诸民族、诸地区、诸个体都能安所遂生。

新时代的中国共产党人还明确提出了"共建万物和谐的美丽家园"的理念，倡导各国"秉持生态文明理念，站在为子孙后代负责的高度，共同构建地球生命共同体"②。习近平继承和创新马克思主义自然观、生态观，创造性转化、创新性发展中华优秀传统生态文化，提出了以"绿水青山就是金山银山"为核心的系统的生态文明思想，创新发展了中国式现代化的独特生态观，并认为其与道法自然、天人合一的中国传统智慧一脉相承，还多次引用"万物并育而不相害，道并行而不相悖"这句话。习近平指出，人与自然是命运共同体，自然界的生物多样性关系人类福祉，是人类赖以生存和发展的重要基础。生态兴则文明兴。工业文明创造了巨大物质财富，但也带来了生物多样性丧失和环境破坏的生态危机。我们要站在对人类文明负责的高度，尊重自然、顺应自然、保护自然，探索人与自然和谐共生之路，促进经济发展与生态保护协调统一，共建繁荣、清洁、

---

① 《马克思恩格斯文集》第1卷，人民出版社2009年，第506页。
② 《习近平谈治国理政》第四卷，外文出版社2022年，第438页。

美丽的世界。中国积极推进生态文明建设和生物多样性保护,最终走出的中国式现代化道路是人与自然和谐相处的现代化,是在"生命健康"基础上"生产发展、生活富裕、生态良好"的"三生有幸"的文明发展道路。

二、"位":秩序优先和防范化解重大风险

在辜鸿铭看来,文明就是位育,位育就是秩序和发展:"在中国古代经典里,'文明'的真正含义在于'秩序与发展'……有秩序——道德秩序,就有了社会的进步。"①与西方政治哲学自由先于秩序的先验理解与架构不同,中华民族独特的历史经历和文化想象,"经验变先验"地形成"六合同风、九州共贯"的"大一统"主流观念(《汉书·王吉传》),安居乐业、国家稳定、天下太平的集体诉求已经内化成为整个民族的一种心理基因、"心灵秩序"和文化本能。这也是所谓"超稳定结构"的基础所在——英国学者李约瑟在某个地方说过:不同于欧洲海盗式的不稳定品质,中国社会始终存在自发的自我平衡。放眼世界,没有一个国家像中国这样注重政统、道统、文统乃至治统、法统、学统以及各种各样崇拜传承的"源""魂""根""脉""气""运",以生生为德,以传统连续为善,以千秋万代为追求。即便吸收现代文明成果之后,这样的先验框架依然未曾动摇。在当今中国学界,我们"进口"的政治哲学中,秩序毫无疑问是其所定义的所谓良序,是自由秩序,是按照政治自由主义原则建构的秩序。对于罗尔斯,不少学者满足甚至痴迷于其基于"无知之幕"(后文我将谈及对罗尔斯"无知之幕"的新理解)的正义理论,而很少反思在复杂、具体的东方大国中这种正义、自由秩序何以可能。其实,问题不在于我们要追求自由秩序,而在于基于普遍的存在论和具体的历史文化基础(及在一个风险时

---

① 《辜鸿铭文集》(下册),海南出版社1996年,第330页。

代）的一种自由秩序是如何可能的。与之相反，从理论的彻底性角度看，恰恰是当代中国执政者没有抽象地讨论所谓正义问题，而是在历史经验教训中系统地思考了秩序与正义、自由优先性的问题。改革开放初期，基于对"文革"和国内外政治风波的反思，邓小平明确提出"稳定压倒一切"的思想，强调必须有领导有秩序地进行改革。后来，中央又明确将正确处理好改革、发展、稳定三者关系作为社会主义现代化建设顺利发展的全局性重大问题。党的十九届五中全会《中共中央关于制定国民经济和社会发展第十四个五年规划和二〇三五年远景目标的建议》则首次把统筹发展和安全纳入"十四五"时期我国经济社会发展的指导思想。党的二十大报告还指出，"国家安全是民族复兴的根基，社会稳定是国家强盛的前提"①。在这些思想中，安全、稳定、秩序是前提、基础，是改革、发展和复兴、强盛必备的政治社会条件。稳定、安全、有秩序就是要保障"位"，改革、发展和复兴、强盛就是"育"，强调安全、稳定、秩序的前提性地位，本质上是对现代社会所谓自由与秩序优先性问题的中国式解答，与西方的答案迥然不同。

在谋求自身发展方面，中国强调"保证国家安全是头等大事"，坚持和落实总体国家安全观，统筹好安全和发展两件大事，坚持和完善"共建共治共享"的社会治理制度，共同维护社会稳定和国家安全，实现国泰而民安。国家制定了《国家安全战略（2021—2025年）》，强调以人民安全为宗旨，以政治安全为根本，以经济安全为基础，以军事、文化、社会安全为保障，以促进国际安全为依托，走出一条中国特色国家安全道路。在处理国际关系方面，在世界百年未有之大变局下，中国一方面发出全球安全倡议，指出"安全是发展的前提，人类是不可分割的安全共同体"，强调共同、综合、合作、可持续的安全观，共同维护世界和平和安全，共同应对地

---

① 《习近平著作选读》第一卷，人民出版社2023年，第43页。

区争端和恐怖主义、气候变化、网络安全、生物安全等全球性问题,维护全球战略稳定,推动建设和谐世界和构建人类命运共同体。另一方面,中国提出"共商共建共享"的全球治理观,践行多边主义,积极参与全球治理体系的变革和建设。习近平形象地指出,当今"世界各国乘坐在一条命运与共的大船上,要穿越惊涛骇浪、驶向光明未来,必须同舟共济,企图把谁扔下大海都是不可接受的。国际社会发展到今天已经成为一部复杂精巧、有机一体的机器,拆掉一个零部件就会使整个机器运转面临严重困难,被拆的人会受损,拆的人也会受损"①。中国在世界百年未有之大变局背景下,模范践行共商共建共享的全球治理观,弘扬全人类共同价值,推动构建人类命运共同体,其实就是以中和位育的中国智慧推动建立公正合理安全的国际新秩序——"局"说到底就是秩序,"大变局"后的新局就是新秩序。中国始终做世界和平的建设者和世界秩序的维护者。

正如德国社会学家贝克所说,今天人类已进入风险时代。由于复杂性的因果关系,"蝴蝶效应"式的风险与日俱增,人类确乎"生活在文明的火山上",越是大的风险人类越是知之甚少。没有任何征兆、席卷全球、改变人类历史进程的新冠疫情就是这种风险的生动明证。风险不分国界,不计民族、阶级、阶层,无差别地威胁全人类。贝克指出,在风险社会中,不明的和无法预料的后果已经成为历史和社会的主宰力量,人们应对的方案总体是消极的和防御性的。"基本上,人们不再关心获得'好的'东西,而是关心如何预防更坏的东西。"②也许他说人们基本不再关心获得"好的"东西的说法过于极端,但风险时代的人们确实更加关注预防、防范最坏的可能。风险忧虑已经成为风险时代人们行动不自觉的前结构。说到底,风险导致的极端不确定性是一种本体性安全(Ontological Security)的

---

① 习近平:《携手迎接挑战,合作开创未来——在博鳌亚洲论坛2022年年会开幕式上的主旨演讲》,《人民日报》2022年4月22日。
② [德]乌尔里希·贝克:《风险社会》,何博闻译,译林出版社2004年,第56页。

丧失，这种所谓本体性焦虑或本体性不安其实就是对生之所赖的"位"的忧患。中国共产党继承了传统文化的忧患意识，明确确认，"增强忧患意识，做到居安思危，是我们治党治国必须始终坚持的一个重大原则"①。正是基于这种居安思危的忧患意识，中国充分认识到人类面临的不确定风险越来越复杂和不可精准预测，强调既要高度警惕"黑天鹅"事件，也要防范"灰犀牛"事件，要下好先手棋、打好主动仗，有效防范和化解各类重大风险挑战，从而保障个人的本体性安全、民族国家的稳定发展和整个世界的有序进步。

---

① 《习近平著作选读》第一卷，人民出版社 2023 年，第 234 页。

三、"所":各得其所和各尽所能

"所"不止于实指的物理处所,而且广义地指向规则、秩序所束集的社会时空。从系统论角度看,"所"体现为一定功能的时空结构,具有承载功能和生发意义的价值。对人而言,"所"既是确定的出发基础,也是可以回归的安全依靠,更是稳定的、可期待的"生"的可能性集合。故《老子》曰:"不失其所者久。"(《老子·第三十三章》)为此,一方面需要通过社会制度安排使差异性的诸个体都能获得自己可以安的"所",即恰当的外在环境(社会时空)和内在心灵的安顿(心灵时空);另一方面每个个体也要在敦伦尽分中以"所"为机,渐次实现自然生长、自由发展和自我实现。

中国式现代化对内,致力于构建民主法治、公平正义、诚信友爱、充满活力、安定有序、人与自然和谐相处的和谐社会,让全体人民"共同享有人生出彩的机会,共同享有梦想成真的机会,共同享有同祖国和时代一起成长与进步的机会"①。人民对"所"即稳定的、可期待的"生"的可能性集合的渴望就体现于对实实在在的美好生活的向往中:"期盼有更好的教育、更稳定的工作、更满意的收入、更可靠的社会保障、更高水平的医疗卫生服务、更舒适的居住条件、更优美的环境,期盼孩子们能成长得更好、工作得更好、生活得更好。"②所谓"人民对美好生活的向往,就是我

---

① 《习近平谈治国理政》,外文出版社 2014 年,第 40 页。
② 《习近平谈治国理政》,外文出版社 2014 年,第 4 页。

们的奋斗目标",就是要努力保障幼有所育、学有所教、劳有所得、病有所医、老有所养、住有所居、弱有所扶,并让每个人在各得其所中各尽其能,在各尽其能中不失其所,人人能够安居乐业、安身立命、安所遂生。同时,正如前述,"所"还有精神空间的维度,意味心有所属、心有所皈。中国共产党一直很重视精神文明建设,发挥精神的力量。进入新时代,习近平无比重视精神力量作用,特别重视激发精神动力。他认为,"人无精神则不立,国无精神则不强。精神是一个民族赖以长久生存的灵魂,唯有精神上达到一定的高度,这个民族才能在历史的洪流中屹立不倒、奋勇向前"。而且,"伟大事业孕育伟大精神,伟大精神引领伟大事业"[①]。不仅要满足人民日益增长的美好生活需要,而且要增强人民的精神力量。把精神富有作为社会主义现代化的根本要求之一,把丰富人民精神世界理解为中国式现代化的本质要求之一。通过大力发展社会主义先进文化,加强理想信念教育、思想道德建设、意识形态工作,大力培育和弘扬社会主义核心价值观,最终实现"人民有信仰,国家有力量,民族有希望"。

中国式现代化对外,在面对世界百年未有之大变局背景下自觉回答"世界怎么了,我们怎么办"[②]的时代之问、命运之问,深刻把握和平、发展的时代主题,倡导和弘扬和平、发展、公平、正义、民主、自由的全人类共同价值,构建持久和平、普遍安全、共同繁荣、开放包容、清洁美丽的和谐世界,推动构建人类命运共同体,为人类谋求"大变局"后的最佳"新局",从而让世界各国都能得其所、安其位。中国共产党认为,不同文明包容共存、交流互鉴,在推动人类社会现代化进程、繁荣世界文明百花园中具有不可替代的作用。中国提出和践行全球文明倡议:强调共同倡导尊重世界文明多样性,坚持文明平等、互鉴、对话、包容,以文明交流超越文明隔阂、文明互鉴超越文明冲突、文明包容超越文明优越;共同倡导弘扬

---

① 习近平:《党的伟大精神永远是党和国家的宝贵精神财富》,《求是》2021年第17期。
② 《习近平谈治国理政》第二卷,外文出版社2017年,第537页。

全人类共同价值,和平、发展、公平、正义、民主、自由是各国人民的共同追求,以宽广胸怀理解不同文明对价值内涵的认识,不将自己的价值观和模式强加于人,不搞意识形态对抗;共同倡导重视文明传承和创新,充分挖掘各国历史文化的时代价值,推动各国优秀传统文化在现代化进程中实现创造性转化、创新性发展;共同倡导加强国际人文交流合作,探讨构建全球文明对话合作网络,丰富交流内容,拓展合作渠道,促进各国人民相知相亲,共同推动人类文明发展进步[①]。

---

① 参见习近平:《携手同行现代化之路——在中国共产党与世界政党高层对话会上的主旨讲话》,《人民日报》2023年3月16日。

四、"育"：以存在看待发展和以发展成就生命

生命的欲望是一致的，但彼此间却可能是冲突的。西方现代化基于其固有的原子论、机械论的宇宙观，在人与自然、社会及他者之间形成强烈的主客二分思想，主体对客体的征服、支配观念根深蒂固，二元对立、自我与他者的冲突构成西方现代文明的内在线索，最终造成了人类的整体性危机。"中和位育，安所遂生"基于生命存在的差异性，更追求生命之间以及生命内在要素之间"并育而不相害""并行而不相悖"，彼此成就、共生发展。在此意义上，自由不过是"育"出的一种理想状态——生、共生先于自由。或者说，和谐共生本就是一种自由状态。安所遂生本质上期待的天地关系，既不是适者生存的自发状态，也不是理性设计的人为状态，而是恰当发挥人的主体性以参赞天地之化育的中和状态。这正是人类文明的真理和人类永育永续的存在之道。

基于对"落后就要挨打"的历史记忆和追赶焦虑，中国共产党一直很重视发展。1978年改革开放后，在中西对比中，国人更加痛感发展的差距。邓小平明确将发展与和平一起确定为当时时代的主题。1992年邓小平南方谈话正式提出"发展才是硬道理"的观点，要求中国快速发展，赶上时代。胡锦涛提出"聚精会神搞建设，一心一意谋发展"。理论是行动的先导，发展的首要问题是发展观的问题。中国发展观的探索是一个从无到有的过程，虽始于被动、陷于落后，但在马克思主义指导下，充分汲取西方现代化的经验教训、发掘以"中和位育，安所遂生"为精髓的中华优

秀传统文化精华,最终形成不同于西方的以存在为核心价值立场的中国化马克思主义发展观。 指导中国式现代化的发展观是以人为本的科学发展观和以人民为中心的五大新发展理念:创新、协调、绿色、开放、共享的发展——五大新发展理念之内容无一不可从"中和位育,安所遂生"中释出。 这是与西方"以自由看待发展"[①]本质不同的、以存在看待发展也以发展成就存在的思想。

科学发展观和五大发展理念的提出,标志着中国人自1840年以来终于实现了发展观的真正自觉。 一是从追赶型发展走向常态型发展,不再紧盯他者,仰仗别人的发展观念、原则,极度焦虑地追求快速发展,而是真正拥有了自己独立的发展观,按照自己的思路自信、稳步地发展。 二是从增长型发展走向内涵型发展,不再把经济增长尤其是GDP的增加作为发展的唯一指标,而是更加注重科技创新、结构调整、绿色环保和发展方式转变,发展更多体现为一种系统质的优化。 党的二十大,更是明确将高质量发展作为中国式现代化的本质要求,将高质量发展作为全面建设社会主义现代化国家的首要任务。 三是从单一型发展走向整体型发展,不再把发展仅仅理解为经济发展,而是把发展理解为经济、政治、文化、社会、生态乃至人自身的全方位发展。 四是从内生型发展走向开放型发展,不再把发展局限于国内发展,而是走向世界,在全球化和世界历史中协同要素、互利共赢地谋求发展。 五是从客体型发展走向主体型发展,不再满足于物质文化产品的创造(无人身的发展),而是把与精神文明协调、丰富人民精神世界、人的全面发展以及人们的美好生活作为发展目标,突出发展"以人为本""以人民为中心"和"人民共享"的特性。 这就是一种走向人自身存在的发展观。

立足当下,在检讨过往各种发展观的基础上理解中国式现代化的发展

---

① 参见 [印度]阿玛蒂亚·森:《以自由看待发展》,任赜、于真译,中国人民大学出版社2002年。

观，我们将发现：存在才是发展的真理，以存在看待发展才是我们最需要的发展理念。发展不过是人存在的方式，而存在则是发展的规定。全部人类历史的第一个前提无疑是有生命的个体的存在，因此我们也一般地认为，存在是发展的前提和基础。但是人的存在与万事万物的存在是不一样的，人是自由自觉的存在，是"站出来"的存在（existenz），是"去存在"（to be），是使世界"在起来"的存在（being），是超越性的存在，是生成的存在，发展不过是存在内在规定的现实展开。发展并非没有条件，也不是没有极限，存在就是它的条件，存在就是它的极限。存在从来不是静止的，也不是盲目的，人们对存在的领悟总意味着一种应然的方向和目的。发展首先是为了能够持续地存在，用马克思的话来说，就是要再生产人们的生活，人们的生活不是一个点，而是一个持续的过程，没有持续的再生产，人就不能存在。同时，现代知识教导我们，人以发展的方式存在，不发展就意味着不能存在，发展是人存在的特点和宿命。当然，一些思想家不一定认同发展就是从简单到复杂、从低级到高级的线性进步，但无论如何，他们都将最低限度地同意，发展是基于存在的一种积极适应性。因此，在保障持续存在的基础上，发展是为了实现更好的存在。正是在何为"更好的存在"的探索中，自由、平等、正义等对发展的规定逐渐明确起来。以自由为例，存在无疑是先于自由的，自由作为对存在的规定不过是西方近代以降的认识。同时，存在是自由的限度，是自由的合法性标准。卢梭有句名言："人是生而自由的，但却无往不在枷锁之中。"①这是从自由的角度看到了现代化或发展的悖谬，也可以说是对阿玛蒂亚·森的以自由看待发展观念的超前诘问。但今天深究起来，这个自由的"枷锁"归根到底就是人自身的存在。发展承诺自由，但首先要承诺的是存在，存在是发展的前提、基础和起点，也是发展的目的、归宿和限度，人们可以给"好存在"

---

① ［法］卢梭：《社会契约论》，何兆武译，商务印书馆2003年，第4页。

这样或那样的规定,但"好存在"即幸福(well-being)作为追求的目标从未改变。一言以蔽之,存在是发展的规定①。中国式现代化的发展观根本上是一种走向人自身的存在(being)以及"好存在"(well-being)即幸福的发展观。在本真的意义上,幸福既不在于占有物质财富,也不完全等同于自由、平等、正义等价值的实现,幸福(eudaimonia, well-being)是一种存在的质的感受,是一种理想的、好的存在状态,是人的存在得到圆满展开、实现的状态。我们说发展是为了更好的存在,也就是说发展的目的在于增进人们的幸福。这与"中和位育,安所遂生"理念追求终极的幸福和美好生活是内在契合的,都是以发展来成就生命②。

在国际社会中,中国把和平与发展视为时代主题,反对以邻为壑、零和博弈,主张和践行合作、共赢,强调人类应该和衷共济、和合共生,相互成就。中国不仅致力于推进全世界共同构建人类命运共同体,而且还致力于推进全世界共同构建人与自然生命共同体,以宽广胸怀和世界格局谋求全人类的存在、发展和幸福。提出和践行全球发展倡议,强调坚持发展优先;坚持以人民为中心;坚持普惠包容;坚持创新驱动;坚持人与自然和谐共生;坚持行动导向,构建更加平等均衡的全球发展伙伴关系和全球发展命运共同体,推动共建"一带一路"高质量发展,坚定支持和帮助广大发展中国家加快发展,实现工业化、现代化,缩小南北差距,不断增强全世界民众的幸福感、获得感、安全感,实现人的全面发展。中国始终以自己的积极倡议与实际行动有力推动全球发展,同世界各国和平共处、共同发展,为共创人类美好未来不断注入重要信心和力量。

---

① 参见沈湘平:《以存在看待发展》,《江海学刊》2017年第1期。
② 参见 Xiangping Shen & Xuewei Hou. Harmonious coexistence and ceaseless nourishment: The Sinicized Marxist concept of development [J]. *Educational Philosophy and Theory*, 2023, VOL. 55, NO. 8, 921 – 930.

五、 作为存在理性的实践理性

在很大程度上，西方现代化首先是西方近代启蒙现代性的现实展开。理性是西方启蒙现代性的核心所在，启蒙现代性以理性为信仰，高扬作为理性存在物的人的主体性，相信并实践着通过理性活动控制自然、构建社会。正如马克斯·韦伯最先洞明的，所谓现代化本质上是理性化或曰合理化；同时，理性有工具理性和价值理性之分，西方现代化的所谓合理化过程实际体现为工具理性无限扩张。工具理性本来只是用来处理人与物的关系，但随着现代社会的发展却逐步渗透至人与社会的关系乃至人与自身的关系之中，人们以对待物的方式对待他人、社会和自己。这样的种子早在西方现代文明诞生之初就已经埋下，新教伦理就不仅重视工具理性，而且把人自己也变成上帝的工具，基督徒的"尊严正在于此，因为他正想成为一种理性地改造世界和把握世界的有用的工具"①。最终，这种工具理性以经济理性主义和理性科层制架构起西方社会的"钢骨"，在以"祛魅"而获得以往无与伦比的效率的同时，疏离了人的价值、情感，困于工具理性编织的社会"铁笼"之中，结果是："无灵魂的专家，无心的享乐人，这空无者竟自负已登上人类前所未达的境界。"②质而言之，西方现代化是以资本这一"普照的光""特殊的以太"为中心，它支配着社会的一切，它才是

① ［德］马克斯·韦伯：《儒教与道教》，王容芬译，商务印书馆 1995 年，第 300 页。
② ［德］马克斯·韦伯：《新教伦理与资本主义精神》，康乐、简惠美译，上海三联书店 2019 年，第 180 页。

所谓"理性"的本质所在。在这种冰冷的理性化过程中,只有通过"人"的贬值才能成就"物"的增值。

中国式现代化走过的 70 多年,事实上经历了浪漫主义、经验主义阶段,终于到达了理性主义阶段,也意味着进入成熟状态。毫无疑问,理性化是中国式现代化与西方现代化共同之处。但是,中国式现代化与西方现代化差别最根本的一条也是对理性的不同理解,超越西方现代化不是要反对理性和理性化,而是要超越西方对理性和理性化的独断式理解。韦伯当年追问中国为什么未能走上现代化道路,认为"问题的核心毕竟是在于西方文化所固有的、特殊形态的'理性主义'"①。这种以工具理性为核心、强调改造和控制世界的理性主义实质是基于个人主义的经济理性主义:"以个人主义为动力的现代增长被认为是发展的实质,一切有利于发展'个人'和推动这种高增长的方式与方法都被认为是'合乎理性'的东西。"②概而言之,表面上从(经济)人出发,实则见物不见人,依然是"无人身的人类理性"③。也如杜维明指出的,西方有"现代化的自负",是一种"启蒙的自负"(the conceit of enlightenment)或"理性的傲慢"(the conceit of reason)④。卫礼贤曾指出,西方的理性基于因果法则,而中国理性是基于有机生命法则,类似于"鸡生蛋还是蛋生鸡"这样的问题,只存在于西方文化中,"欧洲人在自寻烦恼,因为欧洲思想总是提出一些并非存在于事物本身,而是由自己从中推断出的问题。只有当我们把生存关系理解为全部生命现象都在时间上于其中发展的统一体之后,我们才能理解鸡和蛋的关系"⑤。中国式现代化的理性是马克思主义的实践理性与中

---

① [德]马克斯·韦伯:《新教伦理与资本主义精神》,康乐、简惠美译,上海三联书店 2019 年,前言第 12—13 页。
② 罗荣渠:《现代化新论——中国的现代化之路》,华东师范大学出版社 2013,第 183 页。
③ 《马克思恩格斯文集》第 1 卷,人民出版社 2009 年,第 608 页。
④ 杜维明:《儒家与自由主义》,生活·读书·新知三联书店 2001 年,第 14 页。
⑤ 《东方之光——卫礼贤论中国文化》,蒋锐编译,外语教学与研究出版社 2007 年,第 222 页。

国传统（适应世界）的实用理性的结合，是有人身的、基于人的"安所遂生"的生存理性（survival rationality）。

过往人们对生存理性的评价很低，认为其无非是基于生存本能的利益最大化选择，有着很强的机会主义性质。中国的精英知识分子曾长期基于康德意义上的、与具体经验无关的实践理性对之进行批判，且往往将生存理性与农民特质联系在一起，把生存理性理解为与发展理性相对的底线理性——"好死不如赖活着"的大众智慧及余华之谓"活着"（"人是为活着本身而活着的，而不是为了活着之外的任何事物所活着"①）——相对忽视了其道义理性的方面。一方面，农民比任何其他人都更贴近土地，在更基础的层面上懂得"生"与"活"的意义。在很大程度上可以说，当今人类的生存困境正是近代工业对农业、城市对农村、市民对农民的所谓文明超越的必然结果。以高度发达的农业文明为底蕴的中国传统实践理性在本质上就是"本天道为用"（张载）、"以人为本"的"人类中心主义"的生存理性。李泽厚则将有别于康德完全基于道德的中国传统实践理性称为与西方逻各斯理性（logical reason）不同的实用理性（pragmatic reason）——是一种经验合理性的升华。复有海外学者指出，中国的理性"高度重视由强烈的必须经受直觉和感情检验的意识加以平衡的逻辑性和合理性"，并认为这从儒教和道教许多互补的精神传统以某种方式反映出来。②另一方面，在今天，我们更应该将生存理性理解为与纯粹理性、理论理性、抽象理性相对而非与发展理性相对的实践理性——严格地说来这种生存理性（survival rationality）本质上是存在理性（existent rationality）。借用海德格尔的说法，西方现代化是遗忘存在、执着于存在者（物）的现代化，中国作为特殊的此在领悟到了人类存在之道，而非存在者之道。以马克思主义思想精髓同中华优秀传统文化精华的贯通为理论底色的人类文明新形态，其所吁求

---

① 余华：《活着》，作家出版社 2012 年，中文版自序第 4 页。
② ［澳］李瑞智、黎华伦：《儒学的复兴》，范道丰译，商务印书馆 1999 年，第 62 页。

的实践理性主义本质上正是张扬人的生存理性或存在理性（existent rationality），存在（Being）和好存在（Well-Being，幸福）正是中国式现代化及其创造的人类文明新形态的底线和终极追求。

无论如何，今日全球性风险背景下的生存理性与前现代的生存理性有着很大不同。一方面，它不再是一种在拥有本体性安全基础上的生存筹划，而是始终处于一个整体性的生存焦虑之中，总是饱含着在信息不对称和不确定基础上进行的权衡。身处罗萨所谓的加速社会，人们被迫在未经精细权衡之时就作出尽可能快的决策，犹如深陷不间断的"闯关"游戏之中，容不得太多思量与犹豫。另一方面，更为重要的是，它必须承接人类社会全部的现代性成果，走出个体本能，也走出形而上学的宰制。今天我们需要的生存理性是后启蒙的、完成现代性转换的生存理性，是非先验的理性，具有反思性特征，本质上是基于共在这一底线的公共理性。生存理性虽然直接体现为个人的实践理性，但在现代社会却是经验地生成（这是非康德式的）于理性的公开运用（这又是康德式的），也就是通过公开的理性辩驳后形成的公共理性。公共理性具有不同层面，诸公共理性之间以及不同层面的公共理性之间又是非线性关系。这种非线性、不确定的复杂关系反过来又成为实践理性必然是生存理性的重要证明。事实上，今天所谓实践理性、生存理性引向的是合理性而非理性，是行动效果取向而非先验的、动机取向。也就是说，在极端但却并非不常见的情况下，个体理性或单向度的理性却往往给整体带来非理性的结果。唯一可能正确的选择就在于，以共在为基础，基于平等、民主等现代政治文明成果而诉诸基于交往理性的公共理性。①

美国哲学家罗尔斯基于政治自由主义立场对公共理性作了迄今最为系统、深刻的研究，其前提就是理性多元论的事实，而要解决的最终目的是

---

① 参见沈湘平：《本体性安全与作为生存理性的实践理性》，《阅江学刊》2022年第6期。

"由自由而平等的公民——他们因各种合乎理性的宗教学说、哲学学说和道德学说而产生深刻分化——所组成的公正而稳定的社会如何可能长治久安？"①虽然没有明确直接指向生存，但直接指向了它的前提——社会稳定与长治久安，即"位"。在罗尔斯看来，现代社会基于理性多元论的事实，要达到社会的长治久安，就需要基于原初状态（the original position）中，在无知之幕（veil of ignorance）下，基于基本的善就能作出最理性的决策。而他所理解的公共理性更多是程序性、形式性的，是决定一个社会实质性原则（如正义）是否合适、是否最理想的理性推理和公共质询指南。在我们看来，摒弃政治自由主义意识形态的立场，公共理性既是程序性的，也是实质性的。由此观之，备受哈贝马斯、诺齐克等人批判的"原初状态""无知之幕"假设等反而可以从中国传统文化的角度获得了一种新的理解：罗尔斯提出"原初状态""无知之幕"的初衷在于在这种假设中获得一种尽可能明确而理想的中立性起点，这正是"喜怒哀乐之未发，谓之中"的状态，保证发乎不偏不倚的良知和天理。在此，私人理性就是公共理性。或者说，在平等、自由的公开辩驳中，本就要真诚、真实，尽可能基于良知而讨论。这样，才会"发而皆中节"，这也就是"和"了。归根结底，人类追求的公共理性所要达到的正是不偏不倚、无过不及、无所乖戾的"中和"状态，致中和的目的在于守位、安所，以达并育、遂生，即"中和位育，安所遂生"。

---

① ［美］约翰·罗尔斯：《政治自由主义》，万俊人译，译林出版社2000年，第3页。

结　语
建设中华民族现代文明　助益人类美好未来

德国哲学家黑格尔在200多年前(1822年)断定,中国"可以说还在世界历史的局外,而只是预期着、等待着若干因素的结合,然后才能够得到活泼生动的进步"①。100多年前(1922年),结束对当时积贫积弱的中国的访问后,哲学家罗素指出,"在未来的两个世纪里,无论中国朝好的方向发展,还是朝坏的地方发展,都将对世界的局势产生决定性的影响";"中国人摸索出的生活方式已沿袭数千年"②。2022年,中国共产党召开二十大开启了新时代新征程。回顾自己百年历程,特别是在改革开放基础之上新时代创造的伟大成就,中国共产党及其领导的中国人民可以说是以巨大的历史主动精神,使世界历史的"若干因素"得到系统"结合"和激活,创造了举世瞩目的"活泼生动的进步";面对世界百年未有之大变局,中国已经成为这一变局最大的积极变量,确实对世界产生"决定性的影响";面向未来,中国确立了"以中国式现代化全面推进中华民族伟大复兴"的新的中心任务和使命,而且明确地指出,中国式现代化深深植根于中华优秀传统文化,要守住传统文化这一根脉——在很大程度上就是要传承罗素所说的已沿袭数千年的"生活方式"。五千年中华文明赋予了中国式现代化以深厚底蕴,让中国式现代化有了更加宏阔深远的历史纵深,拓展了更为牢靠扎实的文化根基。但是,中国也非常明确地指出,在新时代新征程中,"继续推动文化繁荣、建设文化强国、建设中华民族现代文明,是我们在新时代新的文化使命";要坚定文化自信,秉持开放包容,坚持守正创新,"担当使命、奋发有为,共同努力创造属于我们这个时代的新文化,建设中华民族现代文明"③。

提到"新文化",自然让人想起100多年前的"新文化运动"。那场新文化运动是以对传统文化矫枉过正的批判姿态而被写进历史的,今天创造新文化恰恰是从坚定文化自信、坚持文化主体性、传承发展传统文化意义上说的,其

---

① [德]黑格尔:《历史哲学》,王造时译,上海书店出版社2001年,第117页。
② [英]伯特兰·罗素:《中国问题》,秦悦译,学林出版社1996年,第1、7页。
③ 习近平:《在文化传承发展座谈会上的讲话》,《求是》2023年第17期。

直接的目的就是要建设中华民族现代文明。对于"建设中华民族现代文明"这一重大命题,必须从5000多年中华文明发展规律的原则高度来理解;必须放到近代至今中华民族从文明蒙尘到文明重光的历史进程来理解;必须在当前百年大变局导致文化相互激荡、客观上文明冲突激化的现实格局来理解;必须从完成以中国式现代化全面推进中华民族伟大复兴的中心任务来理解。5000多年中华文明让我们知道从哪里来,近代以来的历史进程让我们牢记经历了什么,百年变局的现实格局倒逼我们要弄清楚我们是谁,新时代新征程的中心任务告诉我们要到哪儿去。这些都给我们以深刻的启示。

第一,建设中华民族现代文明是中国式现代化、中华民族伟大复兴的本质规定。以中国式现代化全面推进中华民族伟大复兴是新时代新征程的中心任务,建设中华民族现代文明是中国式现代化的必然要求、本质内容和中华民族伟大复兴的根本标志。首先,中华民族现代文明一定是中华文明,而不是别的什么文明,是5000多年中华文明的一部分,是"世界上唯一没有中断的文明"的当代延展。在5000多年的大历史中,中国特色社会主义道路有了更加宏阔深远的历史纵深,有了更加厚重滋润的文化根基,中国式现代化被赋予了5000多年的中华文明深厚底蕴。其次,"中华民族"凸显了中华文明与其他文明相异的主体性、特殊性——习近平概括的连续性、创新性、统一性、包容性和和平性等,是使中华文明成其为中华文明的独特规定,在赓续中华文脉中突出这些特性才能使中华文明始终保持自己精神独立自主,使中华文明始终自觉为中华文明,而不是别的文明。列文森曾说:"传统的中国文明在现代并没有得到复兴,而是获得了澄清……许多知识分子逐渐喜欢上共产主义者的历史观点。因为这种历史观不是盲目地崇拜过去的制度,而是提供了历史的延续性;同时,它还保证中国历史的发展与西方是齐头并进的,而不只是现代的两极对抗。"①这也不无道理。最后,"建设中华民族现代文明"最

---

① [美]列文森:《儒教中国及其现代命运》,郑大华、任菁译,中国社会科学出版社2000年,第311页。

突出的亮点和核心在于"现代文明"。建设中华民族现代文明一定要像马克思说的那样是"有原则高度的实践",这个原则高度就是文明必须是"现代"的。中华民族守正不守旧、尊古不复古,在传承、弘扬中华优秀传统文化中通过创造性转化和创新性发展,使传统文化成为现代的,我们创造的新时代新文化是中国式现代化的文化形态。不仅中华文明赋予现代化以深厚底蕴,而且中国式现代也赋予中华文明以现代力量。

第二,建设中华民族现代文明必须吸收借鉴世界先进文明成果。众所周知,我们是以古老文明蒙尘为代价走向现代的。西方的殖民侵略所激发的中国人对落后的恐惧、追赶的焦虑,长期以来转化为一种强大的动力,加速了中华民族迈进现代文明的步伐。我们不仅在最初以"学生""学徒"的身份学习西方,而且在确立主体性、可以平视西方的时候以文明交流互鉴的方式充分吸收借鉴世界文明成果——健康、理性、积极的主体性应该是在主体间性中建构和展现的主体性。我们在继承、发展中国传统文化根基的同时,从来都强调要基于人类现代文明,吸收西方现代化的一切有益成果,即便是断定"21世纪是东方文化的时代,这是不以人们的主观愿望为转移的客观规律"的季羡林,也强调要"在过去几百年来西方文化所达到的水平的基础上……吸收西方文化中的精华,把人类文化的发展推向一个更高的阶段"①。在突出中国式现代化的"中国特色"时,认同"现代化"之为"现代化"就一定与其他国家有共同之处,例如工业化、城镇化、农业现代化、市场经济化、法治化以及理性化,等等。在建构中国自主知识体系——这本身是中国式现代化的知识表现——过程中,并非简单拒斥源于西方的概念、命题、理论和方法,中国哲学社会科学的发展历程已经决定了它不可能完全离开西方知识。正如习近平指出的,"我们要拓宽理论视野,以海纳百川的开放胸襟学习和借鉴人类社会一切优秀文明成果,在'人类知识的总和'中汲取优秀思想文化资源来创新和

---

① 季羡林:《季羡林谈东西方文化》,浙江人民出版社 2016 年,第 201 页。

发展党的理论,形成兼容并蓄、博采众长的理论大格局大气象"①。

第三,自觉将中华民族现代文明建设成为人类公共文明。中国式现代化及中华民族现代文明不仅对于中华民族是极其重要的,而且本身就具有世界历史意义。中国式现代化代表人类文明进步的发展方向,展现了不同于西方现代化模式的新图景,是一种全新的人类文明形态。"中国式现代化,打破了'现代化＝西方化'的迷思,展现了现代化的另一幅图景,拓展了发展中国家走向现代化的路径选择,为人类对更好社会制度的探索提供了中国方案。中国式现代化蕴含的独特世界观、价值观、历史观、文明观、民主观、生态观等及其伟大实践,是对世界现代化理论和实践的重大创新。中国式现代化为广大发展中国家独立自主迈向现代化树立了典范,为其提供了全新选择。"②其实,一个民族所做的事情在多大程度上具有人类性贡献,取决于这个民族是否成为世界历史性民族,或者是否具有自觉的世界历史性民族的"天命"意识。今天的中国已经行进到不能创造普遍性就不能凸显特殊性的历史阶段,建设中华民族现代文明必须自觉坚持胸怀天下,站在世界历史和人类社会的高度,不断应答中国之问、世界之问、人民之问、时代之问,也是人类之问、文明之问。不仅要超越以西方为中心,也要在一定程度上超越简单的"以中国为方法",自觉地以人类为方法,"以天下观天下","以天下为天下"。这是作为"有原则高度的实践"的中华民族现代文明建设的题中之义。"中华民族现代文明"与"人类文明新形态"所指一致,可以互释。所谓"现代文明"就应该是"文明新形态",就是超越西方文明形态的全新文明形态,是更高层次的文明形态。近年来,中国提出的建构人类命运共同体、弘扬全人类共同价值、创造人类文明新形态等一系列主张本就贯穿着"人类"的逻辑,蕴含着以人类为

---

① 《开辟马克思主义中国化时代化新境界》,《求是》2023年第20期。
② 《习近平在学习贯彻党的二十大精神研讨班开班式上发表重要讲话强调正确理解和大力推进中国式现代化》,《人民日报》2023年2月8日。

方法的维度。"中华文化既是历史的,也是当代的,既是民族的,也是世界的。"①在现代社会,无论是从实然还是从应然看,中国式现代化所开辟的道路、所创造的文明新形态,在特殊性中都饱含着世界历史意义的普遍性。的确,对历史最好的继承就是创造新的历史,对人类文明最大的礼敬就是创造人类文明新形态。历史越往前发展,如下说法就将越获得其全部的真理性:中国的就是世界的。

第四,哲学在建设中华民族现代文明中应发挥独特作用。任何民族文明都是一个系统,哲学在其中处于形而上、灵魂的位置。黑格尔曾有个著名的比喻,哲学是民族的庙堂之神。马克思也曾说过,哲学是文明活的灵魂。"先立乎其大者,则其小者弗能夺也。"(《孟子·告子上》)在中国,"哲学社会科学"一词的表述就已经使哲学在整个哲学社会科学中的突出地位一目了然。同时,哲学作为时代精神的精华,不仅集中反映时代,而且以"现世的智慧""思想的功夫"引领和塑造时代。正如40多年前的解放思想是从一个哲学命题——"实践是检验真理的唯一标准"——开始一样,"又一次的思想解放"也呼唤从哲学的高度发力,改变人们的观念,从而促使人们更积极地改造客观世界。为此,不仅要树立中国传统文化及其哲学的自信,而且要把马克思主义哲学同中国传统文化及其哲学结合起来;不仅要在"结合"中建构哲学的当代中国形态,而且要让这一哲学形态自身具有世界哲学的性质。马克思曾深刻预见,必然会出现这样的时代:"那时哲学不仅在内部通过自己的内容,而且在外部通过自己的表现,同自己时代的现实世界接触并相互作用。那时,哲学不再是同其他各特定体系相对的特定体系,而变成面对世界的一般哲学,变成当代世界的哲学。"②马克思所预见的时代已经初现端倪,而且风云际会地激活了同样具有天下意识的中华优秀传统文化。正如中华民族现代

---

① 《习近平谈治国理政》第二卷,外文出版社2017年,第352页。
② 《马克思恩格斯全集》第1卷,人民出版社1995年,第220页。

文明应该具有世界文明、人类公共文明的性质一样，作为中华民族现代文明活的灵魂的中国当代哲学也应该具有世界哲学、人类公共哲学的性质。总之，在建设中华民族现代文明进程中，哲学应该以思想把握时代，以思想透视未来，做"高卢的雄鸡"，发时代新声，引领新文化创造。

最后，值得特别指出的是，在中国式现代化推进过程中强调其传统文化根基，不止是确立一种对曾经丧失或在某种程度上丧失的东西的补偿意识，也不止是从"中国特色"的角度对既有现代化模式的一种批判和超越，甚至也不止于揭示出了现代化与传统文化的本真关系，而在于给予中国式现代化、中华民族现代文明建设一种规范。"人能弘道，非道弘人。"没有美好而智慧的历史文化资源的民族是悲哀的，而有了这种历史文化资源却不重视、任其生灭的民族是可怜的生物之群；只是停留于原则、口号上的重视、申辩和把玩，却不能真正贯彻到现实生活的方方面面，为整个人类进步作出实实在在的榜样，这是对民族和人类最大的背叛。反过来说，我们要倍加珍惜民族历史文化资源，在建设民族现代文明中使之光大，不仅有益于中华民族，也助益于全人类。实事求是地说，对于作为中华优秀传统之精髓、蕴含解答西方现代化总问题之基本提示的"中和位育，安所遂生"理念，迄今其对中国式现代化的底蕴作用总体上还是潜默式的，其人类普遍性并未得到系统、自觉的彰显。对于我们来说，"只有理解了的东西才更深刻地感觉它"[①]，也才能更好地激活它，发挥其最大的潜能。我们必须高度重视对"中和位育，安所遂生"理念与实践以及整个中华优秀传统文化的深入、系统研究，使我们的中国式现代化更加牢固地奠基扎根，更加广泛地饶益众生。

---

① 《毛泽东选集》第一卷，人民出版社1991年，第286页。

后记

后记

党的二十大报告提出,中国式现代化是在新中国成立特别是改革开放以来长期探索和实践基础上,经过十八大以来在理论和实践上的创新突破而成功推进与拓展的。作为一名出生于70年代的乡村子弟,沉浸式地经历着这一堪称人类历史伟大奇迹的中国现代化进程,亲证城乡巨变、家国发展和个人变化,弹指一挥间,竟有"往事越千年"之感。

"少小离家老大回。"和不少同样卷入中国现代化急行军中的学人一样,我年轻时对西学如饥似渴而生吞活剥,对中华传统文化的学习、领悟则一度未予充分重视,中年后却渐渐回到传统文化这头。甚至,检点平生,才发现在心中从未真正离开她,始终有她在。

我所从事的专业是马克思主义哲学研究,在经年不觉的学习、探索中逐渐靠向了与传统文化相结合。犹记攻读博士学位期间,十分关注现代性问题,曾撰文表达了这样一个观点:现代性是一源而多元的,而且现代性之根就深植于传统。只是当时并未结合中国的历史文化予以深究。当我自觉爱上传统文化、学习传统文化,特别是了解近代以来学人以及海外学者对传统文化的看法时,中国传统文化与现代化的关系就日益清晰地成为我头脑中的一个兴奋点,寻找中国现代化的传统文化根基则成了一个抓手或突破点。2020年左右,我已认定潘光旦先生所归纳的位育论其实是从现代化角度理解的中华优秀传统文化的核心,并将之概括为"中和位育,安所遂生"八个字。2021年11月,在中国社会科学院举办的"学术中国"首届国际高峰论坛上,我作了题为"中和位育,安所遂生——中国式现代化新道路的传统文化根基"的发言,首次扼要地表述了自己的观点。2022年在《中国社会科学》第8期发表的《中国式现代化道路的传统文化根基》对此有了比较完整的阐述。

《中国式现代化道路的传统文化根基》一文发表后产生了一定的社会反响。人大复印资料《中国特色社会主义理论》和《文化研究》同时进行了全文转载,同时入选人大复印资料2022年度中国十大学术热点、中国社会科学杂志社2022年历史学研究发展报告、《文史哲》杂志和《中华读书报》2022年度

"中国人文学术十大热点"。不少朋友勉励我进行更为充分、系统的扩展性研究,特别是江苏人民出版社的康海源先生,思想新锐,眼光独到,雷厉风行,不断鞭策于我,遂有这本小书。

感谢国家社会科学基金哲学社会科学学术通俗读物项目对本书出版的资助!此书也是我承担的国家社会科学基金重大项目"全人类共同价值研究"(21&ZD014)和北京市习近平新时代中国特色社会主义思想研究中心特别委托重大项目"以文化自信自强增强实现中华民族伟大复兴的精神力量研究"(23LLMLA006)的阶段性成果。

在本书写作过程中,我的博士研究生王建、李冰潇等帮助我进行了资料整理和文稿校核。特致谢忱!

书稿虽然写出来了,但内心却格外冷峻。学然后知不足,著而后更知不足。对于中国式现代化与中国传统文化的关系的研究,这本书只能算是一个比较粗浅的开始。由于时间、水平的限制,书中错谬之处定然不少,真诚期待朋友们的批评指正!

沈湘平
于北京